现代农业与乡村建设

于志波　王艳莹　陈　伟　主编

中国农业科学技术出版社

图书在版编目（CIP）数据

现代农业与乡村建设/于志波，王艳莹，陈伟主编．--北京：中国农业科学技术出版社，2024.7
　ISBN 978-7-5116-6820-2

　Ⅰ.①现… Ⅱ.①于…②王…③陈… Ⅲ.①现代农业－关系－城乡建设－研究－中国 Ⅳ.①F323 ②F299.21

中国国家版本馆 CIP 数据核字（2024）第 097282 号

责任编辑　张国锋
责任校对　李向荣
责任印制　姜义伟　王思文

出 版 者	中国农业科学技术出版社
	北京市中关村南大街 12 号　　邮编：100081
电　　话	（010）82109705（编辑室）（010）82106624（发行部）
	（010）82109709（读者服务部）
网　　址	https://castp.caas.cn
经 销 者	各地新华书店
印 刷 者	北京建宏印刷有限公司
开　　本	170 mm×240 mm　1/16
印　　张	15.25
字　　数	300 千字
版　　次	2024 年 7 月第 1 版　2024 年 7 月第 1 次印刷
定　　价	68.00 元

◆◆◆ 版权所有·侵权必究 ◆◆◆

《现代农业与乡村建设》编委会

主　编　于志波　王艳莹　陈　伟
副主编　王贻钊　纪耀坤　陈燕红　陈晓红
　　　　范书华　张丽徽
编　委　刘馨桧　王青青　阿斯亚·塞买提
　　　　阿里木·托乎提　胡永杏　武海燕
　　　　焦润菊　石　松　倪　栋　刘观虎

前言

2006年2月,《中共中央、国务院关于推进社会主义新农村建设的若干意见》提出推进"社会主义新农村建设"。党的十八大明确提出了"美丽中国"建设发展战略,由此延伸为"美丽乡村"建设。2013年2月,农业部发布《关于开展"美丽乡村"创建活动的意见》。之后,农业部连续11年出台农业农村政策1号文件,助力现代农业发展与乡村振兴建设。

发展现代农业是一个历史趋势,也是一个世界潮流,现在不少发达国家已经实现了农业现代化,其共同特征是:农业基础设施完备,农业机械化水平与生产力水平较高,农业技术发展迅速,土地产出率较高,农业发展走上了产业化、组织化、市场化和国际化的道路,但由于各国资源禀赋不同,发展现代农业的进程差距极大。

现代农业建设是推进美丽乡村建设的首要任务。以科技进步为手段,转变农业增长方式。从主要重视农产品产量和质量向产量、质量、安全、生态和效益并重转变;从主要依靠传统技术向传统技术和现代技术相结合,提高农业科技含量和附加值转变;从劳动密集型向劳动密集、资本密集和知识密集相结合起来;从主要依靠资源消耗型向可持续发展型转变;从传统农业向产加销、贸工农一体化发展转变。大力发展设施农业、规模养殖业和特色农业。全面推进农业产业化经营,提高农民组织化程度,增强农业抵御自然风险和市场风险的能力,增加农民收入,提高农业综合效益。

随着农业现代化进程的加快,由于城市吸纳农村劳动力能力有限,必然在农村出现大量闲置人员。建设新农村必须立足本地资源优势,大力发展现代农业,加大对农民的培训力度,提高农民素质。通过发展以农产品等劳动密集型产业,实现大量的农村劳动力就业转移,就地提高农村劳动生产率和土地产出率,增加农民收入。

本书围绕现代农业和美丽乡村，如何将二者融合建设？详细介绍了现代农业的特征、常见类型和要求，新型农业经营主体的分类和创建，农产品质量安全与市场营销，美丽乡村建设相关内容及提升，现代农业与休闲农业的发展模式，乡村振兴与现代农业创业等一系列内容，注重实用性、科学性、先进性，是指导搞好现代农业与美丽乡村建设的科普书籍，也是投资建设现代农业与美丽乡村的必备参考书籍。本书适合农村创业人员、农业科技人员及相关专业院校学生阅读参考。

感谢北京中惠农科文化发展有限公司为本书做的宣传推广工作！

本书在编写过程中引用和参考了相关书籍和资料，在此对所引用书籍和资料的原作者表示衷心的感谢。由于时间仓促，书稿中难免有疏漏和不足，敬请广大读者批评指正。

编　者
2024 年 3 月

目 录

第一章 现代农业的概述 / 1
第一节 现代农业的内涵 / 1
第二节 现代农业的基本特征和要求 / 1
第三节 现代农业的常见类型 / 4
第四节 现代农业发展的必要性 / 6
第五节 现代农业发展的紧迫性 / 11
第六节 生态农业 / 15
第七节 观光休闲农业 / 22
第八节 设施农业 / 25
第九节 标准化农业 / 30
第十节 精准农业 / 33
第十一节 信息化农业 / 35

第二章 新型农业经营主体 / 37
第一节 新型职业农民的类型 / 37
第二节 专业大户 / 42
第三节 家庭农场 / 42
第四节 农民专业合作社 / 44
第五节 农业产业化经营 / 50

第三章 农产品质量安全及市场营销 / 55
第一节 农产品质量安全的相关概念 / 55
第二节 绿色食品认证 / 57
第三节 有机食品认证 / 64

第四节 农产品地理标志登记 / 74
第五节 名牌农产品认定 / 79
第六节 农产品市场营销 / 82

第四章 美丽乡村建设 / 102

第一节 乡村及乡村系统 / 102
第二节 美丽乡村的内涵 / 103
第三节 美丽乡村建设的动力机制 / 105
第四节 构建美丽乡村 / 107
第五节 美丽乡村建设的内容 / 115
第六节 美丽乡村的实现 / 127
第七节 "美丽乡村"建设实践 / 131
第八节 乡村文化 / 136
第九节 乡村文化发展困境的破解 / 138
第十节 美丽乡村建设措施 / 141
第十一节 美丽乡村的提升 / 144

第五章 现代农业与休闲农业的开发模式 / 157

第一节 现代农业与乡村振兴 / 157
第二节 休闲农业开发模式 / 162

第六章 乡村振兴与现代农业创业 / 170

第一节 农业创业的概述 / 170
第二节 抢抓农业创业的机遇 / 172
第三节 农业创业项目的选择 / 184
第四节 实施创业计划 / 200
第五节 风险的识别与防范 / 211
第六节 成功创业者的基本素质和要求 / 221

参考文献 / 233

第一章 现代农业的概述

第一节 现代农业的内涵

现代农业是广泛应用现代科学技术、现代工业提供的生产资料和科学管理方法进行的社会化农业。它是在近代农业的基础上发展起来的以现代科学技术为主要特征的农业，是广泛应用现代市场理念、经营管理知识和工业装备与技术的市场化、集约化、专业化、社会化的产业体系，是将生产、加工和销售相结合，产前、产后与产中相结合，生产、生活与生态相结合，农业、农村、农民发展，农村与城市、农业与工业发展统筹考虑，资源高效利用与生态环境保护高度一致的可持续发展的新型产业。

第二节 现代农业的基本特征和要求

一、现代农业的特征

现代农业广泛应用现代科学技术、现代工业提供的生产资料和科学管理方法，具有以下几个方面的特征。

（一）现代农业具备较高的综合生产率

现代农业因广泛应用现代科学技术、现代工业提供的生产资料和科学管理方法，具有较高的经济效益和更强的市场竞争力等，从而具有较高的综合生产效率，包括较高的土地产出率和劳动生产效率。这是衡量现代农业发展水平的最重要标志。

(二)现代农业具有可持续发展的特点

在现代农业条件下,农业发展本身是可持续的,而且具有良好的区域生态环境。广泛采用生态农业、有机农业、绿色农业等生产技术和生产模式,实现淡水、土地等农业资源的可持续利用,达到区域生态的良性循环,农业本身成为一个良好的可循环的生态系统。

(三)现代农业具有高度商业化的特征

现代农业的生产主要为市场而生产,具有较高的商品率,通过市场机制来配置资源。商业化是以市场体系为基础的,现代农业要求建立非常完善的市场体系,包括农产品现代流通体系。离开了发达的市场体系,就不可能有真正的现代农业。农业现代化水平较高的国家,农产品商品率一般都在90%以上。

(四)现代农业应用现代化的物质条件

以比较完善的生产条件、基础设施和现代化的物质装备为基础,集约化、高效率地使用各种现代生产投入要素,包括水、电力、农膜、肥料、农药、良种、农业机械等物质投入和农业劳动力投入,从而达到提高农业生产率的目的。

(五)现代农业采用先进的科学技术

广泛采用先进适用的农业科学技术、生物技术和生产模式,改善农产品的品质、降低生产成本,以适应市场对农产品需求优质化、多样化、标准化的发展趋势。现代农业的发展过程,实质上是先进科学技术在农业领域广泛应用的过程,是用现代科技改造传统农业的过程。

(六)现代农业采用现代化的管理方式

广泛采用先进的经营方式、管理技术和管理手段,从农业生产的产前、产中、产后形成比较完整的紧密联系、有机衔接的产业链条,具有很高的组织化程度。有相对稳定、高效的农产品销售和加工转化渠道,有高效率的把分散的农民组织起来的组织体系,有高效率的现代农业管理体系。

（七）现代农业由高素质的职业农民经营

具有较高素质的农业经营管理人才和职业农民，是建设现代农业的前提条件，也是现代农业的突出特征。

（八）现代农业采用现代经营模式

现代农业实现生产的规模化、专业化、区域化和机械化，从而达到降低公共成本和外部成本，提高农业的效益和竞争力的目的。

（九）现代农业拥有完善的政府支持体系

现代农业的建立必须有与之相适应的政府宏观调控机制，有完善的农业支持保护的法律体系和政策体系，从而能有效地推动农业实现持续、快速、健康发展。

二、现代农业的内在要求

（一）农民务农职业化

农民职业化是指农民由一种身份象征向职业标识的转化。其实质是传统农民的终结和职业农民的诞生，职业化的农民将专职从事农业生产，其来源不再受行业限制，既可源自传统农民，也可源自非农产业中有志于从事农业的人。随着农业劳动生产率的提高，农村剩余劳动力将逐渐离开土地和农业，转变为工人和城市非农劳动者，而其余的小部分人则转化为新型职业农民。通过培训学习与实践，逐步实现农民务农职业化，从而有效地推动我国"四化同步"发展的进程，提高我国农业发展的现代化水平。这是我国农业发展的必然趋势，也是现代农业发展的内在要求。

（二）农业产品品牌化

品牌即商标，通常由文字、标记、符号、图案和颜色等要素组合而成。在传统的农业生产中，人们习惯散装销售自己的产品，根本就不需要商标。随着市场竞争激烈程度的加剧，品牌成了影响产品价格的重要因素，以及促进产品销售的重要因素。因此，农业产品品牌化成为现代农业的又一内在要求。

(三)农业经营集约化

集约化经营是指经营者通过经营要素质量的提高、要素含量的增加、要素投入的集中以及要素组合方式的调整来增进效益的经营方式。集约是相对粗放而言，集约化经营是以效益为根本，对经营诸要素进行重组，实现最小的成本获得最大的投资回报。集约化经营主要用于农业。农业集约化经营指在一定面积的土地上投入较多的生产资料和劳动，采用新的技术措施，进行精耕细作的农业经营方式。由粗放经营向集约经营转变，是农业生产发展的客观规律，是我国现代农业发展的内在要求。

第三节 现代农业的常见类型

一、有机生态农业

生态农业是按照生态学原理和经济学原理，运用现代科学技术成果和现代管理手段，以及传统农业的有效经验建立起来的，能获得较高的经济效益、生态效益和社会效益的现代化农业。它要求把发展粮食与多种经济作物生产，发展大田种植与林、牧、副、渔业，发展大农业与第二、第三产业结合起来，利用传统农业的精华和现代科技成果，通过人工设计生态工程，协调好发展与环境之间、资源利用与保护之间的矛盾，形成生态上与经济上两个良性循环，实现经济、生态和社会三大效益的统一。

有机农业是遵照一定的有机农业生产标准，在生产中不采用基因工程获得的生物及其产物，不使用化学合成的农药、化肥、生长调节剂、饲料添加剂等物质，遵循自然规律和生态学原理，协调种植业和养殖业的平衡，采用一系列可持续发展的农业技术以维持持续稳定的农业生态体系的一种农业生产方式。

二、绿色环保农业

绿色环保农业是指以全面、协调、可持续发展为基本原则，以促进农产品数量保障、质量安全、生态安全、资源安全和提高农业综合效益为目标，充分运用先进科学技术、先进工业装备和先进的管理理念，汲取人类农业历史文明成果，遵循循环经济的原理，把标准化贯穿到农业的整个产业链中，实现生产、生态、经济三者协调统一的新型农业发展模式。

绿色环保农业是灵活利用生态环境的物质循环系统，实践农药安全管理技术、营养物综合管理技术、生物学技术和轮耕技术等，从而达到在发展农业生产的同时，也对农业生产环境进行有效保护，基本实现经济效益、社会效益、生态效益的有机统一，构成了我国农业现代化发展的重要内容。随着世界各国对生态环境保护的日益重视，绿色环保的理念深入人心，绿色环保农业的影响范围大为拓展，绿城环保产业将迎来广阔的发展空间。

三、观光休闲农业

观光休闲农业是一种以农业和农村为载体的新型生态旅游业，是现代农业的重要组成部分，不仅具有生产功能，还具有提高生态环境质量，为人们提供观光、休闲、度假的生活功能。休闲观光农业是利用田园景观、自然生态及环境资源等通过规划设计和开发利用，综合农林牧渔生产、农业生产经营活动、农村文化及农家生活，提供人们休闲，增进居民对农业和农村体验为目的的农业经营形态。观光休闲农业是综合生产、生活与生态三位一体的农业，在经营上表现为产、供、销及休闲旅游服务等产业于一体的农业发展形式。观光休闲农业是区域农业与休闲旅游业有机融合并互生互化的一种促进农村经济发展新业态。

四、工厂运作农业

工厂运作农业是指综合运用现代高科技、新设备和管理方法发展起来的一种全面应用机械化、自动化技术，是资金、技术、设计的高级层次，能够在人工创造的环境中进行全过程的连续作业，从而有利于摆脱自然界的制约。工厂运作农业将农业生产工厂化，依托强大的生产技术与设备，在人工创造的环境中实行工厂化生产，可以在很大程度上减少对自然环境的依赖程度，有利于大幅提高农业生产效率，成为现代农业的又一重要类型。

五、立体循环农业

立体循环农业是指利用生物间的相互关系，兴利避害，为了充分利用空间，把不同生物种群组合起来，多物种共存、多层次配置、多级物质能量循环利用的立体种植、立体养殖或立体种养的农业经营模式。

立体循环农业是现代农业的重要类型，充分利用光、热、水、肥、气等资源和各种作物在生育过程中的时间差和空间差，在地面地下、水面水下、空中以及前方后方同时或交互进行生产，通过合理组装、粗细配套，组成各种类型的多功能、多层次、多途径的高产优质生产系统，从而尽可能地获得农业生产的最大综合效益。开发立体循环农业意义重大，不仅能够节约资源、节约空间，而且能够达到集约经营的效果。

六、订单生产农业

订单生产农业是指根据农产品订购合同、协议进行农业生产，也叫合同农业或契约农业。订单生产农业是现代农业的又一个重要发展类型，具有强烈的市场性、严格的契约性、成果的预期性和违约的风险性。签约的一方为企业或中介组织，包括经纪人和运销户，另一方为农民或农民群体代表。签约双方在订单中规定的农产品收购数量、质量和最低保护价，使双方享有相应的权利、义务和约束力，依法不能单方面毁约。但由于农业受自然环境影响较大，具有生产结果的不确定性，从而又带来产品市场的不确定性，因此，遭受违约的风险性很大。

同时，随着市场经济的持续发展以及市场竞争的不断加剧，对增强农民竞争力和促进农民增收仍然具有一定的作用。订单农业可以从一定程度上为农民生产解除后顾之忧，也有利于减少农民生产的盲目性。但同时也要看到，我国的法治建设尚不完善，人们守法的意识和观念还不强，特别是在遇到严重自然灾害或巨大市场波动时，违约事件也时有发生。因此，订单农业既具有保险的一面，也具有一定的风险性，需要客观对待。

第四节 现代农业发展的必要性

一、发展现代农业是转变农业生产经营方式的需要

现代农业是与传统农业相对应的农业形态，是以广泛应用现代的科学技术、普遍使用现代生产工具、全面实行现代经营管理为本质特征和主要

标志的发达农业。改革开放几十年来，我国农业发生了翻天覆地的变化，取得了显著的成绩。但我国农业仍处于传统农业向现代农业过渡的阶段，推进现代农业建设任务繁重。转变农业生产经营方式、推进农业生产经营现代化，成为化解我国"三农"难题的重要途径。同时，现代农业依托现代先进技术与设备，实行集约化、规模化和产业化生产经营，发展现代农业成为转变农业生产经营方式的客观需要。

（一）农业的集约化经营需要发展现代农业

农业的集约化经营方式，就是在单位面积的土地投入更多的生产资料及劳动，并应用先进的生产技术与设备等，以提高农业产业的生产效率，生产出数量更多的农副产品。实现农业集约经营与粗放式农业生产经营方式存在着本质区别，是农业产业发展的巨大进步。实行农业集约化经营符合我国人多地少、人地矛盾突出的基本国情，是我国农业生产经营方式转变的重要方向之一。同时，农业集约化经营需要投入大量的技术设备与生产资料，而现代农业则以现代农业技术设备为依托，可以为农业的集约化生产提供农业技术与设备支持，农业的集约化经营离不开农业的现代化，二者不可断然分开，需要相互促进共同发展。

（二）农业的规模化经营需要发展现代农业

人多地少、农业经营分散是我国基本的国情之一，这在很大程度上制约着我国农业的规模化经营，不利于农业规模效益与规模经济的实现。转变农业生产经营方式，变分散的、小规模的农业生产经营方式为适度集中的、规模化的农业经营方式，成为提高我国农业生产效率、促进农民增收的重要手段之一，农业的规模化经营符合我国未来农业的发展方向。同时，农业规模化经营需要以先进的农业技术与设备为支撑，需要以土地的合理流转为保障，而现代农业正好可以为其提供农业科技与设备支持，也可以有效推进我国农村土地的合理流转。因此，农业现代化可以为农业的规模化经营提供所需的条件，农业规模化经营离不开现代农业的发展。

（三）农业的产业化经营需要发展现代农业

农业产业化以市场为导向，以提高经济效益为中心，以科技进步为支撑，围绕支柱产业和主导产品，优化综合各种生产要素，对农业和农村经济实行区域化布局、专业化生产、一体化经营、社会化服务、企业化管理。形成以市场牵龙头、龙头带基地、基地连农户，集种养加、产供销、内外贸、农科教为一体的经营管理体制和运行机制。而传统的农业生产多属于"自给自足"型，无论是生产效率还是商品化程度均较为低下，农业比较效益低下、农民增收困难、农村发展滞后等，均难以通过这种农业生产经营方式来突破，严重影响和制约了我国"三农"经济的发展步伐。相比之下，农业产业化经营方式具有巨大的发展潜力，在促进农业增效、农民增收与农村繁荣方面将发挥出更大的功效，成为农业生产经营方式转变的又一个重要的方向。同时，农业产业化经营同样需要农业科技与设备为支撑，也需要先进的农业生产经营理念为指导。而农业的现代化正好可以对其进行有力的支撑，成为现代农业产业化经营的重要保障。因此，农业产业化同样也离不开现代农业的发展。

二、发展现代农业是提高农业综合发展能力的需要

要想在日益激烈的市场竞争中持续发展壮大，必须全面提升农业的综合发展能力，为持续健康发展目标的实现提供了有力的"硬实力"。科技装备能力、综合生产能力与市场适应能力等构成了农业综合发展能力的主要内容，而现代农业凭借先进的农业技术装备、先进的发展理念以及高素质的新型农民，可以全面提高农业综合发展能力，推动农业不断向前发展。

（一）发展现代农业有利于增强农业的科技装备能力

农业的科技装备水平在很大程度上反映出农业的现代化程度，高水平的农业科技装备有利于提升农业的整体实力，促进农业产业实现可持续发展。同时，现代农业的发展需要以先进的农业科学技术与装备为依托，没有先进技术与装备做支撑的农业不能成为现代农业。一方面，现代农业的发展可以提高农业产业的科技含量与装备水平，增强农业产业的综合实力，为农业产业的持续发展奠定坚实的科技装备基础；另一方面，也可以对农业科技与设备形成较大的市场需求，进而刺激农业现代科技与设备的"再生产"，形成现代农业与农业科技设备互相促进的良性互动格局。

（二）发展现代农业有利于增强农业的综合生产能力

农业生产效率与农产品品质共同影响着农业的综合生产能力，是农业生产经营至关重要的一个环节。要实现农业的高产与高效、农民的增产与增收，必须首先从农业生产这一源头抓起。现代农业具有较高的农业技术与装备水平，应用先进的生产经营管理理念，实行集约化、专业化、标准化生产与经营，可以大幅提高农业产业的生产效率，生产出数量更多的农副产品，达到农业增产的目的；还可以有效改进农副产品的整体品质，满足人民日益多样化、个性化的消费需求，从而达到农业增效的目的。因此，凭借着先进的生产技术与设备、正确的生产经营理念和高效的生产经营方式，现代农业可以从源头上增强农业产业的综合生产能力。

（三）发展现代农业有利于增强农业的市场适应能力

在市场经济高速发展的时代背景下，市场在资源配置中起着基础性与决定性的作用，农业产业的持续发展需要较强的市场适应能力，以便在激烈的市场竞争中占据更为有利的地位。现代农业以市场需求为导向，依托现代农业科技与设备，采用现代农业现代经营管理理念，实行专业化、标准化、集约化、规模化生产与经营，可以实现农业与市场的有效结合，农业产业可以根据市场需求调整生产结构，更好地满足市场需求，有效地增强农业的市场适应能力与竞争实力。因此，发展现代农业既可以增强农业产业的市场意识，也可以提高其市场竞争实力，有利于促进农业产业获取更为有利的市场定位。

三、发展现代农业是提高农产品国际竞争力的需要

随着开放程度的不断加深，我国农产品已经完全融入国际市场，面临的挑战和竞争力越来越激烈。为了有效应对国际农产品市场的诸多挑战，并占据更为积极主动的国际市场位置，需要在农产品价格、品质等方面进行重点突破。而现代农业实行规模化、集约化和产业化生产，有利于降低生产经营成本，提高农产品国际竞争力。

（一）发展现代农业是迎接国际市场竞争挑战的需要

相对于国内市场，国际市场上的参与主体更加复杂多样，关系更为错综复杂，市场门槛也相对更高。因此，在国际市场上的竞争更为激烈和残酷，面临的挑战与风险也更多。为了有效应对日益激烈残酷的国际市场的竞争与挑战，我国农业相关的产业必须增强国际市场观念与危机意识，积极采用先进的农业科技与设备，实行高效的农业生产经营方式，确保所生产的农副产品具有"适销对路、物美价廉"的特性，从而促使其在竞争激烈的国际市场上占据更为主动的地位。现代农业集现代技术设备、先进经营管理理念、高效生产经营方式于一体，可以有效增强农业产业的国际市场竞争力，既是发达国家普遍采用的农业发展模式，也是我国农业产业迎接国际市场竞争与挑战的重要手段。

（二）发展现代农业是提高农产品国际竞争价格优势的需要

国际市场的竞争既包括农产品品质的竞争，也包括农产品价格的竞争。获取市场价格优势成为农产品出口，获取更大市场份额的重要突破口。因此，提高农业生产经营效率、控制农业生产经营成本成为获取国际市场价格优势的重要途径，也是赢得国际农产品市场的重要手段。现代农业运用先进的农业科技与设备，采用规模化、机械化、专业化等高效生产经营模式，有利于提高农业生产效率，控制或降低农业生产成本，有利于获得规模经济效益，有利于获得国际市场的竞争优势。

（三）发展现代农业是提高农产品国际品质优势的需要

随着国际贸易竞争的加剧，农产品国际贸易的门槛要求越来越高，这为我国农业产业的发展提出了新的更高要求与挑战。而农产品品质的提高，关键在于科学生产经营方式的运用和先进技术设备的采用。发展现代农业有利于促进生产经营方式的转变，有利于先进技术设备的广泛应用，从而有利于提高农产品品质，为我国农业产业获得更大的国际市场份额、实现全球化战略提供支撑。因此，发展现代农业是提高农产品品质的重要途径，也是我国农业产业更好地走向世界的关键性举措。

第五节　现代农业发展的紧迫性

一、农村土地经营分散影响农业效益，必须发展现代农业

改革开放以来，我国农村实行以家庭联产承包责任制为基础，统分结合的双层经营体制，在特定历史时期内极大地调动了广大农民群众的生产积极性与创造性，推动了我国农业产业经济的快速发展。但随着社会经济的深入发展，这种农村经营体制在某种程度上造成了农村土地的分散经营，不利于农业产业的规模化与集约化经营。因此，需要在坚持现有农村经济制度的基础上，深化农村社会经济改革，促进农村土地合理流转，大力推进我国农业产业现代化，有效提高农业产业的综合效益。

（一）不利于农业规模化发展，难以获得规模效益

我国农业人口众多、农村耕地有限，人地矛盾较为突出，在现有的农村经营体制之下，农民以家庭为单位承包农村土地，单独从事农业生产经营活动，农村土地经营较为分散。由此造成农业经营主体发展规模普遍偏小，经营土地分散，大规模机械化耕作难度较大，农业生产效率低而成本高，难以获得农业生产的规模效益，农业产业比较效益低下，农民收入水平普遍偏低。同时，由于农村社会保障制度不健全，农民离土不离乡，虽然长年在城里打工，但也不愿放弃已经承包的土地，导致土地流转相对困难，从而不利于农业产业的规模化经营。此外，由于农民分散经营，农业生产组织化程度较低，缺乏市场话语权，严重影响了农业的比较效益。

（二）不利于农业集约化生产，难以获取竞争优势

农村土地经营分散既不利于农业产业规模化经营，也不利于农业产业的集约化经营。一方面，农业生产的新技术、新模式难以推广，不利于开展集约化经营，导致农业生产效率低下。另一方面，农村土地经营分散，机械化的应用受到极大的限制，也加大了农业集约化生产的难度。此外，农村土地生产经营分散，农业经营主体组织化程度不高，增加了农业产业的专业化、标准化生产难度，影响了农产品品质的一致性和稳定性。同时，

由于缺乏组织性，难以对市场供求信息形成有效判断，产品的市场竞争力大打折扣。因此，农村土地分散经营不利于农业产业的集约化经营，严重地影响到农产品的市场竞争力。

（三）制约农业综合效益提升，难以实现农业现代化

农村土地经营分散，严重影响制约了农业产业综合效益的提升，阻碍了现代农业的发展。农村土地分散经营，不利于提高农民的综合素质，难以培养出农业现代化的人才；农村土地分散经营，不利于农业产业的规划与发展，影响现代农业发展模式的形成；农村土地分散经营，不利于农业市场地位的建立，影响农业的市场竞争力。因此，必须改变农村土地分散经营现状，积极发展现代农业，实行规模化、集约化、产业化、专业化生产，才有可能促进农业产业综合效益的大幅提高，农民群众也才有可能实现收入的持续增长。因此，无论是促进农业效益的增加，还是推动农业的持续进步，都必须大力发展现代农业。

二、职业农民尚未形成，影响农业水平，必须发展现代农业

农民是农业生产经营的主要参与者与具体实践者，其综合素质的高低直接影响到农业的发展水平。随着城镇化与工业化的稳步推进，加之受农业比较效益低下的影响，大批农村青壮年离开农村进城务工，真正从事农业生产的主要是妇女和老人，有文化、懂技术的职业农民队伍尚未形成。发展现代农业需要高素质的职业农民，也只有高素质的职业农民才能承担起现代农业的重任。

大批农村青壮年进城务工，妇女、儿童与老人留守农村，农业经营主体老龄化、青壮年农民普遍兼业化，严重影响了我国新型职业农民的有效形成，从而不利于现代农业科技与设备广泛应用，影响了农业产业的科技含量与水平。具体而言，一方面，大多数老人受传统的小农思想意识影响较深，学习应用现代农业科技与设备的积极性不够；另一方面，老年人的科学文化素质普遍偏低，学习、理解、记忆能力较差，农业科技与装备的实际运用能力不足。此外，老年人缺乏经济实力，基本上无力购买现代先进的农业生产装备。因此，应该大力发展现代农业，积极培育新型职业农民，以大幅提高农业产业发展的科技水平。

由于我国新型职业农民尚未形成，现有从事农业生产的人员绝大部分既没有能力也没有动力去研究农业的发展，因此，不可能形成现代农业经营的理念，从而严重影响到我国农业整体经营水平的提升。农业经营水平的提高需要以先进的生产经营理念为指导，以先进的技术设备为支撑，以高效的生产经营方式为保障。但无论是先进技术与设备的应用，还是生产高效经营方式的采用，都与农业经营主体的生产经营理念有关，均受其生产经营理念的深刻影响。由于我国新型职业农民尚未形成，现代农业生产经营理念难以推广，不仅增加了农业产业现代生产经营理念的推广难度，而且严重影响到农业产业整体经营水平的提升。

新型职业农民的培育与形成，有利于提高农业经营主体的整体素质，促进农业现代科技与设备的广泛运用和推广，从而对农业产业科技装备水平的大幅提升产生积极显著的影响；发展现代农业有利于培养现代农民，在现代农业经营模式下，从业人员能够接受现代农业经营思想和经营理念的熏陶，迅速成长为职业农民；发展现代农业有利于现代科学技术的推广应用，能促进高效生产经营模式的形成，对有效增强我国农业产业的竞争能力起到推动作用，从而培养出新型职业农民。反过来，新型职业农民的形成，又有利于农业科技水平的广泛应用和普及，有利于现代农业模式的形成与发展。因此，需要大力发展现代农业，积极培育新型职业农民，使两者之间形成一种良性的动态互动关系，相互促进，共同发展，为农业产业发展综合水平的显著提升创造有利条件。

三、农业污染现状堪忧，影响农业发展，必须发展现代农业

我国农业产业发展面临着巨大的人口、资源和环境压力，化肥农药等的大量施用成为提高土地产出水平的重要途径。而化肥、农药、农膜等的过度使用，又会造成严重的农业污染。进入21世纪，农业产业发展所面临的压力更为巨大，加之农民环保意识不强、农民环保能力有限、农业环保监控缺乏等因素的综合影响，进一步加深了农业产业对化肥、农药、农膜的依赖程度。我国农业污染问题日益突出、现状堪忧，严重影响着我国农业产业的可持续发展。因此，迫切需要大力发展现代农业，以改善农业污染现状，促进农业产业健康发展。

(一)农民环保意识不强,农业污染频发,必须发展现代农业

农民环保意识不强是导致农业污染频发的重要原因之一,由于受科学文化程度的局限,加之农业环保的宣传工作尚待进一步加强,不少农民缺乏对农业环保的深刻了解与认识,难以在短时间内形成较强的农业环保意识,极易在农业生产过程中造成农业污染。而现代农业依靠先进的农业科技与设备,谋求社会效益、经济效益与生态效益的有机统一,以实现农业产业可持续发展为根本目标。因此,大力发展现代农业,有利于培养农民的环保意识,加深对农业环保重要性的理解与认识。从而增强环保的自觉性和主动性,促进农业产业持续健康发展。

(二)农民环保能力有限,农业污染不断,必须发展现代农业

除了农业环保意识不强外,农民环保能力有限也是农业污染不断加剧的重要原因之一。一方面,农民科学文化程度普遍偏低,农业环保技术与设备缺乏,客观上造成了农业环境污染不断加剧。另一方面,农业比较效益低下,缺乏投资环保的经济实力,主观上不愿意把资金过多地投入到环保上,也加剧了环境的污染。发展现代农业可以充分发挥现代农业的经营模式、技术与设备的优势,减少对化肥、农药的过分依赖,兼顾社会效益、经济效益与环保效益,从而可以对农业污染起到较好的预防作用。同时,现代农业的经营模式,有利于培养和提高农民的环保意识,有利于农业环保技术与设备的广泛使用,从而有效减少农业污染。此外,发展现代农业,有利于农民收入水平和综合素质的提高,促进农民环保意识的增强,从而有效地控制和减少农业污染。

(三)农业环保监控缺乏,农业污染严重,必须发展现代农业

我国目前还缺乏有效的农业环保监控措施,农业生产基本处于放任自流的状况。农民在利益的驱使下,主观上很少考虑污染问题。加上化肥、农药、激素虽然有污染的一面,但也同时具有见效快、成本低、效益高的特点,在缺乏有效监督的情况下,必然会被广泛使用,客观上加剧了农业污染。而且我国农业经营主体分散,不便集中管理,给监管工作带来了困难,给农业污染留下了空间。发展现代农业,实行集约经营,有利于科学

的经营理念的形成，有利于科学的管理规范的推广应用，有利于农业环保监控体系的建立与完善，从而提高农业环保监控效率，提高农产品的品质和安全性。

第六节 生态农业

一、生态农业的概念

生态农业是 20 世纪 60 年代末期为解决"石油农业"的弊端而出现的，被认为是继"石油农业"之后世界农业发展的一个重要阶段。生态农业主要是通过提高太阳能的固定率和利用率、生物能的转化率、废弃物的再循环利用率等，促进物质在农业生态系统内部的循环利用和多次重复利用，以尽可能少的投入，求得尽可能多的产出，并获得生产发展、能源再利用、生态环境保护、经济效益等相统一的综合性效果，使农业生产处于良性循环中。生态农业不同于一般农业，不仅避免了"石油农业"的弊端，并且发挥出了明显的优越性。通过适量施用化肥和低毒高效农药等，生态农业突破了传统农业的局限性，但又保持其精耕细作、施用有机肥、间作套种等优良传统。生态农业既是有机农业与无机农业相结合的综合体，又是一个庞大的综合系统工程和高效的、复杂的人工生态系统以及先进的农业生产体系。综上所述，我国的生态农业是指在保护、改善农业生态环境的思想指导下。按照农业生态系统内物种共生、物质循环、能量多层次利用等生态学原理和经济学原理。因地制宜，运用系统工程方法和现代科学技术，运用现代科学技术成果和现代管理手段，以及传统农业的有效经验建立起来的，集约化经营的农业发展模式。充分发挥地区资源优势，依据经济发展水平及"整体、协调、循环、再生"原则，运用系统工程方法，全面规划、合理组织农业生产，实现农业高产优质高效持续发展，达到生态和经济两个系统的良性循环，使农业的经济效益、生态效益、社会效益协调统一的现代化农业。

二、生态农业的发展趋势

（一）生态农业产业化

21世纪全球经济生态化、知识化的趋势，决定了生态产业是产业革命的必然结果。同样，21世纪的现代化发展方向也必然使农业现代化纳入生态发展的轨道。由于当前我国农业出现的社会效益与自身经济效益的矛盾、分散农户与大市场的矛盾以及受市场和自然资源双重约束的几大矛盾并没有完全解决，农业生产从数量向品种、质量转化，产值贡献弱化，市场贡献以及农业环境贡献逐渐增大的现实，决定了发展生态农业，特别是生态农业产业化的必要性。

（二）生态农产品质量标准化，生态农业生产规范化

国内农产品质量标准制定滞后，直接影响了我国农产品质量的提高，降低了我国农产品在国际市场中的竞争力，因此，应加快农产品质量标准的制定。在进一步完善农业生态环境监测网的基础上，应重点加强农产品质量安全检测机构建设，形成功能齐全的省、市、县梯级农产品质量检测体系。通过全国农产品监测网络，对农产品质量实施统一的监测监控，对农产品的生产过程进行全程监控，使质量管理关口前移，提高农产品的质量与安全性，保证向市场提供无公害、绿色或有机食品，提高产品的品牌价值和信誉度，建设完善的市场与流通体系，维护生产者和消费者的利益。

（三）科技对生态农业发展的促进作用将得到强化

农业高科技日益成为发达国家农业持续发展和产业升级换代的支撑，利用现代生物技术培育新品种，进行生物病虫害防治，提高农产品产量和品质，降低生产成本，已经渗透到农业的常规技术领域。而我国在生态农业产业化方面还缺乏相应的原创性研究和应用，与发达国家相比差距较大。所以，我们要加大农业科技投入，奖励和鼓励科技创新，加快科技发展，提高产品的技术含量和科技附加值，解决我国农产品技术含量较低的致命弱势。

三、中国生态农业的技术措施

生态农业是从生物与环境两个方面来研究农业的生产过程，所以，生态农业技术措施也应该包括这两个方面的内容。

（一）水土流失和土地沙化综合治理技术

防止水土流失最主要的措施就是增加植被，严禁毁林开荒，实行造林种草，封山育林，在农业生产中采用等高种植法，以及横坡带状间作等方法。

（二）防止土壤污染技术

控制和消除外排污染源，严格控制污染物进入土壤；研制生产高效、低毒、低残留的新型农药，代替剧毒高残留农药；利用生物防治技术，实现以虫治虫，以菌治虫；利用微生物的转化、降解作用，减少污染物的残留。

（三）水体富营养化的防治技术

水体富营养化是指在人类活动影响下，水体中的氮、磷等营养物质含量增高，使水中的藻类等生物大量繁殖而对水体产生危害。控制方法包括：控制外源性营养物质输入，减少水体营养物质富集的可能性；减少内源性营养物质积聚，挖掘底泥沉积物，进行水体深层曝气；用化学药剂杀藻；利用水生生物（如凤眼莲、芦苇、丽藻等）吸收利用氮、磷元素，以除去这些营养物质。

（四）生物共生互惠及立体布局技术

共生互惠和立体布局包括植物与植物、植物与动物、动物与动物等的相互组配和合理布局，如稻田养鱼，蔗田种蘑菇，鲢鱼、鳙鱼、草鱼、鲫鱼和河蚌混养等。

（五）农业环境和农业生产自净技术

自净技术即是在生产系统内，将上一级生产产出的废弃物，变为下一级生产的有效投入，从而避免污染物的外排而影响环境洁净的技术。如人畜粪尿还田，田边和村边种植防护林带，鸡（粪）- 猪（粪）- 鱼（塘泥）- 作物（农副产品）- 鸡、猪食物链技术等。

（六）有害生物的综合治理技术

综合治理技术包括病虫害、杂草的生物防治技术，采用作物的间套轮作、不同耕作等方法，以及利用各种物理、机械方法防治病虫草害等。

（七）农村能源的开发和利用

（1）充分利用太阳能。如建太阳能温室、塑料大棚、地膜覆盖、太阳能干燥器、太阳能取暖器、太阳能蓄水池等。大力营造薪炭林，解决农村能源短缺的问题。

（2）积极发展沼气。

（3）开发利用风能、水能以及其他能源。

四、中国生态农业建设的模式

生态农业模式是整个生态农业借以组装和运行的蓝图，是各组成要素在整个系统网络中的地位和相互循环关系的具体表达。我国的生态农业模式类型多种多样，由于农业系统及其组成要素的多样性和复杂性，目前尚无统一的分类体系，结合当前的生产实践和研究成果大致可分为以下几种类型。

（一）立体利用型

根据具体条件，采用各种垂直布局。随着生态农业发展，它的内容越来越丰富，形式越来越多样。大范围的立体利用是山水田林路，按照地形、地貌，以及小气候、土质、农田、村舍、道路、沟渠的特点，进行立体布置，把上方的山、坡和下方的农田作为一个生态系统整体来建设，被称为立体农业。小范围的立体利用，则是在一块农田或一片林果地的立体布置。农田的立体利用，可采取高矮作物间作，耐阴与喜阳作物间作，乃至在高秆或高架作物之下养殖鹅、鸭，培植食用菌等，既能分层分期（有效利用两种作物彼此错开需要充足阳光的阶段）利用阳光，又各得其所，地尽其利。近年许多农场和农户在葡萄园地面养鹅吃草，或甘蔗地行间养鸭，或在葡萄园开深沟，既排水又在沟内养殖，形成高度集约利用土地、水面等资源的立体生产，都取得了很好的经济效益和生态效益。

（二）沼气利用型

沼气利用型是以农业生产为基础的家庭经济发展类型，它以沼气为纽带，利用食物链加循环技术将种植业、养殖业及加工业联系在一起，通过增加畜禽饲养和沼气池厌氧发酵，将传统的单一种植和高效饲料以及废弃物综合利用有机地结合起来，在农业系统内做到能量多级利用、物质良性循环。如"猪－沼－果"模式。

（三）食物链型

食物链型主要涉及有食物链关系的初级生产者、次级生产者和分解者之间的搭配。这类模式在我国生态农业建设实践中得到最广泛的运用。根据食物链的结构可分为以下两种。

1. 食物链延伸模式

如利用作物秸秆作饲料养猪，猪粪养蛆，蛆喂鸡，鸡粪施于作物。在这种循环中，废弃物被合理利用，减少环境污染，从而建立取食、寄生、捕食、防污的食物链模式，还可以利用食物链进行有害生物综合防治，减少农药的使用量以保证农作物的优质、安全，如赤眼蜂食玉米螟模式、七星瓢虫捕食棉田蚜虫模式、森林灰喜鹊食松毛虫模式等。

2. 食物链阻断模式

该模式即在污染出现时，为阻断污染物的食物链浓缩，需打断食物链联系。如在农田生产中可采用种植花卉、用树林、草坪等非食物生产模式，在水体可采用养殖观赏鱼类的生产模式。这是一种按照农业生态系统的能量流动和物质循环规律而设计的良性循环的农业生态系统。

（四）生物互利共生型

该类型利用生物群落内各层生物的不同生态特性及互利共生关系，分层利用空间，提高生态系统光能利用率和土地生产力，增加物质生产。这是一个在空间上多层次，在时间上多序列的产业结构类型，使处于不同生态位的各生物类群在系统中各得其所、相得益彰、互惠互利，充分利用太阳能、水分和矿物质营养元素，实现对农业生态系统空间资源和土地资源的充分利用，从而提高资源的利用和生物产品的产出，获得较高的经济效益和生态效益。生物互利共生型以先进适用的农业技术为基础，以保护和改善农业生态环境为核心，强化农田基本建设，提高单产。该类型主要包括农林牧副渔复合型、农作物复合种植型、其他复合型几种类型。

（五）产业链延长增值型

该类型是以经济效益为中心，以农业可持续发展为目标，将农业生产中的主产品或副产品加工增值，而增加农业产值，并努力实现生产的产业化，促进产、加、销、贸一体化的农业生产模式，如青贮玉米－饲料模式、玉米－猪－肉罐头模式等。

（六）环境治理型

该类型采用生物措施和工程措施相结合的方法，综合治理水土流失、草原退化、沙漠化、盐碱化等生态环境恶化区域，通过植树造林、改良土壤、兴修水利、农田基本建设等，并配合模拟自然群落的方式，实行乔木、灌木、草结合，建立多层次、多年生、多品种的复合群落生物措施，是生物措施与工程技术的综合运用模式，包括以下4种模式。

1. 丘陵山区小流域综合治理模式

该模式在水土流失较为严重的地区以植树造林为主要途径，发展林果、养殖等产业，实行小流域的综合治理，改善生态环境，逐步创造良好的农业发展环境。主要采取退耕还林、还草、封山绿化的综合措施，加强对天然林的保护，集雨灌溉，涵养水源，防水固土，保持土壤肥力，在陡坡地栽种用材林，在缓坡地栽种经济林，在平地搞养殖、经济作物种植及农产品加工。在农牧结合区，采用以沼气工程为纽带的生态农业模式，以农带牧，以沼促粮、草、果种植业，形成生态系统和产业链合理循环。

2. 盐碱地治理模式

该模式采用打浅井、开深沟、建造人工防护林，引进抗盐碱的豆科牧草发展畜牧业，种植青绿肥增加有机质等。

3. 草地恢复与生态牧业模式

该模式根据草场类型和产草量，确定不同牲畜的种群结构和载畜量，分地区分季节安排牧业生产；退耕还草还牧，提高草地的产草量；缩短育肥周期，养活载畜量和放牧强度；引导牧民从事畜产品加工业等行业。

4. 保护性耕作模式

该模式在保证种子能发芽的基础上尽可能减少土壤耕作，并用作物秸秆、残茬覆盖地表，用化学药物来控制杂草和病虫害，从而减少土壤风蚀、水蚀，提高土壤肥力和抗旱能力。保护性耕作模式是干旱少雨、风蚀严重地区应对恶劣环境的重要模式。

（七）资源开发利用型

该类型主要分布在山区及沿海滩涂和平原水网地区的荡滩，这些地区农业发展潜力较大，有大量自然资源未得到充分开发或很好地利用。通过因地制宜、全面规划、综合开发，利用改造荒山、荒坡、荒滩、荒水，实行资源开发与环境治理相结合，治山与治穷相结合，可全面促进环境建设、生产建设和经济建设。该模式适用于农业发展潜力大、生态环境好、资源丰富但未得到充分开发或利用的地区。

（八）观光旅游型

该类型是运用生态学、生态经济学原理，将生态农业建设和旅游观光结合在一起的良性模式。在效能发达的城市郊区或旅游区附近，以当地山水资源和自然景色为依托，以农业作为旅游的主题，根据自身特点，将旅游观光、休闲娱乐、科研和生产结合为一体的农业生产体系。根据农业观光园的应用特点将其分为观光农园、农业公园、教育农园三类。

1. 观光农园型

以生产农作物、园艺作物、花卉、茶等为主营项目，让游人参与生产、管理及收获等活动，还可让游客欣赏、品尝、购买园区的作物。它又可细分为观光果园、观光菜园、观光花园（圃）、观光茶园等。

2. 农业公园型

把农业生产、农产品销售、旅游、休闲娱乐和园林结合起来的园区称为农业公园。这类农园应注重在休闲、旅游、度假、食宿、购物（农产品)、会议、娱乐设施等方面的完善，注重人文资源和历史资源的开发，是一种综合性的农业观光园。

3. 教育农园型

该类型既兼顾农业生产、农业科普教育，又兼顾园林和旅游，故称为教育农园。其园内的植物类别、先进性、代表性形态特征和造型特点等不仅能给游园者以科普知识教育，而且能展示科学技术就是生产力的实景；既能获得一定的经济效益，又能陶冶人们的性情，丰富人们的业余文化生活，从而达到娱乐身心的目的。

第七节　观光休闲农业

一、观光休闲农业的概念

观光休闲农业是利用农村景观、农业活动、农村民俗文化，通过规划和开发，为人们提供兼有观光、休闲、娱乐、教育、生产等多种功能为一体的农业旅游活动，是一种生态旅游新类型。观光休闲农业的发展，将农业观光、农事体验、生态休闲、自然景观、农耕文化等有机结合起来，既满足了城市居民崇尚自然、回归自然、享受自然的需要，又促进了乡村旅游业的崛起。由于我国的休闲观光农业起步较晚，目前还存在以下不足：一是缺乏科学规划，现有的观光休闲农业基本上处于乡村和工商业主自发状态，缺少整体规划和科学认证，模式单一、风格雷同，缺少各自的独特创意；二是品位档次不高，经营规模偏小，项目内容单调，赋予特色的为数不多，影响了经济效益的提高；三是管理服务不够规范，管理人员绝大多数是原来的生产、加工、营销的人员，服务人员基本上向社会招收，缺乏管理经验，整体素质较低；四是政策扶持力度不大，要素"瓶颈"制约了观光休闲农业的发展。

二、我国观光休闲农业的发展思路

1. 因地制宜，科学规划

发展休闲观光农业要从长计议、系统筹划，科学制定发展规划。由于各地环境不同，地理因素各异，产业特色有别。因此，在编制规划时，要按照"因地制宜、突出特色、合理布局、和谐发展"和"合理开发、永续利用、保护耕地"的要求，注重区域定位、功能定位、形态定位，避免雷同、重复建设，克服盲目追求高档、贪大求洋甚至"毁农造景"的现象。做到有序发展、相对集中规模开发。休闲观光农业规划要与土地利用总体规划、农业发展规划、城市旅游规划、新农村建设规划相互衔接，确保规划的整体性、前瞻性和延续性。充分利用田园景观、村居民舍、乡土风情、农耕民族文化等资源，将农业生产、生活、生态协调融合，使特色农业得到展示，旅游项目得到发挥，环境保护得到加强，实现人与自然的和谐发展。

2. 注重特色，农旅结合

发展休闲观光农业必须坚持以农业为基础、农民为主体、农村为特色，把农业产业发展、增加农民收入放在首位。项目建设要突出农味，吃农家饭、住农家屋、干农家活、享农家乐，拓展设施栽培、生态养殖、立体种养、种养加一体化等高效生态农业模式的功能，达到游客求变、求异、求新、求特、求美的消费心理。休闲观光农业既是"三农"的延伸，又是旅游业空间的拓展。在强调以农为本的同时，也要重视兴旅，灵活运用"农中有旅，以旅强农，农旅结合，强农兴旅"，突出休闲性，增强参与性，体现娱乐性，满足不同消费人群，使游客真实体验到地道的农家之乐。

3. 加强管理，规范发展

发展休闲观光农业，服务是核心，安全是保证，必须规范内部管理，提高服务质量，确保游客身体健康、生命安全。要制定行业管理标准和服务管理办法，做到有标可查、有章可循，构建完善的质量安全管理体系。结合农村劳动素质培训，对从业人员加强农艺知识、菜肴烹饪、食品卫生、安全生产、诚信意识、森林防火等方面的培训，提高其综合素质和服务水准。积极培育和组建休闲观光农业的行业协会、专业合作社等中介服务组织，增强行业自我服务、自我管理、自我约束、自我发展。业务主管部门要经常性地开展检查、指导，实行有效的监督管理，及时化解风险，帮助解决困难，真正打造一批特色突出、经营规范、服务周到、安全卫生，深受游客欢迎的休闲观光农业项目。

4. 优化环境，联动协作

休闲观光农业是时代发展和社会进步的产物，也是一项系统性极强的工程，需要各级各部门的协调配合、联动协作。财政部门要安排专项资金，列入年度预算，重点扶持特色明显、运行规范、前景广阔的休闲观光农业项目，同时要鼓励引导工商资本、民营资本、外来资本投资开发，建立起"政府扶持、业主为主、社会参与"的投入机制。金融部门要优化信贷结构，把休闲观光农业建设纳入支农重点，适当放宽担保抵押条件，简化审批手续，并给予贷款利率和时间上的优惠。农业部门积极创新土地流转机制，按照"自愿、依法、有偿"的原则，采取转让、出租、互换、入股等形式，推进土地规模经营。国土部门要鼓励开发废弃园地、林地、荒山等，盘活存量土地、对休闲观光农业管理配套设施用地实行用地倾斜，其他有关部门都要按照各自的职能，为休闲观光农业的发展提供强有力的保障。

5. 加强领导，强化宣传

发展休闲观光农业是落实科学发展观、走创业创新之路的有效举措，是发展现代农业、建设社会主义新农村的客观要求，也是促进农业增效、农民增收、农村发展的有效途径。各级各部门一定要统一思想，达成共识，创新思路，精心组织，狠抓落实，进一步加强对休闲观光农业的领导。同时，要加大宣传力度，扩大影响，提高知名度。通过各种新闻媒体，及时报道先进典型，发挥舆论导向作用，营造休闲观光农业发展氛围。通过举办或参与各种节庆、节会等活动，搭建平台、设立窗口，展示休闲观光农业风采，扩大市场有效占有率。通过项目策划包装，打造精品亮点，实施品牌战略，推进休闲观光农业有序、快速、持续、健康发展。

三、我国观光休闲农业的具体发展方向

1. 依托田园和生态景观

乡村田园生态景观是现代城市居民闲暇生活的向往和旅游消费时尚，也是观光休闲农业赖以发展的基础。因此，①在选址上，首先要考虑以周边优美的农村生态景观为依托，并与所规划的观光休闲农业项目特色相匹配。②在规划上，要以农业田园景观和农村文化景观为铺垫。选择园林、花卉、蔬菜、水果等特色作物，高新农业技术，特色农村文化，作为规划的基本元素。③在建设上，既要对农村环境的落后面貌进行必要的改造，又要注意保护农村生态的原真性。

2. 重视休憩和体验设计

观光休闲农业的客源，在节假日主要是近距离城市休憩放松的上班族，上班时间主要为退休人员，也有业务洽谈和会议选在生态景观和设施条件较好的观光休闲农业景点进行。去观光休闲农业消遣，已经成为不少城市居民的一种生活方式。因此，策划成功的关键之一是如何处理好"静"和"动"，即养生休闲和运动休闲的关系。休憩节点的设计要"静"，所谓"静"就是田园的恬静和农家的祥和，就是要为人们提供恬静休闲的空间和场所。"动"主要是娱乐游憩或农事体验，要做到"动"的项目寓于"静"的景观之中。这样，既能满足城镇居民渴望回归自然、放松身心的休闲需求，又能满足城镇居民科学文化认知的需要，还能延长游憩时间、增加二次消费。

3. 挖掘民俗和农耕文化

要保持观光休闲农业项目长期繁荣兴盛，就应该在丰富观光休闲农业的文化内涵上下工夫。深入挖掘农村民俗文化和农耕文化资源，提升观光休闲农业的文化品位，实现自然生态和人文生态的有机结合。如传统农居、家具，传统作坊、器具，民间演艺、游戏，民间楹联、匾牌，民间歌赋、传说，名人胜地、古迹，农家土菜、饮品，农耕谚语、农具等，都是观光休闲农业景观规划、项目策划和单体设计中可以开发利用的重要民间文化和农耕文化资源。

4. 突出特色和主题策划

特色是观光休闲农业产品的核心竞争力，主题是观光休闲农业产品的核心吸引力。要认真摸清可开发的资源情况，分析周边观光休闲农业项目特点，巧用不同的农业生产与农村文化资源营造特色。农村资源具有的地域性、季节性、景观性、生态性、知识性、文化性、传统性等特点，都是营造特色时可利用的特性。根据资源特性和项目定位进行主题策划。

第八节 设施农业

设施农业就是运用现代工业技术成果和方法、用工程建设的手段为农产品生产提供可以人为控制和调节的环境和条件，使植物和动物处于最佳的生长状态，使光、热、土地等资源得到最充分的利用，形成农产品的工业化生产和周年生产，从而更加有效地保证农产品的供应，提高农产品质量、生产规模和经济效益，促进农业现代化。

设施农业主要内容是与集约化种植、养殖业相关的园艺设施和畜禽舍的环境创造、环境控制技术及与其配套的各种技术和装备。因此，设施农业又被称为工厂化农业。

一、设施农业的概念

设施农业是在不适宜生物生长发育的环境条件下，通过建立结构设施，在充分利用自然环境条件的基础上，人为地创造生物生长发育的生长环境条件，实现高产、高效的现代农业生产方式，包括设施种植和设施养殖。通常所说的设施农业是设施种植，即植物的设施栽培，是指在采用各种材料建成的，具有对温、光、水、肥、气等环境因素控制的空间里，进行植物栽培的农业生产方法。

设施农业作为农业生态系统的一个子系统，既具有农业生态系统的一般特征，也具有与一般生态系统明显不同的自身特点：一是人的干预和控制性强，包括对种群结构、环境结构、产品形态和流通、采收与上市等都由人的干预和控制。二是物资和资金投入大，设施农业是集约化程度非常高的现代农业生产方式，自然要求有大量物质能量的投入。三是具有生态经济的双重性，属于典型的生态经济系统。四是地域差异性显著。

从长远看设施农业，一是提高了农产品品质要求。农业由数量型向质量型提高，解决大宗产品结构性剩余矛盾，加快农业产业升级换代依靠设施农业已成必然措施之一。二是发展现代农业要求。发展高效农业对农业生产管理提出更高要求，农业生产各个环节都要采用现代化手段，实施科学管理，规模集约经营，提高农业设施化、标准化是现代农业重要内涵。三是出口市场需要。设施农业是废除技术壁垒、绿色壁垒重要技术手段。四是保护环境，持续发展的需要。

二、我国设施农业的研究重点及发展趋势

1. 我国设施农业中应用的现代工业技术

（1）机械技术。育苗播种机械、耕作收获机械、灌溉施肥植保机械、传感执行机械、加温通风设备、预冷储藏设备、包装分级机械、运输机械、

基质消毒设备等。

（2）工程技术。建筑结构工程、材料工程（包括温室骨架材料、覆盖材料、工程塑料）和节水、节能工程等。

（3）计算机与自动控制技术。光、温、水、肥、气等因子的自动监控，作业机械的自动化控制等。

（4）信息技术。以产品、市场、技术和市场等为主要内容的网络化管理、模式化运行、远程服务等。

（5）生物技术。生物制剂、生物农药、生物肥料等专用生产资料的制备与生产。

2. 我国设施农业研究重点方向

（1）适宜于不同地区、不同生态类型的新型系列温室及相关设施的研究开发，提高我国自主创新能力和设施环境的自动化控制技术水平。

（2）设施配套技术与装备的研究开发，包括温室用新材料、小型农机具和温室传动机构、自动控制系统等关键配套产品，提高机械化作业水平和劳动生产率。

（3）温室资源高效利用技术研究开发，如节水节肥技术、增温降温节能技术、补光技术、隔热保温技术等，降低消耗，提高资源利用率。

（4）采后加工处理技术研究开发，包括采后清洗、分级、预冷、加工、包装、储藏、运输等过程的工艺技术及配套设施、装备等，提高产品附加值和国际市场竞争力。

（5）设施栽培高产优质并具有自主知识产权的创新品种选育研究，改变我国设施园艺主栽品种长期依赖国外进口的局面。

（6）设施农业高产优质栽培技术和不同品种、不同生态类型模式化栽培技术研究以及生产安全技术研究，如绿色产品生产技术、环境控制与污染治理技术、土壤和水资源保护技术等。

（7）温室设施与设施农业产品生产标准化研究，包括温室及配套设施性能、结构、设计、安装、建设、使用标准；设施栽培工艺与生产技术规程标准；产品质量与监测技术标准等。

3. 我国设施农业发展趋势

（1）大型园艺设施的比重明显加大，其原因主要是随着设施园艺的迅速发展，设施蔬菜等超时令、反季节园艺产品的季节差价明显缩小，小型设施的单位面积产出率低、比较效益下滑，收益显著低于大型设施，加上作业不便，劳作强度大，逐步富裕起来的农民也需要改善劳动条件。

（2）节能日光温室发展迅猛，加温温室发展缓慢，普通日光温室面积的比重由 70% 下降到 34%；节能日光温室则从无到有，在温室面积中的比重猛增至 61%。

（3）以遮阳网覆盖栽培为主的夏季设施园艺快速发展，20 世纪 80 年代后期，国产耐候塑料遮阳网试制成功，首先在蔬菜生产上进行应用研究和示范推广，并迅速在花卉和茶叶生产上推广应用。

（4）现代化连栋温室发展加速，20 世纪 70 年代末至 80 年代初，我国从日本、欧美引进的现代化连栋温室，由于使用效果普遍不佳，引进和发展现代化连栋温室开始降温。进入 21 世纪以后，特别是 2003 年以来，随着创办农业科技示范园区的工作得到各级领导的高度重视，各地发展现代化连栋温室急剧升温，相继大量引进发达国家的现代化连栋温室，同时也带动了国产现代化连栋温室制造业的发展。

（5）优质高产栽培和无公害生产技术体系开发取得可喜进展，20 世纪 80 年代初，我国山西太原曾创造出塑料大棚番茄持续高产的经验，随后河北、山东等地也涌现了一批日光温室蔬菜高产典型。从设施大棚中生产出的无公害、绿色、有机农产品的比例也在逐步增加。

三、设施农业的类型

目前我国设施农业的种类很多，形式各异，一般分为小拱棚、塑料大棚、日光温室、玻璃/PC 板连栋温室（塑料连栋温室）、植物工厂等。

1. 小拱棚

小拱棚的特点是制作简单，投资少，作业方便，管理非常省事。其缺点是不宜使用各种装备设施，并且劳动强度大，抗灾能力差，增产效果不显著。主要用于种植蔬菜、瓜果和食用菌等。

2. 塑料大棚

塑料大棚是我国北方地区传统的温室，农户易于接受，塑料大棚以其内部结构用料不同，分为竹木结构、全竹结构、钢竹混合结构、钢管（焊接）结构、钢管装配结构以及水泥结构等。总体来说，塑料大棚造价比日光温室要低，安装拆卸简便，通风透光效果好，使用年限较长，主要用于果蔬瓜类的栽培和种植。其缺点是棚内立柱过多，不宜进行机械化操作，防灾能力弱，一般不用于越冬生产。

3. 日光温室

日光温室有采光性和保温性能好、取材方便、造价适中、节能效果明显，适合小型机械作业的优点。天津市推广新型节能日光温室，其采光、保温及蓄热性能很好，便于机械作业，其缺点在于环境的调控能力和抗御自然灾害的能力较差，主要种植蔬菜、瓜果及花卉等。青海省多为日光节能温室，辽宁省也将发展日光温室作为该省设施农业的重要类型，甘肃、新疆、山西和山东日光温室分布比较广泛。

4. 连栋温室

有玻璃/PC板连栋温室和塑料连栋温室两类。

玻璃/PC板连栋温室，该温室具有自动化、智能化、机械化程度高的特点，温室内部具备保温、光照、通风和喷灌设施，可进行立体种植，属于现代化大型温室。其优点在于采光时间长，抗风和抗逆能力强，主要制约因素是建造成本过高。福建、浙江、上海等地的玻璃/PC板连栋温室在防抗台风等自然灾害方面具有很好的示范作用。塑料连栋温室以钢架结构为主，主要用于种植蔬菜、瓜果和普通花卉等。其优点是使用寿命长，稳定性好，具有防雨、抗风等功能，自动化程度高；其缺点与玻璃/PC板连栋温室相似，一次性投资大，对技术和管理水平要求高。一般作为玻璃/PC板连栋温室的替代品，更多用于现代设施农业的示范和推广。

5. 植物工厂

植物工厂是继温室栽培之后发展的一种高度专业化、现代化的设施农业。它与温室生产的不同点在于完全摆脱大田生产条件下自然条件和气候的制约，应用现代化先进技术设备，完全由人工控制环境条件，全年均衡供应农产品。目前，高效益的植物工厂在某些发达国家发展迅速，已经实现了工厂化生产蔬菜、食用菌和名贵花木等。美国现在正在研究利用"植物工厂"种植小麦、水稻，以及进行植物组织培养和脱毒、快繁。据报道，日本已有企业投资兴建了面积为1 500米^{2}的植物工厂，并安装有农用机器人，从播种、培育到收获实现了电气化。由于这种植物工厂的作物生长环境不受外界气候等条件影响，蔬菜种苗移栽2周后，即可收获，全年收获产品20茬以上，蔬菜一般平均年产量是露地栽培的数十倍，是温室栽培的

10倍以上。荷兰、美国采用工厂化生产蘑菇，每年可栽培6.5个周期，每周期只需20天，产蘑菇每平方米25.27千克。目前，世界上约有100多个植物工厂。

第九节 标准化农业

一、标准化农业的概念

标准化农业是以农业为对象的标准化活动，即运用"统一、简化、协调、选优"原则，通过制定和实施标准，把农业产前、产中、产后各个环节纳入标准生产和标准管理的轨道。农业标准化是农业现代化建设的一项重要内容，通过把先进的科学技术和成熟的经验组装成农业标准，推广应用到农业生产和经营活动中，把科技成果转化为现实的生产力，从而取得经济、社会和生态的最佳效益，达到高产、优质、高效的目的。农业标准化的内容十分广泛，主要有以下几项：农业基础标准、种子种苗标准、产品标准、方法标准、环境保护标准、卫生标准、农业工程和工程构件标准、管理标准等。

二、标准化农业特征

我国于2001年启动"无公害食品行动计划"，2002年全国各地高度重视农业标准化体系建设，并加以推广实施，这标志着我国农业标准化生产迈上了一个新的台阶。

1. 以标准需求为动因

要为人类提供标准农产品，无疑必须发展标准农业，以满足人们对标准农产品的需求。一是健康需求，即人们对农产品的标准需求应满足人们的健康需要，农产品各种物质的含量应与人们的健康需要相一致。二是多维需求，即人们对农产品的标准要求应满足人们的多维需求，也即不仅仅局限于营养和品质需求，而且还包括卫生和审美需求。三是水平需求，即人们对农产品的标准需求总是随着人们生活水平的提高特别是生活质量水平的提高而提高。

2. 以标准产品为目标

标准农产品一般应具备4种统一标准：一是营养标准。人类要健康，这些营养素的数量必须能满足人体的要求，每一种农产品都包含若干种营养素，标准农产品所包含的各种营养素含量都必须达到统一的标准。二是品尝标准。即标准农业生产的农产品必须满足人们的品尝需要，符合人们的品尝要求。三是卫生标准。即标准农业生产的农产品必须能满足人们健康需要，符合人们的健康要求，特别是有害物质含量绝对不能超标。四是审美标准。即标准农业生产的农产品还必须能满足人们的审美需要，符合人们的审美要求，产品外观要有美感，且同种产品外观要一致。

3. 以标准理念为指导

要发展标准农业、生产标准产品，必须树立农业标准化理念，以标准文化为向导，形成标准的思维方式，培育标准的行为方式，追求标准的农业事业。确切地讲，标准农业文化指的是在标准农业的产生、形成和发展的过程中，通过农业标准的制定、农业生产质量环境的营造、农业标准技术的研制、农业质量标准的监测、农业标准生产的管理，而形成的一种产业文化。标准思维方式指的是从农业标准化的角度去思考问题、认识问题、判断问题、审定问题。标准行为方式指的是在农业生产的过程中，自始至终、各个环节都围绕农业标准来进行。标准农业事业则是指通过农业标准的制定、农业生产质量环境的营造、农业标准技术的研制、农业质量标准的监测、农业标准生产的管理，生产标准农产品的过程。

4. 以标准文件为依据

标准文件包括如下4种。一是农产品质量标准。应包含农产品的营养、品尝、卫生和审美标准等内容。二是农业生产技术过程规程标准。应包含产地选择、备耕、规格、栽植、施肥、灌水、防治病虫害、收获等标准内容。三是农业投入品质量标准。应包括农业投入品的品种、规格、主要要素含量、有害物质残留量、用途和使用方法等标准内容。四是农业生产环境质量标准。应包含土壤肥力水平、水质、有毒物质限量、农田基本建设水平、空气、周围环境等标准内容。

5. 以标准环境为条件

环境标准应包括如下3个方面的内容。一是生态环境。产地周围的环境应达到良性循环的要求，不但植被状态好、水土保持好，而且植被之间、植被与水土之间、周围植被与产地之间形成互促互补的生物链。二是安全环境。即产地及其周围环境的有害物质，特别是土壤、水和空气中的有害物质含量应低于限量水平，不影响人体健康，符合生活质量水平日益提高的人们对安全质量的要求。三是地力环境。即产地土壤肥力水平达到高产稳产地力水平，即产地土壤的有机质、氮、磷、钾及其他微量元素含量丰富，比例协调，能满足高产优质作物生长发育的基本要求。

6. 以标准技术为手段

标准技术包含3个方面。一是农业生产环境质量控制技术。应以农业生产环境质量标准为依据，围绕标准农产品对农业生产环境的生态、安全、地力要求，通过植被营造、水土保持等生态环境保护措施，通过开挖环山沟、排除有害物质等安全措施和广辟肥源、用地养地等养地措施，使农业生产环境质量达到生产标准农产品的要求。二是农业投入品质量控制技术。农业投入品包括肥料、农药、激素、农膜等。这一技术也应以农业投入品质量标准为依据，围绕标准农产品对农业投入品的要求，通过对农业投入品生产原料的选择、把关，通过对农业投入品生产技术的运作和方法的操作，使农业投入品质量达到生产标准农产品的要求。三是农业生产过程质量控制技术。这一技术同样应以农业生产过程规程质量标准为依据，围绕标准农产品对农业生产过程规程的要求，通过园地选择、规划、备耕、种植规格、栽植、施肥、灌水、防治病虫害、盖膜、收获等技术的标准使用，使农业生产过程质量达到生产标准农产品的要求。

7. 以标准监测为约束

标准监测包含3方面的内容。一是农业生产环境质量监测，即监测农业生产环境之生态因素、安全因素和地力因素是否达到标准文件所要求、规定的质量水平。二是农业投入品质量监测，即监测肥料、农药、激素和农膜等农业投入品之主要理化指标是否达到标准文件的要求、规定的质量水平。三是农产品质量监测。即监测农产品之营养、品尝、卫生和审美要素是否达到标准文件所要求、所规定的标准水平。

8. 以标准管理为保障

标准管理包含如下内容。一是产地认定和产品认证体系，即国家必须建立权威的安全优质农产品的产地认定和产品认证机构。二是市场准入机制体系，即根据农产品分布和密集情况，设置相应的农产品安全质量监督机构，对农产品进行安全检查，符合安全质量要求的发给市场准入证，允许进入市场，进入消费，否则予以拒绝，以维护消费者权益。三是品牌安全优质农产品评审体系，即建立国家授权、认可的品牌安全优质农产品评审机构，建立系统、规范、有序、理性的品牌安全优质农产品评审机制；定期对农产品进行评审，对荣获品牌安全优质农产品称号的，授予荣誉证书，以促进安全优质农产品向品牌的方向发展，提高品牌安全优质农产品的知名度和市场竞争力。四是对假冒伪劣农产品打击、制裁体系，即加强执法队伍的建设，以标准文件为依据，以安全优质农产品认证证书及其使用标志为凭证，以农业标准有关法律、法规为手段，开展对假、冒、伪、劣农产品的打击、制裁，以维护安全优质农产品的正常生产和市场营销。五是法律、法规体系，即以宪法为指导，根据我国实际情况，制定一部关于农业标准化或标准农业的法律或法规，使农业标准化工作、标准农业生产纳入法律的轨道，并能够在法律的约束下有序、理性、规范、健康地向前发展。六是组织机构体系，即从中央到地方，建立、健全农业标准化工作机构，设置专门岗位，配备专门人员，装备专门设备，编制农业标准化工作专门路线图，使用农业标准化专门资料，执行农业标准化工作专门操作程序，以标准的组织机构，通过标准的工作，确保农业标准化工作有序、理性、规范、健康地向前发展。

第十节　精准农业

一、精准农业的概念

精准农业是当今世界农业发展的新潮流，是由信息技术支持的根据空间变异，定位、定时、定量地实施一整套现代化农事操作技术与管理的系统，其基本涵义是根据作物生长的土壤性状，调节对作物的投入，即一方面查清田块内部的土壤性状与生产力空间变异，另一方面确定农作物的生产目标，进行定位的"系统诊断、优化配方、技术组装、科学管理"，调动土壤生产力，以最少的或最节省的投入达到同等收入或更高的收入，并改善环境，高效地利用各类农业资源，取得经济效益和环境效益。

二、精准农业的特点

精准农业是在现代信息技术、生物技术、工程技术等一系列高新技术最新成就的基础上,发展起来的一种重要的现代农业生产形式,其核心技术是地理信息系统、全球定位系统、遥感技术和计算机自动控制技术。

1. 现代信息技术

精准农业从20世纪90年代开始在发达国家兴起,目前已成为一种普遍趋势,英国、美国、法国、德国等国家纷纷采用先进的生物、化工乃至航天技术使精准农业更加"精准",美国把曾在海湾战争中运用过的卫星定位系统应用于农业,这种技术被称为"精准种植",即通过装有卫星定位系统的装置,在农户地里采集土壤样品,取得的资料通过计算机处理,得到不同地块的养分含量,精准度可达 $1 \sim 3$ 米^2。技术人员据此制订配方,并输入施肥播种机械的电脑中。这种机械同样装有定位系统,操作人员进行施肥和播种可以完全做到定位、定量。还可将卫星定位系统安装在联合收割机上,并配置相连的电子传感器和计算机,收割机工作时可自动记录每平方米农作物产量、土壤湿度和养分等的精确数据。

2. 现代生物技术

现代生物技术最显著的特点是打破了远缘物种不能杂交的禁区,即用新的生物技术方法开辟一个世界性的新基因库源泉,用新方法把需要的基因组合起来,培育出抗病性更强、产量更高、品质更好、营养更丰富,且生产成本更低的新作物、新品种;另外,还具有节约能源、连续生产、简化生产步骤、缩短生产周期、降低生产成本、减少环境污染等功效。例如,美国把血红蛋白转移到玉米中,不仅保持了玉米的高产性能,还提高了蛋白含量。抗转基因水稻、玉米、土豆、棉花和南瓜等已在美国、阿根廷、加拿大数百万公顷土地上试种。

微生物农业是以微生物为主体的农业。微生物在合成蛋白质、氨基酸、维生素、各种酶方面的能力比动物、植物高上百倍;微生物还可利用有机废弃物,变废为宝、保护生态环境。利用有益微生物,不仅可获得大量生物量,用于制作食用蛋白质以及脂肪、糖类等专门食品,而且在生物防治、土壤改良方面也有突出表现。

3. 现代工程装备技术

现代工程装备技术是精准农业技术体系的重要组成部分，是精准农业的"硬件"，其核心技术是"机电一体化技术"。在现代精准农业中，现代工程装备技术可以应用于农作物播种、施肥、灌溉和收获等各个环节。

精准播种就是将精准种子工程与精准播种技术有机结合，要求精准播种机播种均匀、精量播种、播深一致。精准播种技术既可节约大量优质种子，又可使作物在田间获得最佳分布，为作物的生长和发育创造最佳环境，从而大大提高作物对营养和太阳能的利用率。

精准施肥是能根据不同地区、不同土壤类型以及土壤中各种养分的盈亏情况、作物类别和产量水平，将氮、磷、钾和多种可促进作物生长的微量元素与有机肥加以科学配方，从而做到有目的地施肥，既可减少因过量施肥使环境污染和农产品质量下降，又可降低成本。要求有科学合理的施肥方式和具有自动控制的精准施肥机械。

精准灌溉是指在自动监测控制条件下的精准灌溉工程技术，如喷灌、滴灌、微灌和渗灌等，根据不同作物不同生育期间土壤墒情和作物需水量，实施实时精量灌溉，可大大节约水资源，提高水资源有效利用率。

精准收获则是利用精准收获机械做到颗粒归仓，同时，还可以根据事先设定的标准准确地将产品分级。

第十一节　信息化农业

信息化农业就是集知识、信息、智能、技术、加工和销售等生产经营要素为一体的开放式、高效化的农业。其核心是农业信息化。从计算机用于农业的时候算起，现在已经发展到了包括信息存储和处理、通信、网络、自动控制及人工智能、多媒体、通感、地理信息系统、全球定位系统等阶段，出现了"智能农业""精准农业""虚拟农业"等高新农业技术。

农业信息化是指信息及知识越来越成为农业生产活动的基本资源和发展动力，信息和技术咨询服务业越来越成为整个农业结构的基础产业，以及信息和智力活动对农业增长的贡献越来越大的过程。

伴随经济全球化和信息全球化的到来，信息化技术已渗透到各个行业、各个领域，有力地促进了全球经济与社会的发展。西方国家的农业已发展到信息化阶段，欧美国家农业信息已经全面实现了网络化、全程化和综合化，农业信息技术已进入产业化发展阶段。从国内来看，我国农业信息化起步于20世纪80年代，发展于90年代，1994年我国开始启动"金农工程"，其目的是加速和推进农村和农业信息化，建立"农业综合管理和服务系统"。在"十五"期间，我国"金农工程"和农业信息化重点项目包括"农村市场信息服务行动计划工程""农业智能化信息管理与服务工程""农业卫星定位系统（CPS）、农业遥感信息系统（RS）、地理信息系统（CIS）"农业3S应用工程。到目前为止，我国已形成以农业农村部为中心，连接31个省、自治区、直辖市农业农村行政主管部门的信息网络平台，全国90%以上的市、县农业农村行政主管部门都建立了信息服务机构，绝大多数还建立了局域网。

第二章 新型农业经营主体

农民要致富，关键在思路。家庭农场、农民合作社、龙头企业和专业大户，都是职业农民奔小康的新出路。

随着农村劳动力大量向城镇转移；谁来种地的问题凸显。通过培育新型农业生产经营主体，形成规模化、专业化、集约化和市场化的现代农业生产经营方式，是解决农村劳动力不足和土地撂荒的根本出路；同时，也为职业农民如何开展农业生产经营提供了更多的选择。

早在2014年中央一号文件中对新型农业经营主体的界定有三句话：一是鼓励发展专业合作、股份合作等多种形式的农民合作社；二是按照自愿原则开展家庭农场登记；三是鼓励发展混合所有制农业产业化龙头企业。具体来讲，新型农业经营主体包括新型职业农民、专业大户、家庭农场和农民专业合作社。

第一节 新型职业农民的类型

一、新型职业农民

党的十八大报告指出，解决好农业农村农民问题是全党工作重中之重，要坚持工业反哺农业、城市支持农村和多予少取放活方针，加大强农惠农富农政策力度，让广大农民平等参与现代化进程、共同分享现代化成果。2014年中央一号文件提出，要加大对新型职业农民和新型农业经营主体领办人的教育培训力度。近几年来，对职业农民的培育越来越受到社会各界的重视，农业农村部提出了三年内培养100万职业农民的新目标。

1. 职业农民的出现

长期以来，我国实行二元结构户籍制度，出现了"农业户口"与"非农业户口"这种户籍制度,农业户口就成了农民身份的标志,即便你在外从事非农业工作数十年只要身份没有变更,社会仍然会认为你是农民。所以户口成为界定农民与非农民的不可逾越的铁丝网。如今,随着农业产业化和新型城镇化的不断推进,"农民"这个词的含义也开始发生了变化。农民已经不再是身份的标志,而逐渐成为农业产业从业人员的一种类别,即一种职业。

2. 什么是职业农民

职业农民是指具有科学文化素质、掌握现代农业生产技能、具备一定经营管理能力,以农业生产、经营或服务作为主要职业,以农业收入作为主要生活来源,居住在农村或集镇的农业从业人员。

农业是一种最古老的职业,它是早期人类社会生存的基本职业之一。人类存活就必须需要食物,光狩猎是无法满足生存需要的,因此人类发展很大程度上是由农业这个古老的职业来决定的。自从人类进入了阶级社会以后,随着职业分工和等级制度实施,特别是进入了工业化发展之后,农民的地位随着农业产业比重的下降不那么重要了,社会地位也不那么受人重视了,人们的观念中轻农的意识越来越普遍了。这些不正确的认识和观念,在我们国家由于二元结构的户籍制度而更加严重。

改革开放 40 多年来,中国经济最大的变化之一就是农业、农村的变化,种地的职业化要求越来越明显。联产承包责任制极大地激发了农民的生产热情,改变了中国农业面貌。但是,由于家庭经营土地规模狭小,农业的效益越来越难以养活数以亿计的农民,大量的农民转移到城市,一部分土地向种田大户集中,目前又开始向合作社集中。城市市场的需求对农业的影响也越来越大,地越来越不好种,很多农民辛辛苦苦一年下来,那点收入还抵不了生产的投入。所以,传统的那种面朝黄土背朝天的辛苦付出"不行了",还要了解农业大方向、大趋势等更多知识,手上的老茧已经"拼不过"嘴上的名词了。这说明,中国的农民也真正到了职业化的转变阶段。职业农民,或者说职业的种地人群体呼之欲出。

二、新型职业农民培育政策

政府对职业农民的培育高度重视。2005 年,农业部在《关于实施农村实用人才培养"百万中专生计划"的意见》中首次提出培养职业农民。2006

年年初，农业部进一步提出招收 10 万名具有初中以上文化程度，从事农业生产、经营、服务以及农村经济社会发展等领域的职业农民，把他们培养成有文化、懂技术、会经营的农村专业人才。2007 年 1 月，《中共中央、国务院关于积极发展现代农业扎实推进社会主义新农村建设的若干意见》首次正式提出培养"有文化、懂技术、会经营"的新型农民。2007 年 10 月，新型农民的培养问题写进党的"十七大"报告。尽管提法不同，其实职业农民、新型农民提出其目的都是一致的，既有区别，也有联系。那就是希望能够通过政府推动、产业吸引、农民转型，逐步把中国的农业从业者培养成为从事农业生产和经营，以获取商业利润为目的的职业群体。

三、职业农民与传统农民最大的区别是什么

我们认为，最大的区别在于传统的农民种地只知道如何把地种好，而今天的农民不能仅仅是把地种好，最重要的是把地里的产品卖好，求得一个好收成。按照收成的需求种地，是职业农民最重要的专业素养。这也就是为什么现在很多农民感叹自己突然不会种地的道理。所以，传统农民向专业农民转变必须做到从面向黄土到面向市场。

面向市场的转变，对传统的农民来说可能是非常困难的，因为，从整体情况看，农民对市场的不适应还非常明显。

四、新型职业农民的分类

按照农业农村部的规划，培育新型职业农民，主要分为三类。

1. 生产型职业农民

要掌握一定的农业生产技术，有较丰富的农业生产经验，直接从事园艺、鲜活食品、经济作物、创汇农业等附加值较高的农业生产活动。

2. 服务型职业农民

要掌握一定农业服务技能，并服务于农业产前、产中和产后各种社会化服务活动。

3. 经营型职业农民

要有一定资金或技术，掌握农业生产技术，有较强的农业生产经营管理经验，主要从事农业生产的经营管理工作。

五、新型职业农民应具备的基本能力

新型职业农民是现代农业从业者。培训职业农民,就要深入研究现代农业特别是现代农业产业发展的要求,按照专业化、集约化、规模化的现代农业生产经营要求和家庭农场的经营管理模式,把现代经营理念和核心生产技术培训结合起来,把生产过程管理和市场营销策略结合起来,把家庭经营水平和合作社经营管理结合起来,把提高收入能力和创业能力结合起来,把政策法律运用和公共关系协调结合,以熟练掌握职业技能和提升经营能力为基本目标。不同类型的职业农民应该有不同的培训要求,知识结构和技能结构都是不一样的。不过,对于职业农民来说,首先是要把握最基本的素质要求。我们认为,合格的职业农民一定要具备以下基本的能力。

1. 政策解读

政府十分重视"三农"问题,每年都会围绕"三农"问题出台一系列优惠政策。这些政策的核心就是为农民创造良好的外部发展环境。政策的涉及面通常会涵盖"三农"问题的方方面面,有的政策可能会给农民带来直接的利益,有的政策可能会帮助农民得到更多的资源,有的政策可能会使农民得到更多的协助,有的政策则可能让农民避免损失。所以经营农业,必须了解和运用各种有利的政策。

2. 客户需求理念

今天的农业,早已经是市场化程度很高的产业,不能仅仅埋头种地,必须了解现在种地是为客户服务,而不仅仅是为了自己卖点农产品。只有符合客户的需求,种地的结果才可能是理想的。现在对农产品的需求已经从量到质发生了根本的变化,安全、健康、新奇、独特、有机,甚至观感、休闲等都是客户的需求点,中国的和外国的客户之间可能还有很多文化上的差异。以客户需求为导向,这应该是新型职业农民与传统农民之间最大的思想差别。也只有把客户的需求理念植根于头脑中,才有做一个合格职业农民的基础。

3. 技术学习能力

科学技术在农业中的应用越来越广泛,今天经营农业要真正满足客户的需要,技术是非常重要的要素。例如,要满足客户的有机需求,就必须

掌握有机种植技术；要满足客户的口感要求，就要在种植过程中调整水、肥、阳光以及其他种植方式，以使产品保持特定的味道；要满足客户猎奇的需求，就要不断学习新的种植技术和方法，或者引入新的品种，才能得出新的效果。总之，不同的种植项目会有不同的技术。农业是一种养护生命的产业，其技术的复杂程度既依赖于标准化的技术推广，也要依赖种植者不断地总结提升。所以，职业农民不仅仅要学习1～2门技术，还要有较强的技术学习能力，能够不断吸收新的技术方法，不断提升自己的种植水平。

4. 信息运用能力

今天的社会已经完全是一个互联网社会。一张看不见的网络把世界连为一体，所以，有本书叫《世界是平的》，在全世界畅销。这个网络加上全球经济一体化，让我们无论处于世界的哪一个角落，无论从事什么产业，都不能脱离信息社会。现代农业不仅已经产业化、集约化，而且已经全球化、信息化。所以，今天作为一个职业农民，真的要胸怀全球，即随时关注相关的信息，善于利用互联网，了解互联网带来的信息渠道的扩展和商业模式的变革。

5. 创业发展能力

从本质上说，职业农民不是简单地种地，也不是简单地卖农产品，而是在经营农业，或者说经营一个事业，因此他更多的是一个创业者。随着家庭农场制度的完善和农民合作社逐步的普及，职业农民不仅可能是一个农场主，还可能是一个合作社的管理者。所以，创业发展能力是一种综合能力，是以上几种能力的集大成。对职业农民来说，创业过程可能与城市创业者有很大的不同，除了农业作为一个弱势产业会有一些先天不足以外，更重要的可能还是职业农民在创业路上碰到的困难会更多。农村依然是能人社会，一个职业农民很有可能就是一个村比较有能力的人，天然就要扮演领导者的角色，既要照顾好自己的土地，又要带头示范，还要学会经营管理，几乎样样都要懂。所以，作为一个职业农民，要有战略头脑、市场眼光、核心技术、管理手段，还要有克服困难的毅力和成就事业的恒心。

农民的职业化，不仅对中国农业的发展有重要的意义，而且对农民自身更有着现实的利益。培育职业农民实际上就是国家促进农民致富的新措施和新政策。

第二节 专业大户

专业大户是统指那些种植或养殖生产规模明显大于当地传统农户的专业化农户。具体而言表现在某一农业产业收入占50%以上的农户，或者流转了别人的土地达到一定规模，或者养殖业达到一定规模，但区别并不严格。

第三节 家庭农场

什么是家庭农场？家庭农场原是指欧美国家的大规模经营农户。2007年党的十七届三中全会提出在有条件的地方可以发展家庭农场，由此家庭农场成为我国新型农业经营主体的一个重要类型。

1. 家庭农场的定义

《农业部关于做好2013年农业农村经济工作的意见》中指出，家庭农场是以家庭成员为主要劳动力，从事农业规模化、集约化、商品化生产经营，并以农业为主要收入来源的新型农业经营主体。

2. 家庭农场的条件

（1）家庭农场经营者应具有农村户籍（即非城镇居民）。

（2）以家庭成员为主要劳动力。即无常年雇工或常年雇工数量不超过家庭务农人员数量。

（3）以农业收入为主。即农业净收入占家庭农场总收益的80%以上。

（4）经营规模达到一定标准并相对稳定。即从事粮食作物的，租期或承包期在5年以上的土地经营面积达到50亩（一年两熟制地区）或100亩（一年一熟制地区）以上；从事经济作物、养殖业或种养结合的，应达到当地县级以上农业行政主管部门确定的规模标准。

（5）家庭农场经营者应接受过农业技能培训。

（6）家庭农场经营活动有比较完整的财务收支记录。

（7）对其他农户开展农业生产有示范带动作用。

由此看出，家庭农场的基本特点是土地经营规模较大、土地流转关系稳定、集约化水平较高、管理水平较高等。和一般专业大户相比，家庭农场在集约化水平、经营管理水平、生产经营稳定性等方面做了进一步的要求。专业大户和家庭农场仍然属于家庭经营。

3. 经营家庭农场有什么好处？

（1）家庭农场整合应用了先进的农业科技、良种、良法、农机作业，示范推广了农业高新科技，节约了生产成本。

（2）家庭农场参加了农业保险，增强了抵御自然灾害的能力。得到政府扶持资金，能不断扩大种养殖规模，提高经济效益，增加示范效应。

（3）家庭农场按有机农业标准化技术生产，应用安全放心农资，生产出的农产品有机、环保，吃得放心，有订单，不愁销路，种出的农产品能获得很好的经济效益。

（4）创办人通过租赁获得农民的土地，家庭农场使闲置的土地发挥了最大效益。

（5）家庭农场是现代农业的发展方向，是进一步加快农业发展，示范推广农业新科技，提高科技贡献率的有效途径。

4. 如何经营家庭农场？

要成为一个合格的农场主，不仅要有资金，还要懂技术，以及具备与众不同的经营思路。

一是要找准特色定位，针对当地的农业资源，选择最适合自己发展的种植业或者畜牧业，当地政府也应做好相应的服务工作，帮助农民找准定位。

二是管理者要找"内行"，无论是家庭成员，还是请人帮工，都要让专业的人来做事，一个对农业一窍不通的城里人是不可能搞好农场的。

三是要熟悉市场运作，事先就要搭建好销售渠道，避免"菜贱伤农"。

四是要舍得投入基础设施，事先要有谋划，对于水利、电力、沟渠等设施要有规划，最好做一份计划书。

五是要充分利用好农业政策。2024年的中央一号文件称，要增加农业补贴资金规模，新增补贴要向主产区和优势产区集中，向专业大户、家庭农场、农民合作社等新型生产经营主体倾斜。

第四节　农民专业合作社

一、农民专业合作社的性质及作用

1. 民办民管民受益

农民专业合作社是在农村家庭承包经营基础上,同类农产品的生产经营者或者同类农业生产经营服务的提供者、利用自愿联合、民主管理的互助性经济组织。以其成员为主要服务对象,提供农业生产资料的购买,农产品的销售、加工、运输、贮藏以及与农业生产经营有关的技术、信息等服务。合作社成员以农民为主体,以为成员服务为宗旨,成员地位平等,实行民主管理,谋求全体成员的共同利益,盈余主要按照成员与农民专业合作社的交易量(额)比例返还。所以,农民专业合作社是"民办民管民受益"。

2. 做一家一户做不了的事

我国农户承包经营的土地规模小,平均每户只有七八亩地,许多事情一家一户做不了,或者做起来不划算。

农民专业合作社的发展,提高了农民的组织化程度,为农业机械化提供了条件,为解决这个难题找到了一条途径。许多地方的农机专业合作社,为农户提供耕种、病虫害防治、收获等生产服务。

二、农民专业合作社的权利

根据《农民专业合作社法》第十六条的规定,农民专业合作社的成员享有以下权利。

1. 享有表决权、选举权和被选举权

参加成员大会,并享有表决权、选举权和被选举权,按照章程规定对本社实行民主管理。

(1)参加成员大会。这是成员的一项基本权利。成员大会是农民专业合作社的权力机构,由全体成员组成。农民专业合作社的每个成员都有权参加成员大会,决定合作社的重大问题,任何人不得限制或剥夺。

(2)行使表决权,实行民主管理。农民专业合作社是全体成员的合作社，成员大会是成员行使权力的机构。作为成员，有权通过出席成员大会并行使表决权，参加对农民专业合作社重大事项的决议。

（3）享有选举权和被选举权。理事长、理事、执行监事或者监事会成员，由成员大会从本社成员中选举产生，依照《农民专业合作社法》和章程的规定行使职权，对成员大会负责。所有成员都有权选举理事长、理事、执行监事或者监事会成员，也都有资格被选举为理事长、理事、执行监事或者监事会成员，但是法律另有规定的除外。在设有成员代表大会的合作社中，成员还有权选举成员代表，并享有成为成员代表的被选举权。

2. 利用本社提供的服务和生产经营设施

农民专业合作社以服务成员为宗旨，谋求全体成员的共同利益。作为农民专业合作社的成员，有权享用本社提供的服务和本社置备的生产经营设施。

3. 按照章程规定或者成员大会决议分享盈余

农民专业合作社获得的盈余依赖于成员产品的集合和成员对合作社的利用，本质上属于全体成员。可以说，成员的参情和参与效果直接决定了合作社的效益情况。因此，法律保障成员参与盈余分配的权利，成员有权按照章程规定或成员大会决议分享盈余。

4. 知情权

查阅本社的章程、成员名册、成员大会或者成员代表大会记录、理事会会议决议、监事会会议决议、财务会计报告和会计簿成员是农民专业合作社的社员应有的权利，对农民专业合作社事务享有知情权，有权查阅相关资料，特别是了解农民专业合作社经营状况和财务状况，以便监督农民专业合作社的运营。

5. 章程规定的其他权利

章程在同《农民专业合作社法》不抵触的情况下，还可以结合本社的实际情况规定成员享有的其他权利。

三、农民专业合作社的义务

农民专业合作社在从事生产经营活动时，为了实现全体成员的共同利益，需要对外承担一定义务，这些义务需要全体成员共同承担，以保证农民专业合作社及时履行义务和顺利实现成员的共同利益。

根据《农民专业合作社法》第十八条规定，农民专业合作社的成员应当履行以下义务。

1. 执行成员大会、成员代表大会和理事会的决议

成员大会和成员代表大会的决议，体现了全体成员的共同意志，成员应当严格遵守并执行。

2. 按照章程规定向本社出资

明确成员的出资通常具有两个方面的意义。

一是以成员出资作为组织从事经营活动的主要资金来源，二是明确组织对外承担债务责任的信用担保基础。但就农民专业合作社而言，因其类型多样，经营内容和经营规模差异很大，所以，对从事经营活动的资金需求很难用统一的法定标准来约束。而且，农民专业合作社的交易对象相对稳定，交易人对交易安全的信任主要取决于农民专业合作社能够提供的农产品，而不仅仅取决于成员出资所形成的合作社资本。由于我国各地经济发展的不平衡，以及农民专业合作社的业务特点和现阶段出资成员与非出资成员并存的实际情况，一律要求农民加入专业合作社时必须出资或者必须出法定数额的资金，不符合目前发展的现实。因此，成员加入合作社时是否出资以及出资方式、出资额、出资期限，都需要由农民专业合作社通过章程自己决定。

3. 按照章程规定与本社进行交易

农民加入合作社是要解决在独立的生产经营中个人无力解决、解决不好，或个人解决不划算的问题，是要利用和使用合作社所提供的服务。成员按照章程规定与本社进行交易既是成立合作社的目的，也是成员的一项义务。成员与合作社的交易，可能是交售农产品，也可能是购买生产资料，还可能是有偿利用合作社提供的技术、信息、运输等服务。成员与合作社的交易情况，按照《农民专业合作社》第三十六条的规定，应当记入该成员的账户中。

4. 按照章程规定承担亏损

由于市场风险和自然风险的存在，农民专业合作社的生产经营可能会出现波动，有的年度有盈余，有的年度可能会出现亏损。合作社有盈余时分享盈余是成员的法定权利，合作社亏损时承担亏损也是成员的法定义务。

5. 章程规定的其他义务

成员除应当履行上述法定义务外,还应当履行章程结合本社实际情况规定的其他义务。

四、国家支持扶持合作社的主要政策和项目

根据《农民专业合作社法》第四十九条至第五十二条规定,农民专业合作社享有以下优惠政策。

(1)国家支持发展农业和农村经济的建设项目,可以委托和安排有条件的有关农民专业合作社实施。

(2)中央和地方财政应当分别安排资金,支持农民专业合作社开展信息、培训、农产品质量标准与认证、农业生产基础设施建设、市场营销和技术推广等服务。对民族地区、边远地区和贫困地区的农民专业合作社和生产国家与社会急需的重要农产品的农民专业合作社给予优先扶持。

(3)国家政策性金融机构应当采取多种形式,为农民专业合作社提供多渠道的资金支持。具体支持政策由国务院规定,国家鼓励商业性金融机构采取多种形式,为农民专业合作社提供金融服务。

(4)农民专业合作社享受国家规定的对农业生产、加工、流通、服务和其他涉农经济活动相应的税收优惠。财政部、国家税务总局《关于农民专业合作社有关税收政策的通知》还对农民专业合作社享有的印花税、增值税优惠作出了具体规定。①农民专业合作社与本社成员签订的农业产品和农业生产资料购销合同免征印花税。②对农民专业合作社销售本社成员生产的农产品,视同农业生产者销售自产农业产品免征增值税。③增值税一般纳税人从农民专业合作社购进的免税农业产品,可按13%的扣除率计算抵扣增值税进项税额。④对农民专业合作社向本社成员销售的农膜、种子、种苗、化肥、农药、农机,免征增值税。

五、农民专业合作社的运行模式

农民专业合作社的运行模式主要有以下几种。

(一)按经营方式分

1. 合作社+农户

农户主要通过自己的合作社把产品销往市场,具有鲜明的"民办、民

营、民受益"的特点。

2. 合作社＋基地＋农户

这类模式的合作社一般都有一定数量的生产基地，合作社通过生产基地指导农户生产，并按标准收购或代销社员产品。

3. 龙头企业＋合作社＋农户

这类合作社一般由农业产业化龙头企业发起。企业占合作社股份的绝大部分，社员交纳一定数量的会费，以劳动或产品入社。合作社的法人代表多数由龙头企业负责人兼任。合作社是龙头企业和农民之间的桥梁，成了企业的生产车间。

4. 合作联社＋农户

这种组织模式由从事相关产业的不同合作社组成，形成产、加、销一体化经营的联合体，并在各环节上带动社员和农户。

（二）按领办方式分

1. 农民自办

在原专业大户的引导下，把同行业的农民组织在一起，发展规模经营。

2. 能人领办

充分利用有技术、有资金、有市场的"能人"的优势，带动农户共同发展。

3. 龙头企业领办

由龙头企业利用的品牌、人才、技术、营销等资源优势，按产业类型和产业布局，把当地农户组织起来，实行专业化生产、规模化经营。

4. 村级组织领办

由村"两委"班子成员根据产业发展需要，组建或领办农民专业合作社。形成"一村一社"或"多村一社"，可以进行"统一品种、统一育苗、统一生产技术、统一质量标准、统一销售"。

六、设立与管理农民专业合作社

它包括政府对专业合作经济组织的宏观管理和专业合作经济组织的自我管理。

（一）民主管理

根据农民专业合作社章程规定，合作社成员应合理行使自己的权利和履行自己的义务。成员的权利和义务主要有：选举权和被选举权；建议权和批评权；优先参加组织活动，优先获取信息资料和各种服务的权利；按照章程规定获得盈余返还的权利；求得组织帮助和保护的权利。同时会员要遵守协会章程，执行协会的各项决议，参加协会活动，完成协议委托的工作，按规定交纳会费等。

按照《农民专业合作社法》第三十一条规定：执行与农民专业合作社业务有关公务的人员，不得担任农民专业合作社的理事长、理事、监事、经理或者财务会计人员。

（二）财务管理

农民专业合作社财务管理的主要特点如下。

（1）可以按照章程规定或者成员大会决议从当年盈余中提取公积金。公积金用于弥补亏损、扩大生产经营或者转为成员出资。每年提取的公积金按照章程规定量化为每个成员的份额或每个成员的一定比例的销售额。

（2）农民专业合作社应当为每个成员设立成员账户。成员账户主要记载该成员的出资额；量化为该成员的公积金份额；该成员与本社的交易量（额）等内容。成员账户的建立不仅为合作社年终分配提供了依据，而且是成员在合作社中的财产权利的具体体现。

（3）在弥补亏损、提取公积金后的当年盈余，为农民专业合作社的可分配盈余。可分配盈余按照下列规定返还或者分配给成员：①按成员与本社的交易量（额）比例返还，返还总额不得低于可分配盈余的60%；②按前项规定返还后的剩余部分，以成员账户中记载的出资额和公积金份额，以及本社接受国家财政直接补助和他人捐赠形成的财产平均量化到成员的份额，按比例分配给本社成员。具体分配办法按照章程规定或者经成员大会决议确定。

（4）设立执行监事或者监事会的农民专业合作社，由执行监事或者监事会负责对本社的财务进行内部审计，审计结果应当向成员大会报告。成员大会也可以委托审计机构对本社的财务进行审计。

第五节　农业产业化经营

党的十八大明确提出，发展多种形式规模经营，构建集约化、专业化、组织化、社会化相结合的新型农业经营体系。这为我国现代农业发展指明了方向。然而，目前我国一些地方在农业的规模化问题上从认识到实践都存在一些误区，一方面，盲目学习西方农业规模化经验做法，生搬硬套西方规模化发展模式，另一方面，认为现代农业规模化就是土地的规模化，土地的规模化就是土地集中度越高越好，土地集中度越高代表现代化程度就越高。以致形成不顾客观实际大面积推进土地规模化热潮。诚然，只有规模化才便于机械化、标准化、现代化，才能提高效率，但现代农业规模化内容丰富，涵盖面广，土地规模化仅仅是其中一个方面，也并非是必要条件。日本等一些人多地少的国家，小规模家庭经营，同样可以建成现代农业，实现农业现代化。因此，我国人多地少的基本国情，决定了现代农业在规模化问题上不能只在土地上动脑筋，土地只能适度规模，需要在如下方面狠下功夫。

一、产业布局的规模化

推进现代农业产业布局规模化，便于公益性、社会化服务，便于生产经营管理，有利于发展区域特色产业，有利于形成区域品牌、增强核心竞争力。当前，我国各地按照工业反哺农业、城市支持农村和多予少取放活方针，着力推进城乡产业规划一体化，根据当地的资源禀赋，科学合理配置空间布局，谋划一批现代农业示范园区。但一些地方产业布局缺乏科学谋划，发展的产业过多，重点不突出，散乱零碎，规模太小，形不成拳头。在园区的经营上，不少地方还采用"大园区、大业主"贪大求洋的惯性思维，这是一个误区。中国现代农业必须走"大园区、小业主"的发展路子，才是符合国情的好途径。20世纪60—70年代，我国一大二公的人民公社体制，实际上就是实行"大面积、大业主"的发展模式，农民没有自主经营权，生产积极性受到严重影响，形成农业生产的"大呼隆"，劳动生产率和土地产出率低下。

目前，许多城市大公司大企业到农村盲目圈地建"大园区""大基地"，自己当大业主，极易导致4个后果。一是容易产生"挤出效应"，使绝大多数靠家庭经营的农民无力竞争，增收更难。二是在"带动"农民的同时，也"代替"了农民，农民成为雇工，使农民无法参与农业的经营管理，生产的积极性、主动性和创造性严重受阻。三是农业是弱质产业，比较效益较低，企业规模经营又要大量雇佣农业工人，进一步降低收益，大大增加企业的经营风险。四是一旦公司不干了，或出现风险，被流转了土地的农民收益没了，在公司打工的机会也没了，他们的后顾之忧难以解决。"公社＋社员"是政府在种地，"公司＋农户"是企业在种地，政府种不好地，企业同样种不好地，种地的必须是农民自己。因此，我国现代农业产业布局，应按照宜种植则种植、宜养殖则养殖、宜林则林、宜加工则加工、宜旅游则旅游等原则，谋划建设一批产业特色鲜明、带动农民增收、竞争力强的大园区，形成差异化布局，区域性优势的格局。在大园区中重点扶持新型职业化农民、专业大户、家庭农场、合作社等新型经营主体，大力支持帮助农户与农户发展多种形式的联合与合作，引导龙头企业与农户、合作社建立合理的利益联结机制，走出一条"大园区、小业主"的现代农业发展之路。

二、产业链条的规模化

发达国家已普遍进入后现代农业时代，如果还把农业局限于"一产"，农业就会钻入死胡同，必须用现代理念构建一个上中下游一体，一、二、三产业融合，产供销加互促的多功能复合型产业链条。从更宏观层面上看，这一产业链条的打造，也是统筹城乡发展、逐步改变城乡二元经济结构，促进工业化、信息化、城镇化和农业现代化的必经之路。目前，我国各地农业产业链条过短，农产品生产的关键技术和加工的研发技术等十分滞后，产品销售还主要以"原"字号为主，农产品加工特别是精深加工严重不足，营销能力尤其落后，巨大的增值空间还没有打开，千方百计拉长产业链，努力构建从生产起点到消费终端的完整产业链条，应是我国现代农业未来发展的方向。就工业生产而言，一个完整的产业链通常包括生产制造、产品设计、原材料采购、订单规划、商品运输、产品零售等诸多环节。其中生产制造环节附加值最低。中国作为"世界工厂"主要从事的是产业链最低端的制造业。农业的完整产业链条也同样包含这些环节。要获得更高的农业效益,除了生产种植,更要获取设计、包装、加工、仓储、运输、销售、研发等后续产业链条中的高附加值。未来,各地应加大招商引资力度,引导城市资金、技术、人才等生产要素向农村流动,重点鼓励城市工商企业到农村建立优质农产品生产加工基地,支持农产品精深加工关键技术研发,大力发展农产品精深加工业,同时,精心打造农产品从包装设计、储藏运输、订单处理、批发经营到终端零售等产业链条各个环节,努力构建完整的产业链条,从而不断提高农业生产力和劳动生产率,让农民更多地收获农产品增值收益。

三、组织的规模化

提高农民组织化程度,不仅可以降低农业的交易成本,提升农民在市场中的谈判地位,同时还能够增强农民抵御来自自然的、社会的、政策的、市场的等种种风险的能力。世界各国农业发展经验也表明,将农业生产者组织起来是建设现代农业必然选择。美国农业合作社对内为其社员提供物资与资金、组织经营管理等,对外帮助输出劳务和销售农副产品等,有效地避免了市场风险、保护了农民利益。日本农协在政府财力物力支持下,通过其遍及全国的机构和广泛的业务活动,同农户建立了各种形式的经济联系,在产前、产中、产后诸环节上使小农户同大市场成功对接,在有效阻止商业资本对农民的盘剥、保护农民利益方面发挥了举足轻重的作用。近年来,我国农民专业合作组织,特别是合作社实现了快速发展。资本的力量来自钱的集合,钱多势众;组织的力量来自人的集合,人多自然也势众。当前,一些地方通过农民专业合作组织,实行"六统一分"把分散的种植养殖农户组织起来,进行标准化生产,实现规模化经营的路子值得借鉴和大力推行。"六统一分"即统一优良品种、统一投入品配送、统一疫病防控、统一机械化作业、统一技术标准、统一市场营销、分户适度规模种植养殖。这其中重要的一条就是政府要创造环境,切实搞好服务。但是,在发展农民组织的问题上应防止出现当年"公社+社员"的翻版,同时应避免"公司+农户"的弊端,走"农户+农户"的路子才是正途。

四、服务的规模化

构建覆盖全程、综合配套、便捷高效的多元新型的社会化服务体系,是发展现代农业的基本要求。社会化服务体系包括公益性、经营性和自助性三大方面，公益性的应由政府负责，经营性的由市场运作，自助性的由农民合作组织承担。我国农业公益性服务还很脆弱，经营性和自助性服务组织发育不足，多元化、多层次、多形式的社会化服务体系亟待建立健全。当前在城市化高潮的背景下，由于轻农、弃农、厌农的思想蔓延，许多社会组织不愿为农服务，认为为农服务收益不高，前途不大。随着我国工业化、城镇化的快速推进，青壮年农民几乎都进入城市经商务工、农村务农只剩下老弱病残的，越来越多的农活急需社会提供服务。国际经验表明，西方发达国家农业服务业人口比农业人口要多得多，一个农民身边围绕着好几个人甚至十几个人为他服务。为农服务的企业完全可以做大做强，我国为农业服务的服务业蕴藏着巨大的潜力。我们必须下大工夫挖掘这一潜力，开拓这一市场，千方百计引导大企业大公司下乡发展各类为农服务的服务业。未来我国应加快构建以公益性服务、经营性服务和自助性服务相结合、专项服务和综合服务相协调的新型农业社会化服务体系。

五、适合工厂化生产的种养业规模化

工厂化农业也称设施农业，它是利用现代工业技术装备农业，在可控环境条件下，采用工业化生产方式，实现集成高效及可持续发展的现代农业生产与管理体系。用工业化的生产方式代替传统小农生产方式，可以有效地利用现代工业技术和设施装备农业，使农业生产摆脱自然环境与条件的束缚，利用现代工业化的管理和生产手段从事农业生产，提高劳动生产率和土地产出率，使资源得到合理、高效利用，使农产品的市场占有率大大提高。目前，我国工厂化农业规模较小，科研和技术应用水平还较低，管理水平也亟待提高。世界上有一些工厂化农业比较发达的典型范例，比如荷兰温室园艺已形成一个具有相当规模的产业，用有限的资源带来无限的财富令世人瞩目，值得我国学习。20世纪90年代以来，荷兰每年以花卉为主的农产品净出口值一直保持在130多亿美元，约占世界农产品贸易市场份额的10%。以色列的设施农业在世界上最负盛名，北欧一些国家的温室蔬菜也是后起之秀。我国山东的寿光，自20世纪80年代以来，选准设施蔬菜作为带动农民增收的主导产业常抓不懈，目前年产蔬菜800万吨，拥有全国最大的农产品物流园，产品除销往全国各地（包括香港）外，还

出口至日、韩等数十个国家和地区，成为国家级"出口食品农产品质量安全示范区"，是著名的"中国蔬菜之乡"。从现代农业发展趋势看，我国完全能够走出一条适合国情，具有中国特色的摆脱环境控制的工厂化农业发展之路。大力发展设施高效农业，加大农业物联网技术应用力度，着力扶持一批工厂化蔬菜、瓜果、花卉、畜产品、水产品等设施技术和产业建设的发展，应是我国现代农业的重要着力点。但对于畜产品、水产品等养殖业应充分考虑环境的承载力，发展适度规模的工厂化经营，不可超越当地环境的净化能力盲目扩容。

第三章 农产品质量安全及市场营销

第一节 农产品质量安全的相关概念

一、农产品质量安全的概念

按照《中华人民共和国农产品质量安全法》的规定,农产品是指源于农业的初级产品,即在农业活动中获得的植物、动物、微生物及其产品。农产品质量安全,指农产品质量符合保障人的健康、安全的要求。广义的农产品质量安全还包括农产品满足贮运、加工、消费、出口等方面的要求。

农产品质量安全水平,指农产品符合规定的标准或要求的程度。当前提高农产品质量安全水平,就是要提高防范农产品中有毒有害物质对人体健康可能产生的危害的能力。一般来说,农产品质量安全水平是一个国家或地区经济社会发展水平的重要标志之一。

二、农产品质量安全的特点

由于农产品质量安全水平是指农产品符合规定的标准或要求的程度,这种程度可以是正的,也可以是负的。负的农产品质量水平,即农产品不安全,具有以下几个明显的特点。

危害的直接性。农产品的质量不安全主要是指其对人体健康造成危害而言。大多数农产品一般都直接消费或加工后被消费。受物理性、化学性和生物性污染的农产品均可能直接对人体健康和生命安全产生危害。

危害的隐蔽性。农产品质量安全的水平或程度仅凭感官往往难以辨别,需要通过仪器设备进行检验检测,有些甚至还需要进行人体或动物试验后才能确定。由于受科技发展水平等条件的制约,部分参数或标的检测难度大，检测时，量的安全状况难以及时准确判断，危害具有较强的隐蔽性。

危害的累积性。不安全农产品对人体危害的表现，往往经过较长时间的积累才能发现。如部分农药、兽药残留在人体积累到一定程度后，就可能导致疾病的发生和恶化。

危害产生的多环节性。农产品生产的产地环境、投入品、生产过程、加工、流通、消费等各环节均有可能对农产品产生污染引发质量安全问题。

管理的复杂性。农产品生产周期长、产业链条复杂、区域跨度大；农产品质量安全管理涉及多学科、多领域、多环节、多部门，控制技术相对复杂；加之我国农业生产规模小，生产者经营素质不高，致使农产品质量安全管理难度大。

三、危害农产品质量安全的三类来源

物理性污染。指由物理性因素对农产品质量安全产生的危害。如因人工或机械等因素在农产品中混入杂质或农产品因辐射导致放射性污染等。

化学性污染。指在生产加工过程中使用化学合成物质而对农产品质量安全产生的危害。如使用农药、兽药、添加剂等造成的残留。

生物性污染。指自然界中各类生物性污染对农产品质量安全产生的危害。如致病性细菌、病毒以及某些毒素等。生物性污染具有较大的不确定性，控制难度大。

四、农产品质量安全事故的处理

1. 高度重视，积极应对

依据《中华人民共和国农产品质量安全法》及时处理、报告、通报各地的农产品上市情况及质量安全状况和事件，依据《国家重大食品安全事故应急预案》对农产品食品安全事件由全国统一领导、地方政府负责、部门指导协调、各方联合行动的方针积极处理，将损失降至最低。

2. 明确职责，落实责任

明确地方政府、农业农村部和有关部门及农业系统内部3个方面的关系及工作程序和职责，做到各司其职，各尽所能。

3. 制订预案，依法应急

依法规范程序，做到一旦在农产品生产、销售等各个环节发现问题

能及时落实责任单位、责任人，及时处理问题，不断完善手段，做到科学有效。

4. 及时反应，快速行动

当有农产品质量安全事故发生时，快速启动预案，积极迅速开展工作；启动应急预案，进行应急处置，严格控制事态发展，将危害降至最低。

5. 加强监测，群防群控

对于农产品质量安全事件及时分析、评估和预警，做到防患于未然；坚持群防群控，做到早发现、早报告、早控制。

6. 科学调查，准确评价

对于调查、处理、技术鉴定等，做到有理有据，科学准确；用标准说话，用数据说话，以事实为依据，以法律为准绳。

第二节　绿色食品认证

一、绿色食品概念与特征

（一）绿色食品概念

过去提到绿色，象征的是希望，而以绿色代表无污染则是在1989年绿色食品概念提出之后，才被广泛应用于各行各业，出现了绿色建材、绿色照明等一系列冠以"绿色"的名词，绿色食品事业的一个重要贡献就是创造了一个引领消费的新概念。

绿色食品是指产自优良环境，按照规定的技术规范生产，实行全程质量控制，无污染、安全、优质并使用专用标志的食用农产品及加工品。开发绿色食品是人类注重保护生态环境的产物，是社会进步和经济发展的产物，也是人们生活水平提高和消费观念改变的产物。

绿色食品标志由3部分构成，即上方的太阳、下方的叶片和中心的蓓蕾，分别代表了生态环境、植物生长和生命的希望。标志为正圆形，意为保护、安全。1992年，国家工商行政管理局、农业部联合发布关于依法使用、保护"绿色食品"商标标志的通知，规定农业部统一负责"绿色食品"标志的颁发和使用管理。

1996年，绿色食品标志作为我国第一例质量证明商标，在国家工商行政管理局注册成功。2008年6月24日，中国绿色食品发展中心的绿色食品证明商标国际注册通过了美国的核准保护，并颁发了注册证，国际注册号为903964，美国注册号为3453928，注册有效期为2006年2月24日至2016年2月24日，注册类别为第5类（婴儿食品）、第29类（肉、蛋、奶及乳制品、干制水果蔬菜、水产品等）、第30类（面粉及制品、米、五谷杂粮、茶、咖啡、可可、糖、蜂蜜等）、第31类（谷物及农产品）、第32类（啤酒、不含酒精饮料）和第33类（含酒精饮料）共6大类。至此，绿色食品商标已在日本、中国香港地区和美国成功注册，并得到了有效的法律保护。其他主要贸易国的注册工作正在进行中。

经国家工商行政管理局核准注册的绿色食品质量证明商标共四种形式，分别为绿色食品标志商标、绿色食品中文文字商标、绿色食品英文文字商标及绿色食品标志、文字组合商标，这一质量证明商标受《中华人民共和国商标法》及相关法律法规保护。标志图形核定使用商品类别为第1、2、3、5、29、30、31、32、33共九大类，中文文字商标、英文文字商标及标志图形组合商标仅注册了后8类，不包括第一类肥料商品。商标注册证号从第892107至第892139号，共33件。商标注册人为中国绿色食品发展中心。

绿色食品商标作为质量证明商标具有以下特点。

（1）绿色食品商标专用权。只有中国绿色食品发展中心许可，企业才能在自己的产品上使用绿色食品商标标志。

（2）绿色食品商标的限定性。只有绿色食品商标注册的四种商标形式受法律保护；只能在注册的九大类商品上使用。

（3）绿色食品商标的地域性。在中华人民共和国、日本、中国香港、美国等已注册的国家和地区受到保护。

（4）绿色食品商标的时效性。1996年11月7日至2016年10月21日。有效期满须申请续展注册。

（5）绿色食品商标的注册人"中国绿色食品发展中心"只有商标的许可权和转让权，没有商标使用权。

（二）绿色食品特征

绿色食品与普通食品相比有3个显著的特征。

（1）强调产品出自最佳生态环境。绿色食品生产从原料产地的生态环境入手，通过对原料产地及其周围的生态环境因子严格监测，判定其是否具备生产绿色食品的基础条件，而不是简单地禁止生产过程中化学合成物质的使用。这样既可以保证绿色食品生产原料和初级产品的质量，又有利于强化企业和农民的资源和环境保护意识，将农业和食品工业发展建立在资源和环境可持续利用的基础上。

（2）对产品实行全程质量控制。绿色食品生产实施"从土地到餐桌"全程质量控制，而不是简单地依靠最终产品有害成分含量和卫生指标的测定，从而在农业和食品生产领域树立了全新的质量观。通过产前环节的环境监测和原料检测，产中环节具体生产、加工操作规程的落实，以及产后环节产品质量、卫生指标、包装、保鲜、运输、储藏、销售控制，确保绿色食品的整体产品质量，并提高整个生产过程的技术含量。

（3）对产品依法实行标志管理。绿色食品标志是一个质量证明商标，属知识产权范畴，受《中华人民共和国商标法》保护。政府授权专门机构管理绿色食品标志，这是一种将技术手段和法律手段有机结合起来的生产组织和管理行为，而不是一种自发的民间自我保护行为。对绿色食品产品实行统一、规范的标志管理，不仅使生产行为纳入了技术和法律监控的轨道，而且使生产者明确了自身和对他人的权益责任，同时也有利于企业争创名牌，树立名牌商标保护意识，提高企业和产品社会知名度和影响力。

由此可见，绿色食品概念不仅表述了绿色食品产品的基本特性，而且蕴含了绿色食品特定的生产方式、独特的管理模式和全新的消费观念。同时也表明，开发绿色食品是一项利国利民、造福子孙的事业。

二、绿色食品标准

绿色食品产品标准包括质量标准和卫生标准两部分。均参照有关国际、国家、部门、行业标准制定，通常高于或等同现行标准，有些还增加了检测项目。

（一）绿色食品的卫生标准

绿色食品也是食品，它首先必须符合食品基本的卫生标准。绿色食品执行的卫生标准是参照有关国家、部门、行业的食品卫生标准制定的，通常高于一般的食品现行卫生标准，有些增加了新的检测项目。绿色食品卫生标准一般分为3部分：农药残留、有害重金属和细菌等。

农药残留：通过检测杀螟硫磷、倍硫磷、敌敌畏、乐果、马拉硫磷、对硫磷、六六六、DDT、二氧化硫等物质的含量来衡量。

有害重金属：我国的农药残留问题仍然比较严重，绿色食品化学农药的使用必须符合《生产绿色食品的农药使用准则》，对环境及人体健康造成危害的主要是含有汞、砷、铜、铅等重金属农药、有机磷农药和有机氯农药。

细菌：致病性细菌污染食物后，可以在食物里大量繁殖或产生毒素，人们吃了这种含有大量致病菌或毒素的食物会引起食物中毒现象。能引起食物中毒的细菌主要有沙门氏菌、副溶血性弧菌（嗜盐菌）、葡萄球菌、变形杆菌、肉毒杆菌等。一些致病性大肠杆菌、蜡样杆菌、韦氏杆菌、志贺菌等也可引起细菌性食物中毒。另外，自然界中有100多种对人的身体健康有害的真菌（包括霉菌），可导致食物中毒。例如，黄曲霉毒素污染是全球性的问题，黄曲霉毒素是目前发现最强的致癌物质，主要污染粮食、油料及其制品。黄曲霉毒素属于剧毒，毒性比KCN大10倍，为砒霜的68倍。大剂量黄曲霉毒素可引起人和动物的急性中毒，其病变主要发生在肝脏，呈现肝细胞变性、坏死和出血。研究发现，凡是食物中黄曲霉毒素污染严重和实际摄入量较高的国家和地区，人的肝癌发病率亦较高。

（二）绿色食品产品的包装和贮运标准

取得绿色食品标志使用资格的单位，应将绿色食品标志用于产品的内外包装。绿色食品的包装应符合《绿色食品标志设计标准手册》的要求。产品包装材料从原料、产品制造、使用、回收和废弃的整个过程都应符合环境保护的要求。尽量减少能耗，避免废弃物的产生，选择可降解、易回收利用的原料等，防止最终产品遭受污染、防止过度包装和资源浪费，同时还要有利于消费者的使用和识别。绿色食品产品标签，除符合国家的《食品标签通用标准》要求外，还要符合《中国绿色食品商标标志设计使用规范手册》的要求。该手册对绿色食品标志的标准图形、标准字体、图形与字体的规范组合、标准色、广告用语及用于食品系列化包装的标准图形、编号规范均做了严格规定，同时列举了应用示例。绿色食品包装的规范见包装通用准则（NY/T658—2002）。

绿色食品储藏运输准则（NY/T1056—2006）对绿色食品储藏、运输的条件、方法、时间做出了规定，以保证绿色食品在储运过程中不遭受污染、不改变品质，并有利于环保和节能。

（三）其他相关标准

除了以上绿色食品质量控制的技术标准外，绿色食品还有一些促进质量控制管理工作的辅助性标准，包括绿色食品产品抽样准则（NY/T 896—2004）和绿色产品检验规则（NY/T1055—2006）等。

三、绿色食品认证程序

绿色食品标志申报工作是绿色食品标志管理工作的第一步，也是至关重要的一步。为了规范绿色食品认证工作，中国绿色食品发展中心（以下简称"中心"）依据绿色食品生产条件，国内生产企业如需在其生产的产品上使用绿色食品标志，必须按以下程序提出申请。境外企业申请使用绿色食品标志有特殊规定。

（一）认证申请

（1）申请人向中心及其所在省（自治区、直辖市）绿色食品办公室、绿色食品发展中心（以下简称省绿办）领取《绿色食品标志使用申请书》《企业及生产情况调查表》及有关资料，或从中国绿色食品发展中心网站（网址：www.greenfood.org.cn）下载。

（2）申请人填写并向所在省绿办递交《绿色食品标志使用申请书》《企业及生产情况调查表》及以下材料。

①保证执行绿色食品标准和规范的声明。

②生产操作规程（种植规程、养殖规程、加工规程）。

③公司对"基地+农户"的质量控制体系（包括合同、基地图、基地和农户清单、管理制度）。

④产品执行标准。

⑤产品注册商标文本（复印件）。

⑥企业营业执照（复印件）。

⑦企业质量管理手册。

⑧要求提供的其他材料（通过体系认证的，附证书复印件）。

（二）受理及文审

（1）省绿办收到上述申请材料后，进行登记、编号，5个工作日内完成对申请认定材料的审查工作，并向申请人发出《文审意见通知单》，同时抄送中心认证处。

（2）申请认证材料不齐全的，要求申请人收到《文审意见通知单》后10个工作日提交补充材料。

（3）申请认证材料不合格的，通知申请人，本生长周期不再受理其申请。

（4）申请认证材料合格的，执行"（三）"。

（三）现场检查、产品抽样

（1）省绿办应在《文审意见通知单》中明确现场检查计划，并在计划得到申请人确认后委派2名或2名以上检查员进行现场检查。

（2）检查员根据《绿色食品检查员工作手册》（试行）和《绿色食品产地环境质量现状调查技术规范》（试行）中规定的有关项目进行逐项检查。每位检查员单独填写现场检查表和检查意见。现场检查和环境质量现状调查工作在5个工作日内完成，完成后5个工作日内向省绿办递交现场检查评估报告和环境质量现状调查报告及有关调查资料。

（3）现场检查合格，可以安排产品抽样。凡申请人提供了近一年内绿色食品定点产品监测机构出具的产品质量检测报告，并经检查员确认，符合绿色食品产品检测项目和质量要求的，免产品抽样检测。

（4）现场检查合格，需要抽样检测的产品安排产品抽样。

①当时可以抽到适抽产品的，检查员依据《绿色食品产品抽样技术规范》进行产品抽样，并填写《绿色食品产品抽样单》，同时将抽样单抄送中心认证处。特殊产品（如动物性产品等）另行规定。

②当时无适抽产品的，检查员与申请人当场确定抽样计划，同时将抽样计划抄送中心认证处。

③申请人将样品、产品执行标准、《绿色食品产品抽样单》和检测费寄送绿色食品定点产品监测机构。

（5）现场检查不合格，不安排产品抽样。

（四）环境监测

（1）绿色食品产地环境质量现状调查由检查员在现场检查时同步完成。

（2）经调查确认，产地环境质量符合《绿色食品产地环境质量现状调查技术规范》规定的免测条件，免做环境监测。

（3）根据《绿色食品产地环境质量现状调查技术规范》的有关规定，经调查确认，需要进行环境监测的，省绿办收到调查报告2个工作日内以书面形式通知绿色食品定点环境监测机构进行环境监测，同时将通知单抄送中心认证处。

（4）定点环境监测机构收到通知单后，40个工作日内出具环境监测报告，连同填写的《绿色食品环境监测情况表》，直接报送中心认证处，同时抄送省绿办。

（五）产品检测

绿色食品定点产品监测机构自收到样品、产品执行标准、《绿色食品产品抽样单》、检测费后，20个工作日内完成检测工作，出具产品检测报告，连同填写的《绿色食品产品检测情况表》，报送中心认证处，同时抄送省绿办。

（六）认证审核

（1）省级绿色食品办公室收到检查员现场检查评估报告和环境质量现状调查报告后，3个工作日内签署审查意见，并将认证申请材料、检查员现场检查评估报告、环境质量现状调查报告及《省绿办绿色食品认证情况表》等材料报送中心认证处。

（2）中心认证处收到省绿办报送材料、环境监测报告、产品检测报告及申请人直接寄送的《申请绿色食品认证基本情况调查表》后，进行登记、编号，在确认收到最后一份材料后2个工作日内下发受理通知书，书面通知申请人，并抄送省绿办。

（3）中心认证处组织在审人员及有关专家对上述材料进行审核，20个工作日内做出审核结论。

（4）审核结论为"有疑问，需现场检查"的，中心认证处在2个工作日内完成现场检查计划，书面通知申请人，并抄送省绿办，得到申请人确认后，5个工作日内派检查员再次进行现场检查。

（5）审核结论为"材料不完整或需要补充说明"的，中心认证处向申请人发送《绿色食品认证审核通知单》，同时抄送省绿办。申请人须在20个工作日内将补充材料报送中心认证处，并抄送省绿办。

（6）审核结论为"合格"或"不合格"的，中心认证处将认证材料、认证审核意见报送绿色食品评审委员会。

（七）认证评审

（1）绿色食品评审委员会自收到认证材料、认证处审核意见后10个工作日内进行全面评审，并做出认证终审结论。

（2）认证终审结论分为两种情况。

①认证合格。

②认证不合格。

（3）结论为"认证合格"，执行"（八）"。

（4）结论为"认证不合格"，评审委员会秘书处在做出终审结论2个工作日内，将《认证结论通知单》发送申请人，并抄送省绿办。本生长周期不再受理其申请。

（八）颁证

（1）中心在5个工作日内将办证的有关文件寄送"认证合格"申请人，并抄送省绿办。申请人在60个工作日内与中心签订《绿色食品标志商标使用许可合同》。

（2）中心主任签发证书。

第三节 有机食品认证

一、有机农业与有机食品概念

（一）有机农业的概念

有机农业是指在农业生产中按照生态学原理和自然规律，遵循土壤、植物、动物、微生物、人类、生态系统和环境之间动态相互作用的原则，协调种植业和养殖业的平衡，采用一系列可持续发展的农业技术，维持持续稳定的农业生产过程的一种农业生产方式。

在有机农业生产中，禁止使用化学合成的农药、化肥、生长调节剂、饲料添加剂等物质，也禁止采用基因获得的生物及其产物以及离子辐射技术，提倡建立包括豆科植物在内的作物轮作体系，利用秸秆还田、种植绿肥和利用动物粪便等措施培肥土壤，保持养分循环；要求选用抗性作物品种，采取物理的和生物的措施防治病虫草害，鼓励采用合理的耕作措施，保护生态环境，防止水土流失，保持生态体系及周围环境的生物多样性和基因多样性等。

有机农业在哲学上强调"与自然秩序相和谐""天人合一，物土不二"，强调适应自然而不干预自然；在手段上主要依靠自然的土壤和自然的生物循环；在目标上追求生态的协调性，资源利用的有效性，营养供应的充分性。因此，有机农业是产生于一定社会、历史和文化背景下，吸收了传统农业精华，运用生物学、生态学和农业科学原理和技术发展起来的农业可持续发展类型。有机农业的核心是建立和恢复农业生态系统的生物多样性和良性循环，以促进农业的可持续发展。

（二）有机食品的概念

2005年颁布的国家标准《有机产品》（GB/T19630—2005）将有机食品纳入到有机产品中，而农业部推行的"三位一体、整体推进"的工作格局中称为"有机农产品"，国外称为"有机食品"。鉴于我国目前有机认证以农产品和初加工农产品为主，为了表述方便，除特别说明外，将有机产品、有机农产品统称为"有机食品"。

"有机食品"是指以获得有机认证的农产品或野生产品为原料，按照有机食品生成、加工标准生产加工出来，并经有资质的有机认证机构认证的食品。

有机食品包括谷物、蔬菜、水果、饮料、奶类、畜禽产品、调料、油类、食用菌、蜂蜜、水产品等。有机食品的最大特点是在原料生产与产品加工过程中不使用任何人工合成的农药、化肥、除草剂、生长激素、防腐剂和合成添加剂等化学物质。

有机食品通常需要具备以下4个条件。

（1）原料必须来自已建立的有机农业生产体系，或是采用有机方式采集的野生天然产品。

（2）在整个产品生产过程中严格遵循有机食品的加工、包装储藏、运输标准。

（3）生产者在有机食品生产和流通过程中，有完善的质量控制和跟踪审查体系，有完整的生产和销售记录档案。

（4）必须通过有资质的有机认证机构的认证。

当然除了有机食品外，还有有机化妆品、有机林产品、有机农业生产投入物质（生物农药、有机肥等）、有机纺织品、有机皮革产品等非食品类的有机产品。在国外甚至已经有了获得有机认证的餐厅和旅馆。

（三）有机产品标志及含义

"中国有机产品标志""中国有机转换产品标志"的主要图案由3部分组成，即外围的圆形、中间的种子图形及其周围的环形线条。标志外围的圆形形似地球，象征和谐、安全，圆形中的"中国有机产品"和"中国有机转换产品"字样为中英文结合方式，既表示中国有机产品与世界同行，也有利于国内外消费者识别。

标志中间类似种子的图形代表生命萌发之际的勃勃生机，象征了有机产品是从种子开始的全过程认证，同时昭示出有机产品就如同刚刚萌发的种子，正在中国大地上茁壮成长。

种子图形周围圆润自如的线条象征环形的道路，与种子图形合并构成汉字"中"，体现出有机产品植根中国，有机之路越走越宽广。同时，处于平面的环形又是英文字母"C"的变体，种子形状也是"O"的变形，意为"China Organic"。

绿色代表环保、健康，表示有机产品给人类的生态环境带来完美与协调。橘红色代表旺盛的生命力，表示有机产品对可持续发展的作用。"中国有机转换产品认证标志"中的黄褐色代表肥沃的土地，表示有机产品在肥沃的土壤上不断发展。

二、有机食品认证程序

有机食品认证属于产品认证的范畴，虽然各认证机构的认证程序有一定差异，但根据《中华人民共和国认证认可条例》、国家质量监督检验检疫总局《有机产品认证管理办法》、国家认证认可监督管理委员会《有机产品认证实施规则》和中国认证机构国家认可委员会《产品认证机构通用要求：有机产品认证的应用指南》的要求以及国际通行做法，有机食品认证的模式通常为"过程检查＋必要的产品和产地环境检测＋证后监督"。认证程序一般包括认证申请和受理、检查准备与实施、合格评定和认证决定、监督与管理这些主要流程。广义的有机食品除包括可食用的有机食品外，还包括农药、肥料、饲料添加剂等农业生产资料及其他产品，其认证程序与有机食品的认证程序相同。

（一）申请与受理

1. 认证机构公开信息

在认证申请和受理阶段，对于认证机构来说，应当向所有申请者公开如下信息。

（1）国家认证认可监督管理委员会批准的认证范围和中国认证机构国家认可委员会认可的认证范围。

（2）认证程序和认证要求。

（3）认证依据标准。

（4）认证收费标准。

（5）认证机构和申请人的权利、义务。

（6）认证机构处理申诉、投诉和争议的程序。

（7）批准暂停和撤销认证的规定和程序。

（8）对获证单位或者个人使用中国有机产品标志、中国有机转换产品标志、认证机构的标识和名称的要求。

（9）对获证单位或者个人按照认证证书的范围进行正确宣传的要求。

在申请者明确认证意向时，认证机构向申请者发放申请书和调查表等相关资料。为了便于比较全面、准确地了解申请者关于认证的基本情况，认证机构一般都备有固定格式的申请表和农场、加工厂、流通贸易等基本情况调查表。

2. 申请者提交材料

对于申请有机食品认证的单位或者个人，根据有机食品生产或者加工活动的需要，可以向有机食品认证机构申请有机食品生产认证或者有机食品加工认证。根据《有机产品认证管理办法》和《有机产品认证实施细则》等的规定，申请者应当向有机食品认证机构提出书面申请，并提交下列材料。

（1）申请人的合法经营资质文件，如土地使用证、营业执照、租赁合同等；当申请人不是有机食品的直接生产或加工者时，申请人还需要提交与有机食品供应方签订的书面合同。

（2）申请人及有机生产、加工的基本情况，包括申请人及其生产者名称、地址、联系方式；产地（基地）或加工场所的名称、基本情况；过去三年间的生产历史，包括对农事、病虫害防治、投入物使用及收获情况的描述；生产、加工规模，包括品种、面积、产量、加工量等描述；申请和获得其他有机食品认证情况。

（3）产地（基地）区域范围描述，包括地理位置图、地块分布图、地块图、面积、缓冲带、周围邻近地块的情况说明等；加工场所周边环境描述、厂区平面图、工艺流程图等。

（4）申请认证的有机食品生产、加工、销售计划，包括产品面积、预计产量、加工产品品种、预计加工量、销售产品品种和计划销售量、销售去向等。

（5）产地（基地）、加工场所有关环境质量的证明材料。

（6）有关专业技术和管理人员的资质证明材料。

（7）保证执行有机食品标准的声明。

（8）有机生产、加工的管理体系文件。

（9）其他相关材料。

个体小农户一般采取团体认证的形式申请认证。如果多个农户在同一地区从事农业生产，这些农户都愿意以有机方式开展生产，并且建立了严密的组织管理体系和内部检查体系，可以保证有机生产措施得到有效实施，那么这些农户所拥有的土地可以被看作是一个整体的独立的农场。小农户组织管理体系可以是按章程组织起来的农民专业生产协会或专业生产合作社等农民合作组织，也可以是按契约关系与"农业龙头企业"组成的"农户＋基地＋企业"利益共同体，还可以是按其他形式有效组成的组织。

在此期间，认证机构一方面应当对申请者提出的认证申请，重点关注申请是否符合有机认证基本要求和相关文件及材料是否齐全，明确该申请是否符合申请条件；另一方面，明确该申请是否处在本认证机构的认可范围、能力范围或资质范围之内，完成该项认证所需的资源和时间等，在规定的时间内做出是否受理的决定。在此基础上，认证机构和申请者之间应当签订正式的书面认证协议，明确认证依据、认证范围、认证费用、现场检查日期、双方责任、证书使用规定、违约责任等事项。

（二）检查准备与实施

认证协议签订后，认证机构即安排相关人员对该项认证进行策划，根据申请者的专业特点和性质确定认证依据，选择并委派进行现场检查的检查员组成检查组，必要时配备相应的技术专家。

认证机构应向检查员提供充分的信息，以便检查员为检查实施做适当准备。认证机构或检查组一般要对申请者提交的有机食品认证所需的文件资料的符合性、完整性、充分性进行审核和基本判定，文件审核时重点关注有机生产技术规程、有机加工操作规程、与保持有机完整性有关的基本情况及其控制程序、产品检测报告以及法律法规的基本要求等，将审核意见编制成文件审核报告，并提交给申请者。若申请者的文件不能完全符合要求时，一般要求申请者在双方确定的现场检查日期前将文件审核报告中提出的不符合全部纠正完毕，也可能安排检查员在现场检查中进行验证。

1. 检查准备

现场检查包括例行检查和非例行检查。例行检查包括首次认证检查和例行换证检查，也称监督检查，例行检查每年至少一次。非例行检查是在获证者中按一定比例随机抽取检查对象或对被举报对象进行的不通知检查，也称飞行检查。对于产地（基地）的首次检查，检查范围应不少于2/3的生产活动范围。对于多农户参加的有机生产，访问的农户数不少于农户总数的平方根。

检查组根据文件审核评审的结果和相关信息，对现场检查进行策划，与受检查方保持密切的沟通，确定检查的范围、场所、日期及检查组的分工等，一般以书面形式将现场检查计划告知受检查方并获得确认。

对受检查方的有机生产或加工场所进行现场检查是有机食品认证的核心环节。检查通常在认证产品的收获前或加工后进行。特别是对农产品的检查，应在作物和畜禽的收获或交易以前进行。

2. 现场检查

现场检查的主要工作内容是对受检查方的有机生产加工、包装、仓储、运输、销售等过程及其场所进行检查和核实，评价这些过程是否符合认证依据的要求、技术措施和管理体系能否保证有机食品的质量，评估是否存在破坏有机完整性的风险，审核记录保持系统是否具有可追溯性，收集与支持认证决定有关的证据和材料等。

现场检查的另一项重要工作是对受检查方的有机生产或加工的能力和规模进行核实，核算认证年度中有机作物、畜禽等生产或加工产品的种类及其数量，以便在有机食品证书上予以明确界定。

现场检查包括对转换期的追溯核查、分离生产、平行生产转基因产品的核查，也包括对特殊情况和范围的检查，如小农户的检查、投入物的核查等，确认生产、加工过程与认证依据标准的符合性。检查过程至少应包括如下几点。

（1）对生产地块、加工贮藏场所等的检查。

（2）对生产管理人员、内部检查人员、生产者的访谈。

（3）对 CB/T 19630.4—2005《有机产品 第 4 部分：管理体系》4.2.6 条款所规定的生产、加工记录的检查。

（4）对追踪体系的评价。

（5）对内部检查和持续改进的评估。

（6）对产地环境质量状况及其对有机生产可能产生污染的风险的确认和评估。

（7）必要时，对样品采集与分析。

（8）使用时，对上一年度认证机构提出的整改要求执行情况进行检查。

（9）在结束检查前，对检查情况进行总结，明确存在的问题，并确认整改的方式和期限等，同时允许被检查方对存在的问题进行说明。

（10）在完成现场检查后，根据现场检查发现，编制并向认证机构提交公正、客观和全面的关于认证要求符合性的检查报告。

(三) 合格评定与认证决定

认证机构应根据评价过程中收集的信息、检查报告和其他有关信息，评价所采用的标准等认证依据及法律法规的适用性和符合性、现场检查的合理性和充分性、检查报告及证据和材料的客观性、真实性和完整性等，并重点进行有机生产和加工过程符合性判定、产品质量安全符合性判定以及产品质量是否符合执行标准的要求，最终做出能否发放证书的决定。

申请人的生产活动及管理体系符合认证标准的要求，认证机构予以批准认证。生产活动、管理体系及其他相关方面不完全符合认证标准的要求，认证机构提出整改要求，申请人已经在规定的期限内完成整改，或已经提交整改措施并有能力在规定的期限内完成整改以满足认证要求的，认证机构经过验证后可批准认证。

1. 不予颁证

申请人的生产活动存在以下情况之一，认证机构不予批准认证。

（1）未建立管理体系，或建立的管理体系未有效实施。

（2）使用禁用物质。

（3）生产过程不具有可追溯性。

（4）未按认证机构规定的时间完成整改，提交整改。或所提交的整改措施未满足认证要求。

（5）其他严重不符合有机标准要求的事项。

认证机构应当按照认证依据的要求及时做出认证结论，并保证认证结论的客观、真实。对不符合认证要求的，应当书面通知申请人，并说明理由。根据相关认可准则的规定，认证决定由认证机构委托的一组人（一般称作颁证委员会、技术委员会）或某个人做出。认证机构应当对其做出的认证结论负责。

2. 颁发证书

对符合有机食品认证要求的，认证机构应当向申请人出具有机食品认证证书，并准许其使用有机食品认证标志。属于有机食品转换期间的产品，证书中应当注明"转换"字样和转换期限，并应当使用注明"转换"字样的有机食品认证标志。有机食品认证证书的有效期为一年。

虽然各认证机构证书的式样和格式有所区别，但证书的主要内容都包括以下几个方面。

（1）获证单位或个人名称、地址。

（2）获证产品的数量、产地面积和产品种类。

（3）有机食品认证的类别。

（4）依据的标准或者技术规范。

（5）有机食品认证标志的使用范围、方式。

（6）颁证机构、颁发日期。

（7）数量、使用形式或者有效期期限。

（四）监督和管理

有机食品认证证书有效期通常为一年。获证者应在有效期期满前向认证机构申请年度换证，认证机构将由此启动监督换证检查程序。认证机构应当按照规定对获证单位和个人、获证产品及生产、变更情况等进行有效跟踪检查，即年度换证例行检查至少一年一次。

申请人应及时就产品更改、生产过程更改或区域扩大、管理权或所有权等更改通知认证机构。

监督检查还包括非例行检查，非例行检查不应事先通知。非例行检查的对象和频次等可基于有关认可规则和认证机构对风险的判断及来源于社会、政府、消费者对获证产品的信息反馈。

根据需要定期或不定期进行产地（基地）环境检测和产品样品检测，保证认证、检测结论能够持续符合认证要求。

根据有关规定，认证机构在发放证书时应当告知获证者有关保持认证、证书变更、重新申请、证书撤销、注销、暂停等管理规定和事项。

1. 保持认证

获证者在有机食品认证证书有效期期满前，应向认证机构申请，履行保持认证的相关程序。

（1）申请人提出申请，领取相关文件，按《有机食品生产技术准则》的要求，完善本企业的质量管理体系、质量保证体系的技术措施和质量信息追踪及处理体系。

（2）认证机构制订检查计划和核算认证费用（该费用可能与上一年费用不同）之后，向企业寄发《受理通知书》。

（3）检查员依据《有机食品生产技术准则》的要求，对申请人的质量管理体系、生产过程控制体系、追踪体系以及产地、生产、加工、仓储、运输、贸易等进行实地检查评估，尤其是申请人对上一年颁证整改要求的完成落实情况进行核实检查。必要时，检查员需对土壤、产品抽样，由检查员和申请人共同封样，将样品送指定的质检机构检测。

（4）检查员完成检查后按要求编写检查报告。认证机构根据申请人提供的保持认证调查表等相关材料以及检查员的检查报告和样品检验报告等进行综合审查评估，做出同意颁证、有条件颁证或拒绝颁证等决定。证书有效期为一年，并同时办理有机食品商标的使用手续。

2. 证书变更

获证者在有机食品认证证书有效期内，发生下列情形之一的，应当向认证机构办理变更手续。

（1）获证单位或者个人、有机食品生产、加工单位或者个人发生变更的。

（2）产品种类变更的。

（3）有机食品转换期满，需要变更的。

3. 重新申请证书

获证者在有机食品认证证书有效期内，发生下列情形之一的，应当向有机食品认证机构重新申请认证。

（1）产地（基地）、加工场所或者经营活动发生变更的。

（2）其他不能持续符合有机食品标准、相关技术规范要求的。

4. 证书撤销、注销、暂停的规定

获证者发生下列情形之一的，认证机构应当及时做出暂停、注销、撤销认证证书的决定。

（1）获证产品不能持续符合标准、技术规范要求的。

（2）获证单位或者个人、有机食品生产或加工单位发生变更的。

（3）产品种类与证书不相符的。

（4）证书超过有效期的。

（5）未按规定加工或者使用有机食品标志的。

对于撤销和注销的证书，有机食品认证机构应当予以收回。

第四节 农产品地理标志登记

一、农产品地理标志保护概述

我国加入 WTO 后,"地理标志"作为一项知识产权越来越受到国人所关注。相对知识产权体系的其他领域,地理标志对很多人来说似乎很陌生。但事实上,地理标志对社会大众来说是接触最多、感受最直接的知识产权之一,因为它与人们日常生活最基本和最经常接触的农产品及食品的关系最为密切,只是过去在我国没有将地理标志作为一种知识产权认识、对待以及加以制度性规定。通俗地讲,地理标志就是用商品的地理来源名称标示商品特性及声誉的标记,国际上被广泛运用于农产品及其加工品、传统的工业产品和手工艺品等诸多领域。对地理标志进行法律保护最主要的原因,是在于商品所具有的特性及声誉与其来源的地理及人文因素有不可替代的关联性,因而具有独特商业价值,从而成为推销产品的一种有力工具,能给权利人带来竞争优势和经济利益。

(一) 农产品地理标志概念的形成及内涵

1. 地理标志概念的形成

"地理标志"(又译为地理标记)是在产地标记、原产地名称概念的基础上,通过长期发展,目前被普遍接受的一个概念。人类社会从自然经济向商品经济转变中,一开始进入交换及贸易的产品,主要是农副土特产品,是以农产品为原料、与当地特定条件及独特工艺密切相关的加工品;这些产品中大多数用以相互区别的方式及标志主要是产地名称。因此在这种交易过程中,当某种产品的品质及特色得到人们的认知接受,其产地的名称往往就成为此新产品的代称。这也是我国及世界各国许多传统名、特、优农产品形成的过程,也正是地理标志的溯源和背景。

1883年《保护工业产权巴黎公约》提到了对"产地标记"的保护。1891年《制止虚假或欺诈性商品产地标记马德里协议》也提到了各国可以在进口时扣押带有虚假或欺骗性"产地标记"的商品。1958年里斯本外交会议通过了《原产地名称保护及其国际注册里斯本协定》,该协定将原产地名称定义为"某个国家、地区或地方的地理名称,用于指示某项产品来源于该地,其质量或特征完全或主要取决于地理环境,包括自然和人为因素"。

世贸组织于1994年通过的《与贸易有关的知识产权协议(TRIPS协议)》采用了"地理标志"这一概念。其中第二十二条第一款规定:"本协议的地理标志系指下列标志:其标示出某商品来源于某成员地域内或来源于该地域中某地区或某地方,该商品的特定质量、信誉或其他特征,主要与该地理来源相关联。"

我国在2001年10月修订的《商标法》中也增加了地理标志的有关内容,其中,第十六条第二款明确规定,"前款所称地理标志,是指标示某商品来源于某地区,该商品的特定质量、信誉或者其他特征,主要由该地区的自然因素或者人文因素所决定的标志。"

由此,可从3个方面把握地理标志的含义:第一,它是表示商品地理来源的标志,即自然属性;第二,此类商品往往具有特定的品质、信誉或其他特征,即核心属性;第三,此商品特定的品质、信誉或其他特征与该地理来源有一定程度的因果联系,即该商品的品质等主要由此地理来源的自然因素或人文因素所决定,也就是它的附加属性。

2. 农产品地理标志的概念

农业部于2007年12月25日颁布了《农产品地理标志办法》,并于2008年2月1日起施行。该办法中对农产品地理标志做出了明确定义:"农产品地理标志是指标示农产品来源于特定地域,产品品质和相关特征主要取决于自然生态环境和历史人文因素,并以地域名称冠名的特有农产品标志。"此处所称的农产品是指来源于农业的初级产品,即在农业活动中获得的植物、动物、微生物及其产品。

3. 农产品地理标志的图形及含义

农产品地理标志公共标识基本图案(图3-1)由中华人民共和国农业部中英文字样、农产品地理标志中英文字样、麦穗、地球、日月等元素构成。公共标识的核心元素为麦穗、地球、日月相互辉映,麦穗代表生命与农产品,同时从整体上看是一个地球在宇宙中的运动状态。体现了农产品地理标志和地球、人类共存的内涵。标识的颜色由绿色和橙色组成,绿色象征农业和环保,橙色寓意丰收和成熟。

图3-1 农产品地理标志公共标识图案

(二)地理标志与商标的区别

地理标志和商标都是并列的特殊形态的知识产权。地理标志不仅从属于人的创造力和劳动,同时还从属于地域、气候、水等自然条件;而商标只从属于人,与自然条件无关。商标是区别商品不同特征的一种专用标志。标志可以注册为商标,但标志决不等于商标,商标只是标志的一类。

地理标志与商标的区别是非常明显的。

首先,商标制度无法解决地理标志的产权归属问题。如前所述,地理标志是一个地域的名称。属于这个地域共有,而不能属于某个特定的企业或公民个人单独享有。由地理、人文、历史文化因素组合构成的产品的无形资产应当由国家所有,这一地域的企业或组织只拥有其使用权。

商标本质上是一种私权利,可由个人或单个企业所有,如果把地理标志作为商标交由个人、单个企业或协会持有,就无法保证地理标志地域内的其他企业公平竞争,有可能会引起产权纠纷。

其次,商标无法保证地理标志产品特征的唯一性。地理标志在空间上,只从属于特定的地域和特定的自然地理条件,具有唯一性,不允许任意转让和买卖。在时间上,地理标志具有永久性,只要自然地理条件不变,产品特性不变,法律制度不变,就可以继续使用,甚至永久使用。而商标则不仅可以由任何厂商持有，而且可以跨地区跨国进行买卖、转让、许可使用，不仅无法保护地理标志地域内企业的利益，而且还可能会造成产地误导，侵害消费者的利益，更无法保证产品的质量和信誉。在时间上，商标的使用是有限制的，按有关规定，商标注册有效期满不申请续展的，商标将被注销。

再次，在管理制度和方法上，商标制度无法保证产品的质量和信誉。商标注册仅仅是一种权利人得到某种机关认可的声明程序，如同婚姻登记并不保证爱情生活质量一样，商标注册登记本身也不保证产品的质量和信誉。而以法国为例的原产地域（地理标志）产品保护制度，显然可以使产品的质量和信誉得到充分保障。通过制定法律、标准、技术法规、操作规程和运用检验、检疫等手段，对原料生产、加工、制作到销售进行全方位、全过程的监督管理，从而有效保证产品优良品质。

在国际范围的保护也是如此。如果作为商标到国外申请注册，这不仅难以避免恶意抢注问题，而且会带来保护成本高昂的经济问题。地理标志按照《与贸易有关的知识产权协议》（TRIPS 协议），由于其地理文化遗产的排他性，可在 WTO 成员范围内自动得到承认和保护。

最后，按照国际惯例，地理标志原则上不能用作注册商标。TRIPS 协议第二十三条第三款规定：如果申请注册的商标中"含有误导公众对商品的真正来源地产生误解"的地理标志，则成员应当依法拒绝其商标注册的申请，已经注册的商标则应当予以撤销。

二、基本要求

1. 产品条件

申请地理标志登记的农产品，应当符合下列条件。①称谓由地理区域名称和农产品通用名称构成；②产品有独特的品质特性或者特定的生产方式；③产品品质和特色主要取决于独特的自然生态环境和人文历史因素；④产品有限定的生产区域范围；⑤产地环境、产品质量符合国家强制性技术规范要求。

2. 申请人要求

农产品地理标志登记申请人为县级以上地方人民政府根据下列条件择优确定的农民专业合作经济组织、行业协会等组织。该组织要具有监督和管理农产品地理标志及其产品，为地理标志农产品生产、加工、营销提供指导服务，具有独立承担民事责任等能力。

三、登记管理

1. 登记申请

符合农产品地理标志登记条件的申请人，可以向省级人民政府农业行政主管部门提出登记申请，并提交下列申请材料：①登记申请书，申请人资质证明；②产品典型特征特性描述和相应产品品质鉴定报告；③产地环境条件、生产技术规范和产品质量安全技术规范；④地域范围确定性文件和生产地域分布图；⑤产品实物样品或者样品图片；⑥其他必要的说明性或者证明性材料。

2. 审查

省级人民政府农业行政主管部门自受理农产品地理标志登记申请之日起，应当在 45 个工作日内完成申请材料的初审和现场核查，并提出初审意见。符合条件的，将申请和初审意见报送农业农村部农产品质量安全中心；不符合条件的，在提出初审意见之日起 10 个工作日内将相关意见通知申请人。

农业农村部农产品质量安全中心应当自收到申请材料和初审意见之日起 20 个工作日内，对申请材料进行审查，提出审查意见并组织专家评审。经专家评审通过的，由农业农村部农产品质量安全中心代表农业农村部对社会公示。有关单位和个人有异议的，当自公示截止日起 20 日内向农业农村部农产品质量安全中心提出，公示无异议的，由农业农村部做出登记决定并公告，颁发《中华人民共和国农产品地理标志登记证书》，公布登记产品相关技术规范和标准。

3. 证书使用

农产品地理标志登记证书长期有效。但有下列情形之一的，登记证书持有人应当按照规定程序提出变更申请：①登记证书持有人或者法定代表人发生变化的；②地域范围或者相应自然生态环境发生变化的。

四、标志使用

1. 申请

生产经营的农产品自登记确定的地域范围已取得登记农产品相关的生

产经营资质、能够严格按照规定质量技术规范组织开展生产经营活动、具有地理标志农产品市场开发经营能力的单位和个人，可以向登记证书持有人申请使用农产品地理标志。

2. 使用

使用农产品地理标志，应当按照生产经营年度与登记证书持有人签订农产品地理标志使用协议，在协议中载明使用的数量、范围及相关的责任义务。农产品地理标志登记证书持有人不得向农产品地理标志使用人收取使用费。

3. 农产品地理标志使用人的权利和义务

（1）权利。农产品地理标志使用人可以在产品及其包装上使用农产品地理标志，可以使用登记的农产品地理标志进行宣传和参加展览、展示及展销。

（2）义务。农产品地理标志使用人要自觉接受登记证书持有人的监督检查，保证地理标志农产品的品质和信誉，正确规范地使用农产品地理标志。

4. 监督管理

县级以上人民政府农业行政主管部门应当加强农产品地理标志监督管理工作，定期对登记的地理标志农产品的地域范围、标志使用等进行监督检查。登记的地理标志农产品或登记证书持有人不符合规定的，由农业农村部注销其地理标志登记证书并对外公告。

第五节　名牌农产品认定

一、基本条件

（一）申请人需要具备的条件

（1）申请人要具有独立的企业法人或社团法人资格，法人注册地址在中国境内。

（2）有健全和有效运行的产品质量安全控制体系、环境保护体系，建立了产品质量追溯制度。

（3）按照标准化方式组织生产。

（4）有稳定的销售渠道和完善的售后服务。

（5）最近3年内无质量安全事故。

（二）申请"中国名牌农产品"称号需要具备的产品条件

（1）产品符合国家有关法律法规和产业政策的规定。

（2）在中国境内生产，有固定的生产基地，批量生产至少3年。

（3）在中国境内注册并归申请人所有的产品注册商标。

（4）符合国家标准、行业标准或国际标准。

（5）市场销售量、知名度居国内同类产品前列，在当地和农村经济中占有重要地位，消费者满意程度高。

（6）产品质量检验合格。

（7）食用农产品应获得"无公害农产品""绿色食品"或"有机食品"称号之一。

（8）开展过省级名牌认定的省份，要求是省级名牌农产品，不是省级名牌农产品的，由省级农业行政主管部门出具本省未开展省级名牌农产品认定工作的证明。

二、认定程序

农业农村部成立中国名牌农产品推进委员会（以下简称名推委），负责组织领导中国名牌农产品评选认定工作，中国名牌农产品实行年度评审制度。

1. 申报范围

种植业类、畜牧业类、渔业类初级产品。

2. 申报材料

（1）《中国名牌农产品申请表》。

（2）申请人营业执照和注册商标复印件。

（3）农业部授权的检测机构或其他通过国家计量认证的检测机构，按照国家或行业等标准对申报产品出具的有效质量检测报告原件。

（4）采用标准的复印件。

（5）申请产品获得专利的，提供产品专利证书复印件及地级市以上知识产权部门对申请人知识产权有效性的意见。

（6）申请产品获得科技成果奖的，提供省级以上（含省级）政府或科技行政主管部门的科技成果获奖证书复印件。

（7）申请人获得产品认证的，提供相关证书复印件。

（8）由当地税务部门提供的税收证明复印件。

（9）其他相关证书、证明复印件。

3. 申报程序

符合条件的申请人向所在省（自治区、直辖市及计划单列市）农业行政主管部门，提交一式两份《中国名牌农产品申请表》和其他申报材料的纸质件。各省（自治区、直辖市及计划单列市）农业行政主管部门负责申报材料真实性、完整性的审查。符合条件的，签署推荐意见，报送名推委办公室。凡是没有省（自治区、直辖市及计划单列市）农业行政主管部门推荐意见的申报材料，不予受理。

中国名牌农产品推进委员会办公室组织评审委员会对申报材料进行评审，形成推荐名单和评审意见，上报名推委。名推委召开全体会议，审查推荐名单和评审意见，形成当年度的中国名牌农产品拟认定名单，并通过新闻媒体向社会公示广泛征求意见。名推委全体委员会议审查公示结果，审核认定当年的中国名牌农产品名单。对已认定的中国名牌农产品，由农业农村部授予"中国名牌农产品"称号，颁发"中国名牌农产品证书"并向社会公告。

三、监督管理

1. 中国名牌农产品有效期管理规定

"中国名牌农产品"称号的有效期为3年。在有效期内，"中国名牌农产品证书"持有人应当在规定的范围内使用"中国名牌农产品"标志。

对获得"中国名牌农产品"称号的产品实行质量监测制度。获证申请人每年应当向名推委办公室提交由获得国家级计量认证资质的检测机构出具的产品质量检验报告。名推委对中国名牌农产品进行不定期抽检。

2. 中国名牌农产品撤销管理规定

《中国名牌农产品证书》持有人有下列情形之一的，撤销其"中国名牌农产品"称号，注销其《中国名牌农产品证书》，并在3年内不再受理其申请。

（1）有弄虚作假行为的。
（2）转让、买卖、出租或者出借中国名牌农产品证书和标志的。
（3）扩大"中国名牌农产品"称号和标志使用范围的。
（4）产品质量抽查不合格的，消费者反映强烈，造成不良后果的。
（5）发生重大农产品质量安全事故，生产经营出现重大问题的。
（6）有严重违反法律法规行为的。

未获得或被撤销"中国名牌农产品"称号的农产品，不得使用"中国名牌农产品"称号与标志。

从事中国名牌农产品评选认定工作的相关人员，应当严格按照有关规定和程序进行评选认定工作，保守申请人的商业和技术秘密，保护申请人的知识产权。

第六节　农产品市场营销

一、农产品市场营销概述

（一）农产品市场营销定义

农产品是指种植业、养殖业、林业、牧业、水产业生产的各种植物、动物和微生物的初级产品及初级加工品。农产品市场营销是指从生产者到消费者过程中所包含的农产品生产、采集、加工、运输、批发、零售和服务等全部营运活动。农产品市场营销的主体是从事农产品生产和经营的个人、企业和合作经营组织。农产品市场营销以市场交换为中心，将生产出来的农产品以最合理的价格和流通方式销售给用户和消费者，实现生产与消费的有机衔接，最终满足生产或生活消费的需求。农产品营销活动贯穿于农产品生产、流通和交易的全过程。

1. 市场需求是农产品生产经营的出发点、中心点和归宿点

市场经济条件下的农产品生产必须面向市场，根据消费者需求来决定生产什么、生产多少和如何生产。因此，生产者需要知道消费者喜欢哪些农产品、哪些品种的农产品，然后根据知道的市场信息来调整其生产，决定生产资源的配置和生产方式的采用。可见，市场营销不是始于生产结束之时,而是在产品生产之前就已开始。

2. 农产品市场营销是包括农业生产活动在内的完整过程

首先,农业生产活动是营销活动的一个环节。传统的农产品流通是指农业生产活动之后的商业活动,把农产品的生产称为农业,把农产品的流通归入商业活动领域,人为地分离开来。其次,农产品市场营销和农业生产是有机融合的整体。农产品的生产过程不是仅指种植、饲养过程,凡是能创造或增加产品效用的过程都称为生产,因此农产品营销各个环节都是农业生产的延续。

3. 农产品市场营销通过各个活动环节不断创造多种产品效用

农产品市场营销的加工环节为消费者创造了形式效用,运输环节创造了产品的区域效用,储藏环节创造了产品的时间效用,交易过程中产品的所有权由卖方转移至买方,从而产生占有效用。农产品市场营销通过各环节的服务来提高消费者的效用满足程度。农产品市场营销是指为了满足人们的需求和欲望而实现农产品潜在交换的活动过程。

(二)农产品市场营销特点

农产品市场包括粮油市场、蔬菜市场、水产品市场、肉蛋奶市场、干鲜果品市场等。由于农产品与其他产品有着本质性的不同,因此农产品市场营销有自身的特点。

1. 农产品市场需求具有时效性、地区性

随着人们生活水平的逐渐提高,消费者对农产品的市场需求也发生了变化,对农产品提出了更高的要求。新鲜、营养、无公害的农产品成为时尚消费,因此农产品市场需求表现出明显的时效性。农产品分散在不同生态区域,由农村千家万户经营,且具有一定地域性,农产品市场也多为小型分散的市场,通常采用集市贸易的形式进行经营,因此农产品的市场需求表现出地区性。

2. 农产品市场供给具有季节性、周期性

由于农业生产具有季节性,农产品市场的货源随着农业生产季节变动而变动,特别是一些鲜活农产品,表现出明显的季节性。农产品经营必须及时采购和销售。而农产品生产一般都表现为季节生产、常年消费,供给在一年内出现淡旺季,具有一定的周期性。因此在农产品供给中应解决好季节性、周期性矛盾。

3. 农产品市场风险比较大

农产品具有鲜活的特点，在运输、储存、销售中会发生腐烂、发霉和病虫害，极易造成损失，所以农产品在销售时要尽量缩短流通时间，妥善保管，降低风险。农产品的市场营销对自然条件依赖性较大，销售过程中存在着许多不可控制的因素，且投入产出比小，投资回收期长，回报率低，营销风险性较高。

（三）农产品市场营销职能

传统的市场营销理论一般将市场营销职能归纳为交换职能（购买和销售）、物流职能（运输和储存）和辅助职能（融资、风险承担、沟通和标准化等）3类。随着生产力的发展和市场竞争的激烈化，市场营销实践也在不断创新。目前，农产品市场营销主要有市场调查与研究、生产加工与储运、销售农产品、创造市场需求、协调平衡公共关系五大职能。

1. 市场调查与研究

农产品销售前提是该商品存在市场需求。某种农产品的市场需求，是指一定范围的所有潜在顾客在一定时间内对于该商品具有购买力的需要。为了有效地实现农产品销售，需要经常地调查和研究市场需求，弄清楚谁是潜在顾客，他们需要什么样的农产品，为什么需要，需要多少，何时何地需要，并结合农业生产自身的特点研究制定满足顾客需要的市场营销策略。由此可见，市场调查与研究不单纯是组织农产品销售的先导职能，实际上是整个市场营销的基础职能。

2. 生产加工与储运

掌握了市场需求还必须能生产加工出适销对路的农产品。在市场需求经常变动的条件下。为了适应市场需求的变化，农业生产者需要经常调整产品生产方向。农业生产者的这种适应性就来自于对市场信息的灵敏把握，对内部生产的严格管理，对应对变化的充分准备，对机会的迅速利用。

3. 销售农产品

销售是创造、沟通与传送价值给顾客，及经营顾客关系以便让组织与其利益关系人受益的一种组织功能与程序。农产品包括有形的商品及其附带的无形服务，销售就是介绍农产品提供的利益，以满足客户特定需求的过程。农产品销售对于农业生产者来说,具有两种基本功能:一种是将农业生产的商品推向消费领域实现其使用价值;另一种是从消费者那里获得货币实现其价值,以便对农产品生产中的劳动消耗予以补偿,维持再生产的继续进行。

4. 创造市场需求

仅仅向消费者销售那些他们当前打算购买的农产品是不够的。消费者普遍存在着"潜在需求"。生产者既要满足已经在市场上出现的现实性顾客需求,也要争取那些有潜在需求的顾客。例如,通过适当降低高档农产品价格可以让那些过去买不起的消费者变得能够购买和消费;通过广告宣传,让那些不了解的消费者了解并产生购买和消费的欲望;通过推出新产品,让更多消费者有机会购买到适合的农产品;通过提供销售服务,提高顾客需求的满足程度等。

5. 协调平衡公共关系

农业生产者作为一个社会成员,改善和发展与顾客和社会的联系,可以增进相互信任和了解,可以发展为相互依赖、相互协作的伙伴关系,可以将过去交易中的繁琐谈判改变为惯例型交易,节省交易费用,直接为农业生产服务。

二、农产品的价格策略

(一)农产品价格的构成

农产品价格由成本、税收和利润三部分构成。

1. 成本

农产品成本是价格的最低界限,如果按照这个数额销售农产品,那么生产者出售农产品所获得的收入仅能补偿生产农产品的费用消耗,再生产也只能在原有规模上重复,难以扩大生产。

农产品的成本按照其与产量或销售量之间的关系不同可以分为固定成本和变动成本。

(1)固定成本。固定成本不随产量或销量的变化而发生明显变化。例如机器、厂房等的折旧费等,不管是否生产和生产多少都会发生。这些费用在一定时期内是固定不变的。当然,固定成本在短期内是固定的,长期来看也是可变的，因为机器和厂房等在短期内难以变动，长期来看也可以根据生产规模进行重置更新等。总固定成本不随产量变化，但单位或平均固定成本则将随产量的增加而降低，随产量的降低而增加。

（2）变动成本。变动成本是指随着产量的增加而需要不断增加的费用。具体包括原材料、外购半成品、工人工资、包装材料和销售费用等。变动成本的总量随产量或销量变化而发生变化，但是单位或平均变动成本在短期内则是稳定的。

（3）单位成本。单位成本也称平均成本，等于单位固定成本加单位变动成本。从短期看，虽然单位变动成本是稳定的，但单位固定成本会随产量增加而下降，因此随着生产成本将呈下降趋势。但是，这种增加也是有一定限度的，当产量增加超过现有设备的承受能力时，单位成本也可能上升，因为超负荷生产可能会降低效率，导致成本上升。

（4）机会成本。一般来说，企业所拥有的某种资源可以有多种用途。一旦某种资源用于某种用途后，就必然放弃其他用途。例如，一头牛用来犁地后，就不能用来拉车。机会成本是指将某种资源用于生产某种产品以后所放弃的该资源用于其他用途所可能取得的最大收益。例如，一头牛用来拉车，一天可以获售 100 元的收入，这就是用这头牛犁地的机会成本。因为一旦用这头牛犁地，就必须放弃用它拉车所能带来的 100 元收入的机会。

2. 税收

税收是国家参与国民收入再分配的一种形式。国家通过税收的方式，强制性地将单位或个人所创造的价值的一部分收归国家或地方所有，然后再用这种集中起来的收入满足社会福利等民生需要和发展科教文化等社会公共事业。税收与其他分配方式相比，具有强制性、无偿性和固定性的特征，习惯上称为税收的"三性"。

（1）税收的强制性。是指税收是国家以社会管理者的身份，凭借政权力量，依据政治权力，通过颁布法律或政令来进行强制征收。强制性特征体现在两个方面：一方面是税收分配关系的建立具有强制性，即税收征收完全是凭借国家拥有的政治权力；另一方面是税收的征收过程具有强制性，即如果出现了税务违法行为，国家可以依法进行处罚。

（2）税收的无偿性。是指通过征税，社会集团和社会成员的一部分收入转归国家所有，国家不向纳税人支付任何报酬或代价。税收的这种无偿性是与国家凭借政治权力进行收入分配的本质相联系的。无偿性特征体现在两个方面：一方面是指政府获得税收收入后无须向纳税人直接支付任何报酬；另一方面是指政府征得的税收收入不再直接返还纳税人。税收无偿性是税收的本质体现，它反映的是一种社会产品所有权、支配权的单方面转移关系，而不是等价交换关系。税收的无偿性是区分税收收入和其他财政收入形式的重要特征。

（3）税收的固定性。是指税收是按照国家法令规定的标准征收的，即纳税人、课税对象、税目、税率、计价办法和期限等，都是税收法令预先规定了的，有一个比较稳定的适用期间，是一种法定的连续收入。对于税收预先规定的标准，征税和纳税双方必须共同遵守，非经国家法令修订或调整，征纳双方都不得违背或改变这个固定的比例或数额以及其他制度规定。

税收的3个基本特征是统一的整体。其中，强制性是实现税收无偿征收的强有力保证，无偿性是税收本质的体现，固定性是强制性和无偿性的必然要求。一直以来，农业税也是我国财政收入的重要来源。但是从2006年1月1日起我国全面取消农业税，农业税已成为历史。为了把这种实惠真正留给农民，农产品的价格不能低于以前的含税成本的水平。否则，这种减税所带来的利益最终会通过低价农产品转移给消费者。

3. 利润

农产品利润是指农产品创造者将销售农产品的收入扣除全部成本和税金以后的余额。它是农业扩大再生产的基础，是保证市场上农产品源源不断供应的源泉。农产品价格应高于含税成本，使农民能够获得一定数额的利润，农业生产也才能不断得到发展。否则，如果农产品价格只能补偿含税成本，而不能使农民得到一定的利润，农业扩大再生产就不能正常进行。

（二）农产品的价格策略

1. 定价目标

价格不是漫无边际地随意制定的。经营者必须依据一定的定价目标作为确定定价策略和定价方法的依据。通常选择的定价目标主要有以下几种。

（1）以维持生存为目标。

在激烈的市场竞争中，为了维持生存，经营者可能会放弃利润，而以维持生存作为主要目标。根据这一定价目标，经营者会将产品价格降低到只要能弥补成本水平。当然，这种定价目标不可能是长期的，只能作为短期的权宜之计。因为长期来看，在激烈的市场竞争中，如果企业不能发展，最终必将被淘汰。

（2）以利润最大化为目标。

高价格并不一定会带来高利润。一般来说，价格与销量呈反比，当价格升高时，销量会降低，而当价格降低时，销量会增加。经营者应当根据价格与销量变动的趋势，以及销量对价格变动的反应灵敏度制定合理的价格水平，以实现最大化的利润。当市场销售额下降时，经营者应该降低商品价格来吸引一些对价格敏感的消费者，增加销售量。

利润目标以投资利润率或资金利润率为定价目标，易于计算，但它往往受到市场变动因素的影响。其公式为：

一定时期资金利润率（%）＝一定时期利润额÷投入资金总额×100

（3）以销售增长率最大化为目标。

一般情况下，经营者利润会随销售额的增加而增加，但是为增加销售量而采取降价销售时，则有可能导致利润不能与销量同幅度增加，甚至出现随销量增加而导致利润减少的情况。为了追求销量增长最大化，一些经营者会采取低价格来吸引更多的顾客，实现销售额最大化。

（4）以市场份额为目标。

在竞争性市场上经营者用保持和增加市场份额作为定价目标，提高自己产品的市场占有率，挤压竞争对手。市场占有率是指本企业产品拥有市场的大小，通常的计算公式为：

市场占有率（%）＝本企业一定时期销售额÷同行业一定时期销售总额×100

市场占有率并不一定与资金利润率相一致。有时候为了在竞争中扩大市场份额，必须在价格上做出一定牺牲，从而导致资金利润率的下降；相反，为了保持一定水平的资金利润率，又可能会以牺牲市场份额为代价。

（5）以适应竞争为目标。

为了适应市场竞争，一般都需要以对市场有影响的竞争者的价格作为定价基础。通常的定价方式有：一是采取与竞争者相同的价格对产品定价；二是采取高于竞争者的价格，如资金、技术条件强，产品优良的企业常采用此定价方法；三是采用低于竞争者的价格，较小的企业或谋求批发市场占有率的企业，常常采取这种定价方法。

（6）以价格稳定为目标。

在市场竞争和供求关系比较正常的情况下，为了避免不必要的价格竞争，保持生产的稳定，以求稳固地占领市场，常常采取保持价格稳定的定价方法。

2. 农产品价格策略

选择定价策略应该考虑的因素主要有：要能弥补生产产品的直接成本和机会成本；竞争者产品的特色和价格；经营者要树立的营销形象以及投资回收期等。通常采用的农产品价格策略包括以下7种。

（1）渗透定价策略。

一般情况下，采取低价位是吸引众多消费者的最有力武器。因为市场上存在一大群普通消费者，他们的购买行为相当理智，希望用较低的价格获得较高的效用满足。因此，通过低价低利能够有效地排斥竞争者加入，扩大市场份额并较长期地占领市场。值得注意的是，这里的所谓低价位是相对于产品品种和服务水平而言的，价格处于较低的位置上并非是用偷工减料降低质量的办法来维持低价位。具体的渗透定价策略如下。

高质中价定位。企业在保证提供优质产品和服务的前提下，价格确定在中等水平上，使消费者以中等价格获得高品质的满足。借用这种价格优势争取众多的消费者，排挤竞争对手，扩大市场份额。

中质低价定位。企业以较低的价格，向消费者提供符合一般标准的产品和服务，使顾客以较低的价格，获得信得过的产品。这一目标市场的顾客群，一般对价格非常敏感，但又不希望质量过于低劣。目前，仓储式商店的发展就是针对这一顾客群的。

低质廉价定位。产品没有质量优势，主要是靠低廉的价格留住一部分消费者。采取这一定价策略主要是迎合一些低收入阶层。

渗透定价策略主要适用于以下几种情况：①新产品进入市场时，为了尽快打开局面，迅速占领市场，通常采取这种低价策略，争取消费者；②产品市场规模较大，竞争非常激烈时可采取这种低价渗透策略，排挤竞争对手，扩大自己产品的市场份额；③产品需求弹性较大，消费者对产品价格反应敏感，稍稍降价就会刺激需求时，可以通过降低价格，增加销售总额和利润总量；④大批量生产能显著降低成本时，通过低价扩大需求，从而扩大生产规模，发挥规模效益，降低单位成本。

（2）取脂定价策略。

取脂定价又称撇油定价，类似于从牛奶表面逐层撇油取奶的做法。当新产品进入市场后，经营者有意识地把产品价格定得大大高于成本，使其能在短时间内把开发新产品的投资和预期的利润迅速收回。采取这种定价策略时，产品的定价不以成本为标准，而通过一定的品牌效用，满足顾客的炫耀心理，从而获取高附加值。这一策略的实施往往配合以强大的宣传攻势，迅速提升产品的形象，使消费者尽快认识新产品，在短时间内形成强烈的需求欲望和购买动机。

当然，采取高价策略，要有支持高价的商品特性。这些特性主要包括以下几点。

①产品能突出显示消费者的地位和财富。如"奔驰"车定位在"高贵、显赫、王者、至尊"的高价位上，取得了其他任何小汽车无法比拟的成功。因此，当顾客购买某种产品是为了显示其与众不同的地位和财富时，只有高价才能满足这种需求。换言之，高价要素是刺激需求的重要原因之一，而降价则意味着失去市场。

②高价产品应该意味着高品质。一般情况下，许多消费者都有"一分钱，一分货"的观念，消费者把高价看作是优质和完善服务的象征。高价产品如果没有高贵的品质作为支撑，最多能在新上市时骗得不知情消费者的购买，这种经营策略很难长久的。一旦商品的真实品质为消费者所认识和了解，他们就会将消费转向同质量，但价格更加实惠的其他商品。

③高价产品标志高服务水平。高价产品除了要注重产品质量以外，更要搞好服务工作，以增强消费者对产品使用的安全感和信任感。如中国著名家电品牌"海尔"电器，依靠其"星级国际服务"使其牢牢地占领了家电市场的较大份额。

④高价产品代表高的产品档次和形象。人们提到服装，马上会想到"皮尔·卡丹"；提及洋酒，就会想起 XO；提到领带，就会想到"金利来"。这些产品不仅以质优高档而闻名，更以其至尊的品牌形象而被消费者所认同，带给了消费者以至尊与高贵的心理满足。

由此可见，高价策略并不是毫无依据地漫天要价，其高价是通过高档次、高形象、优质服务来支撑的。因此,在采取定价策略时,要防止定价过高,既损害消费者利益,又有损于企业声誉的两败俱伤的局面出现。

(3)尾数定价策略。

根据消费者求实惠心理,采取尾数定价,可以使顾客产生定价准确的印象,从而建立信赖关系,产生购买动机。当然在选择定价用数字上,也要注意各地习惯的偏好。例如我国广大消费者比较喜欢8、9等数字,使用这些数字作为尾数,往往也能带来意想不到的销售效果。

(4)整数定价策略。

根据消费者自尊心理的需要,对一些高档品要采取整数定价,这种定价能满足顾客的虚荣心。如一件裘皮大衣定价为5 999元,就不如定价为6 000元好,因为顾客感觉5 999元只是5 000多元,没有超过6 000元,心理得不到满足,不易引起购买动机。

(5)分档定价策略。

分档定价就是根据不同顾客、不同时间、不同场所,在经营不同牌号、不同花色、规格的同类产品时,不是一种产品定一个价格,而是把商品分为几个档次,每一档次定一个价格。分档定价的形式有以下几种。

①针对不同顾客群体定不同价格,差别对待。如"PriceSmart"会员商店,对会员顾客实行优惠价格售货,而对非会员顾客购物则要加收价格的10%。

②同一产品,不同花色样式,实行分档定价。例如,将各式各样的西服分为高、中、低3档,每档确定一个价格。

③不同位置分档定价。如商店的猪肉价格,前臀尖和后臀尖的售价就不相同;剧院前排和后排的售价也不相同。

④不同时间分档定价。如长途电话节假日和平时的话费就不相同,即使一天的不同时段话费也不相同。

分档定价,可以使消费者感到商品档次高低的明显差别,为消费者选购提供了方便。但分档不宜太少也不宜太多,档次太多,价格差别太小,起不到分档作用;档次太少,价格差别太大,除非商品质量悬殊,否则容易使期望中间价格的顾客失望。

实行分档定价的前提是:市场是可以细分的,且每个细分市场的需求强度不同;商品不可能从低价市场流向高价市场,不可能转手倒卖;高价市场没有竞争者削价竞争；不会因分档定价引起顾客不满。

（6）折扣定价策略。

顾客在购买商品达到一定数量或金额时，能够得到价格折扣，可以刺激他们的购买欲望，增加购买量和消费。因此，折扣定价策略也成为企业通常采取的定价策略。

①数量折扣。为了鼓励顾客多购买，达到一定数量时给予某种程度的折扣。包括累进折扣和非累进折扣等方式。累进折扣是指买方在一定时期内购满一定数量时，给予一定折扣，数量越大折扣比例越高；非累进折扣是指当一次购货数量达到一定数量时，就会给予折扣优惠。

②现金折扣。在赊销时，如果买方以现金付款，可以给予原定价格一定折扣的优惠，这就是现金折扣。

③交易折扣。根据各类中间商在市场营销中的功能不同，给予不同的折扣。交易折扣的多少，视行业、产品的不同以及中间所承担的责任多少而定，一般批发商折扣较多，零售商折扣较小。交易折扣在我国表现为出厂价、批发价、零售价的差价，只不过此差价较小。

④季节折扣。为了鼓励中间商和消费者提前购进季节性强的商品，以减少经营者资金占用和库存费用，常常给予中间商和消费者一定的季节折扣。旅游业、航空业、服务业是适合实行季节折扣的典型行业。

⑤旧货回扣。即以旧换新时给予回扣的销售方法。如电冰箱、洗衣机、电动自行车等消费品实行旧货折价换新，不仅能鼓励消费者加速商品换代，促进销售，同时也能促进资源循环利用，降低生产部门的资源消耗。

⑥分步折扣。顾客购买不同数额的商品，获得不同的折扣优惠。

⑦促销折扣。这是销售商为其顾客宣传商品的一种定价策略。即如果顾客有证据说明自己为销售商的产品做了宣传、介绍，顾客就会从销售商那里获得折扣优惠。

（7）地区定价策略。

农产品定价时，不同地区之间的运费和保险费差异，以及不同地区的农产品市场的竞争状况不同，都会使农产品在不同地区的定价策略不尽相同。

①产地交货定价。采用这种定价原则是指卖方在产地交货，货物一旦搬上了运输工具，卖方在运输上就没有了责任，即运费和保险费全部由买方负担。这对卖主来说是最单纯、最便利的定价，适用于各地区的买主。

但对于路途较远、运输费用和风险较大的买主不利。

②目的地交货定价。这是卖方将货物按合同要求运送到顾客指定的目的地的一种价格，运费和保险费全部由卖方负担。

③统一交货定价。对所有顾客不论路远路近，都收取相同的运费，由卖主将货物运往买主所在地。这类服务类似于邮政，所以又称为"邮票定价法"。如果运费占成本比重较小，卖主就倾向于采用这种定价，因为这会方便顾客，有利于巩固企业市场。

④运费免收定价。这种定价策略一般是要求顾客的购买数额达到一个最低限度，以得到免除运费的优惠。农产品定价策略是多种多样的，经营者要根据自己的产品和市场情况进行选择。

三、农产品的促销策略

（一）促销手段概述

实际上，促进销售并非简单地派人推销的问题。促进销售是指生产者运用各种手段，向消费者推销产品，以激励顾客购买，促使产品由生产者向消费者转移的一系列活动。通过促销活动，向消费者或使用者传递产品和经营者的信息，唤起顾客对农产品的需求，以开拓市场，树立产品和企业形象。

1. 促销手段的构成要素

一般来说，促销手段都包括奖励、发送方法和传播途径三大构成要素。

（1）奖励，是经营者在促销活动中为顾客提供的有价东西。奖励的通常做法是让顾客节省金钱，或者给顾客提供免费试用产品的机会，或者让顾客获得赠品（经营者的产品），或者让顾客获得某种体验，或者以上方式的组合。

（2）发送方法，是经营者实现奖励的方法。它可以通过券、打折、赠送产品样品、奖品、竞赛等方法让消费者获得奖励。

（3）传播途径，是指顾客通过什么渠道获得促销的信息。一般传播促销信息的载体包括广告、产品包装、直接邮寄、人员推销等。

2. 促销的目的

不论经营者采用什么样的促销手段，但目的是共同的。这些目的主要有：①鼓励顾客尝试经营者的产品；②提高经营者产品的知名度；③通过回馈顾客，获得顾客长期稳定的支持。虽然经营者无法保证顾客忠诚度的永久性，但偶尔对顾客表达一下经营者的谢意还是必要的，如馈赠一件小礼品，可能会获得意想不到的效果。

（二）影响促销手段选择的因素

促销的方法有人员推销、广告、营业推广、企业公共关系等。这些方法各有优点和缺点，对各种产品的销售所起的作用也不尽相同。例如，广告宣传覆盖面广，对于日常消费品的促销效果较好，但不能直接促成交易的完成；人员推销有利于直接促成交易，但费用较高。所以经营者必须根据产品特点和自己的销售目标，选择和运用适当的促销方法。在选择促销方式时，应当考虑以下基本原则。

1. 促销方式应因产品性质不同而不同

一般来说，农产品促销技术简单，花色品种多，市场需求广泛，最有效的促销手段是广告。目前的电视广告中，70%～80%是消费品的广告。为了吸引中间商，人员推销也是必要的。一些竞争性较强的消费品，促销策略更要周密设计。高价值的农产品购买者一般是特定用户，而且数量相对较少，因此适用于使用人员推销，以向客户介绍产品性能和特点，通过帮助其解答一些具体的技术问题，刺激购买欲望，达到促销目的。

2. 促销方式应因产品生命周期的不同而不同

产品处于不同的生命周期阶段，市场销售态势不同，促销的目标也不同，因此选择促销方式也应当有所不同。

需要说明的是，在产品生命周期的各个阶段，经营者都要十分注意消除顾客购买产品后的不满意感。应针对顾客的疑虑，采用广告和公共关系等方式加以解释和说明，消除疑虑同时加强售后服务，以保持经营者和产品在市场上的信誉，实现经营者的长期目标。

3. 促销方式应因市场性质不同而不同

市场范围不同促销方式也应该有所不同。一般来说市场范围小，产品只在本地市场销售，则应以人员推销或商品陈列为主；市场范围广泛，如全国市场或世界市场，广告会更加有效；中等规模的市场可以一种促销方式为主，兼用其他方式，如一方面进行人员推销，另一方面在适当范围内进行广告宣传。

另外，促销方式也因市场类型而有所不同。消费者市场，顾客多而分散，就主要靠广告、商品陈列、展销等去吸引顾客。消费者的类型不同，促销方式也不一样。城市居民偏爱广告，乡村居民则对商品陈列、展销容易接受。企业应针对不同类型的消费市场，选择对路的促销策略。与消费者市场不同，生产者市场一般专业性强，数量少，通常以人员推销为主。潜在顾客的数量也是选择促销手段时需要考虑的重要因素。潜在顾客多，广告就比较有效；反之，人员推销方式就比较合适。

（三）农产品促销策略

1. 价格策略

对于大多数农产品来说，价格是主要的竞争手段之一。为了刺激消费者更多地购买，可以采取灵活多样的定价方式，对于不同的目标市场、产品形式、销售时间、销售地点实行有差别的价格，从而满足不同的市场需求，以扩大销售，提高经营者的经济效益。

2. 选择适宜的推销技巧

讲究推销技巧，是指经营者在推销自己的产品时要根据消费者心理动态、消费习惯等有针对性地采取推销策略。

（1）针对不同阶段的心理特点，采取相应的推销技巧。

从消费者购买产品的过程来看，大致可以分成四个阶段，在每个阶段要使用不同的推销方法。

①寻找商品阶段。消费者出于某种需求，希望寻找某种商品来满足需求。这时，经营者要积极介绍自己的产品，特别应针对消费者需求来介绍产品的特点，以引起消费者的购买欲望。

②比较阶段。消费者可能要将同类商品进行比较，其中主要是比质量、比价格。这时，经营者要强调自己产品具有优势的一面，或者给予某种优惠，促成消费者下决心购买。

③购买阶段。要满足消费者在购买时的要求。并且要用热情的态度招呼消费者，希望再次购买。

④评价阶段。有的消费者购买商品后感觉比较满意，可能再次购买，成为"回头客"。这时，经营者一方面要热情接待，另一方面可利用"回头

客"的良好评价说服其他消费者购买。

（2）迎合不同消费者的购买心理，选择不同的营销技巧。

面对商品品种繁多的市场，顾客是否购买某一商品，是由其购买心理动机决定的。顾客的购买心理可分为六种类型，应针对不同心理状态的消费者，采取不同的推销技巧。

①理智型。这类顾客具有一定的商品知识，注重商品性能和质量，讲究物美价廉。

②选价型。一是以价格低廉为选商品的前提条件，对"优惠价"商品感兴趣；二是对高档、高价商品感兴趣，认为一分钱一分货，要买就买好的。

③求新型。这类顾客追求时尚与款式，往往不问价格质量。

④求名型。崇尚名牌产品，对价格高低并不过多考虑。

⑤习惯型。顾客对某些厂家、商标的商品熟悉、信任，或因生活习惯等的不同，形成一种使用某种商品的习惯。

⑥不定型。不常买东西，对市场情况和商品不熟悉，购买时犹豫不决，反复征求他人意见。

（3）根据消费者的购物习惯采取不同的推销技巧。

购买习惯，主要指顾客何时购买、何处购买。搞好农产品的营销工作，必须认真分析顾客的购物习惯，采取有针对性的促销手段。

3. 搞好售后服务，扩大经营者的影响

经营者要扩大自己的影响，必须搞好产品售后服务。①做好准备，以便及时准确地处理好各种询问和意见。②必须有实效地解决顾客所提出来的实际问题，这比笑脸相迎更为重要。③提供给顾客多种可供选择的服务价格和服务合同。④在保证服务质量的前提下，可把某些服务项目转包给有关服务行业厂家。⑤不能怕顾客提意见，应把此看成改进自己的产品和服务、搞好生产经营的重要信息来源。

4. 做好广告宣传，扩大产品知名度

广告是通过各种方式将自己产品的性能、特点、使用方法等广泛地向消费者介绍，引起消费者对自己产品的购买欲望，要制订正确的广告计划，选择适当的广告策略，设计适宜的广告，并选择好广告媒体。

四、农产品的网络营销策略

（一）农产品网络营销的含义

面对知识经济时代的挑战，农产品经营者只有运用现代信息技术和互联网技术，才能更敏锐地捕捉到市场信息与机遇，用合适的方式为消费者提供满意的产品和服务，以满足消费者的需求为目标，同时实现自身的长远发展。

网络营销是指企业在经营的全过程中利用网络技术进行市场调查、客户需求分析、产品开发定位、销售策略制定、售后服务等一系列活动，以达到企业营销目标的一种营销方式。广义地讲，凡是在互联网上进行的，为达到营销目标的一切营销活动都可以视为网络营销。因此，农产品网络营销就是基于互联网、借助互联网特性来实现农产品的销售与经营活动的一种营销方式。农产品网络营销就是将电子商务系统应用到农产品的销售过程中，利用网络技术、信息技术、计算机技术等，对农产品的市场价格、农产品质量、供求信息进行处理与加工，并将物流配送系统整合到营销过程中，拓宽农产品网络销售渠道，以达到提升农产品的品牌形象、增进企业与顾客之间的联系、扩大农产品的销售量，最终实现企业的营销目的。农产品网络营销的内涵主要有以下3方面。

1. 农产品网络营销不只是网上销售农产品，在网上销售仅仅是网络营销过程中的一个环节

凡是基于互联网，以实现农产品的经营与销售为目的而进行的一系列的营销活动都被称为农产品网络营销。尽管农产品网络营销活动并不一定能够在网上就直接交易成功，但是扩大了潜在的消费群体，很有可能增加总的销售额。网络营销强调网上网下相结合，构成一个相辅相成、相互促进的营销体系。网络营销的效果表现在很多方面，比如改善企业形象，提升农产品品牌价值；通过分析顾客的回馈信息，积极发掘新市场；增进与顾客之间的联系；拓展信息发布渠道等。

2. 网络营销是企业整体营销策略的一个组成部分

网络营销理论是传统营销理论在互联网环境中的应用和延展。农产品网络营销不会脱离传统的营销环境而独立存在，所以农产品网络营销在依赖互联网技术的同时，也离不开农产品商贩、农产品集贸市场、农产品超市等传统营销渠道。

3. 农产品网络营销的实质是顾客需求

管理网络营销的实质是利用互联网对农产品售前售后各个环节进行跟踪、分析，并最大限度地满足顾客需求，以达到开拓市场、增加盈利的目的。农产品经营者能够利用互联网为顾客提供恰当的农产品，并生成详尽的消费者资料库，通过了解消费者的消费倾向、对农产品质量和服务的看法、消费者的需求等，同消费者建立一种持续的信任关系。

（二）农产品网络营销的价值

农产品经营主体要参与市场竞争，首先要解决的就是市场问题。我国农产品经营主体的特点是高度分散、规模狭小，这就导致农产品的生产链条短，销售手段落后，市场信息不灵，进入市场的能力不足，很难形成一个稳定的销售市场和渠道。而网络营销的开展可以有效地解决这一问题。网络营销的价值主要体现在以下几个方面。

1. 获取信息及时丰富

网络营销的市场是一个完全竞争市场，农产品市场信息和营销信息具有实时性、透明性、丰富性的特点。

2. 有效降低交易成本

首先网站代替了传统的建筑物，地址变成了网络地址；其次市场调研及广告都可以通过网络进行，信息的收集和发布都只需要鼠标一点即可轻松实现。据相关统计，网络营销的成本仅为传统营销成本的20%。

3. 大大拓展交易时空

利用互联网可以打破时间、空间的限制。如企业可借助网络实现24小时在线服务，同时可以打破原来空间限制，把生意做到国外，拓展了交易的地域范围。

4. 增强决策有效性

农产品经营主体由于获得了及时和准确的市场信息，从而有助于增强判断能力，增强决策有效性。

5. 提升品牌形象

网络媒体在制作速度、覆盖能力和宣传成本上均优于传统的宣传方式，这将有利于农产品品牌的建立。

（三）农产品实施网络营销的机遇

我国农产品丰富、消费市场广阔，但是营销方法落后、企业规模小等这些劣势使得其在发展过程中艰难前行。借助网络营销完全可以使企业在激烈的市场竞争中不断发展壮大。

1. 可以得到公平的竞争机会

网络营销为不同规模的企业提供了同等的竞争环境，可以使经营农产品的中小企业获得和大企业一样的信息资源，可以节省大笔的广告费，也能达到很好的营销效果。

2. 可以获得更大的生存空间

网络营销超越了传统营销的地域限制，为农产品这样的中小企业发展国际贸易打下坚实的基础，获得更大的生存空间。

3. 可以降低成本、提高效率

网络营销采用电子化、数字化技术，大幅降低了企业的运营成本，提高了营销效率。虽然企业网络营销初建的成本较高，但是维护费用低。如果能很好地利用网络资源，就会在运营中将其抵消掉。网络营销不仅能够帮助企业获得大量的潜在客户，也有利于开拓国外市场，树立品牌形象，增加竞争力。

（四）农产品网络营销的策略

1. 农产品网站建设策略

（1）无专有的营销网站策略。

立足于宣传的营销定位，农产品网络营销相应地可以采用无独立的营销站点策略，特别是主体实力还不够强大时更应该如此。考虑到建立网站所需的巨大投入，在自身实力还不很强、经营规模还不大的情况下，不主张投资兴建自己的营销网站，而是选择在农业网站（如农产品加工网、农产品市场信息网、政府农业管理部门的官方网站等）上发布供求信息，这样既达到了发布信息的目的，又能节约成本。

（2）建立专有的营销网站策略。

无专有的营销网站策略在农产品营销主体实力不强的情况下比较适用，

但它并不利于农产品品牌的推广,不利于企业长远的发展,因此当农产品营销主体具备一定的规模和实力后还是应该建立专有的农产品营销网站,并至少要涵盖公司简介、产品信息、顾客服务信息、促销信息销售和售后服务信息、联络资料、线上定购页面、顾客交流平台8个方面的内容。

2. 农产品网络营销产品策略

一般而言,只有标准化程度高,信息化程度高,便于包装、仓储、加工、运输的产品才适合网络营销。但农产品生产的区域性、季节性、产品的标准化程度低、易腐性等制约了农产品开展网络营销。实施农产品网络营销的产品策略可以从以下几个方面进行。

(1)广泛推广现代农业生产新技术,提高农业的生产水平而进行。将农业生产的全过程纳入标准化生产和管理,这样不仅可以提高农产品生产的品质与数量,更有利于农产品的标准化生产。

(2)发展相关农产品的加工企业,实施对农产品的再加工,改变农产品不利于网络营销的属性,使其适合在网上销售。

(3)创建农产品品牌。通过建立一种种清晰的品牌定位,利用各种传播途径形成受众对品牌在精神上的高度认同,所以品牌化的产品更利于网络营销。新的"库尔勒香梨"和"吐鲁番葡萄",重庆的"涪陵榨菜"等品牌产品都创造了农产品营销的成功案例。

3. 农产品网络营销的渠道策略

网络分销渠道则是借助互联网,以合理方式选择分销渠道和组织产品、服务信息流通的方式,满足消费者信息沟通和支付清算要求的一整套相互依存的中间环节。合理的分销渠道,一方面可以最有效地把产品及时提供给消费者,满足用户的需求;另一方面也有利于扩大销售,加速物资和资金的流转速度,降低营销费用。农产品网络营销通常采用"双道法"的渠道策略。

"双道法"是指同时使用网络分销渠道和传统分销渠道,以达到最大销售量的目的。农产品网络营销是传统营销方式与现代网络工具的有机结合,这种分销方式为买卖双方带来直接的经济利益,合并了中间分销环节,为消费者提供了更为详尽的商品信息,而企业几乎不需要分销成本;同时,买卖双方的互动性增强,可及时地利用网络交流信息。在买方市场的现实情况下通过两条渠道推销农产品比通过单一的渠道更容易实现"市场渗透"。

4. 农产品网络营销的促销策略

农产品网络营销的促销策略是指农产品经营者利用现代化的网络技术向网上虚拟市场传递有关农产品的信息，以激发需求，引起消费者购买欲望和购买行为的各种活动的总称。农产品网络促销的形式有许多种，如网络广告、站点推广、网络服务、网络公关、网络营业推广等方式。网络广告和站点推广是网络促销的两种主要方式，特别是网络广告已成为一种新兴的产业。

（1）网络广告。

网络广告是指特定的农产品的经营者或生产者利用网络对农产品的介绍和推广，其目的在于引起消费者注意，使消费者产生试用、购买等直接反应。现在与农业有关的网站几乎都有表现形式多样的农产品营销广告，如横幅广告、旗帜广告等。

（2）网站推广。

网站推广是农产品网络促销的重要方式，只有通过推广才能使农产品网站在浩瀚如海的互联网中被人关注，使更多的消费者能够利用浏览器很方便地进入农产品的网站。推广农产品网站一般有两种途径：一是通过传统广告媒体如报纸、杂志、电视、广播等来宣传网址；二是通过一些著名农产品营销网站（如中国农产品信息网）来"曝光"和推销网址。

（3）网络服务。

与传统的人员推销由营销员直接拜访潜在顾客不同，网络服务不是面对面，而是在虚拟网络由网络服务人员给顾客或潜在消费者提供咨询、培训和解决方案等服务。

（4）网络公关。

网络公关是指企业以网络为主要手段争取对企业较为有利的宣传报道，协助农产品生产企业与有关的各界公众建立和保持良好关系，建立和保持良好的形象，以及消除和处理对农产品营销不利的谣言、传说和事件。

（5）网络营业推广。

网络营业推广是指除了网络广告、网络服务、网络公关以外的其他网络促销方式。网络营业推广方式多种多样，如在农产品营销网站上开展网上抽奖、网络会员制、开办优惠酬宾活动、提供免费农业科技信息等。

第四章 美丽乡村建设

第一节 乡村及乡村系统

一、乡村

在原始农业产生到真正的乡村出现后，中国乡村经历了漫长而多彩的发展。不同的历史时期形成了不同的乡村特征。传统意义上的乡村是以血缘关系为纽带、以熟人社会为半径、以家庭为核心、以道德为标准、以自治为常态、以村庄为边界的社会形态。它的地域范围很明确，争议很少。但随着经济的发展，现代乡村正在慢慢发生变化，乡村的概念变得模糊，《辞源》一书认为，乡村是主要从事农业、人口分布较城镇分散的地方。美国学者R.D.罗德菲尔德指出，"乡村是人口稀少、比较隔绝，以农业生产为主要经济基础、人们生活基本相似，而与社会其他部分，特别是城市有所不同的地方"。这两种解释都认为，乡村是主要从事农业的地方，然而有许多行政区划上的乡村已不再主要从事农业，比如中国华西村。乡村的地域范围也变得模糊，随着城市的扩张，城乡空间交错混合，如城中村、城乡接合部。

二、乡村系统

乡村系统包括经济、社会、生态各方面的融合，不同方面受到不同的影响，可以分为乡村自然环境系统、经济系统、社会系统和聚落系统。乡村系统内部各子系统之间应保持一定的差异性，以保证体系的非线性运动。如果片面夸大其中一种或两种子系统对于乡村的影响，就使乡村系统都缺乏整体活力，处于一种线性运动状态，易造成整个乡村系统运转的僵化和失灵。

乡村自然环境系统是由农田、森林、草原、陆地、水体和荒漠等生态系统组成的复合系统。由于地理环境的差异，并不是任何地区的乡村都有以上所述要素。即使拥有同类型的自然环境，其内部仍然存在差异。在这样的自然环境基础上，加上人类的作用会形成不同类型的乡村经济、社会和聚落。任何乡村系统的组成部分都是有机联系的，它们通过物质循环和能量流动而有机地结合成整体。各子系统间也是相互影响、相互联系的。随着子系统的自身演变和相互影响，乡村系统也逐步发生变化。乡村的自然景观、空间布局、经济结构、社会文化都面临转型。

当前，随着城市化和农业现代化进程的加快，乡村的生产形式、社会文化格局、生态环境及村庄形态等诸多方面已经发生了变化。传统的农具被机械化代替，镰刀等已被束之高阁，麦场丧失了原有功能，公用设施减少，村民间的交往空间缩小；乡村空间无序化的扩张导致了空心村式的内部衰落；乡村的乡土建筑也被改造得与乡村景观格格不入，它们正在逐渐丧失其地方性特征，建筑体系产生强烈的单一化聚集及逐级"拷贝"的现象，乡村气候环境及农田植被的变化，改变了乡村的生物物种。如何使乡村的各个子系统和谐共生，各子系统最优最美是我们需要研究的问题。

第二节　美丽乡村的内涵

山清水秀但贫穷落后不是美丽乡村，强大富裕而环境污染同样不是美丽乡村。那究竟美丽乡村应该是什么样子？

乡村是与城市相区别的另一种人居环境。近年来，在城市化快速发展的同时，人们也注意到并要求乡村发展能紧追城市的发展脚步，减小城乡之间的差距。然而，美丽乡村的发展不能再延续城市的高消耗、高污染，美丽乡村要实现经济、社会、生态效益的最优发展，建设一种布局精美、生活和美、环境优美、生态优良、社会和谐的美丽乡村。

一、科学规划是基础

规划的节约是最大的节约，规划的浪费是最大的浪费。中国农村房屋建筑都主要是自发建造，布局缺乏统一规划，出现闲置地皮、废弃住宅等浪费大量土地资源。又由于审美观念的落后，这些建筑大多外形风格不一，外部装饰和环境格格不入。美丽乡村建设应进行统一规划设计，解决好乡村的"脏乱差"现象。但美丽乡村的规划不能照搬一个模式，不能没有自己的特色和个性，不能搞千村一面。地理风貌具有多样性，自然禀赋也具有多元性，因此美丽乡村同样也应是多种多样的、千姿百态的。美丽乡村要像乡村，不能建设成城市，要保留乡村的原汁原味。

二、百姓富裕是内在要求

以往大部分乡村在追求经济发展过程中都以牺牲环境为代价，而美丽乡村要求坚持生态与经济协调发展的理念，把生态富民理念贯穿到美丽乡村建设全过程。走一条生活富裕、生态良好的发展道路。良好的生态环境本身就是一种生产力，建设生态环境就是发展生产力。如"一年一场风，从春刮到冬；白天点油灯，黑夜土堵门；风起黄沙飞，十年九不收……"是地处毛乌素沙漠天然风口地带的山西右玉县昔日的真实写照，那时森林覆盖率只有0.3%，生态环境极度恶化。然而，历经右玉县18任县委、县政府的努力，坚持植树造林，用心血和汗水绿化了沙丘和荒山，不仅有效改善生态环境，而且为右玉县经济社会长远发展打下坚实基础，走出了一条在干旱贫瘠、高寒冷凉地区生态与经济相协调、人与自然相和谐的绿色可持续发展之路，而且赢得"塞上绿洲"的称号。

三、和谐人居环境

乡村许多工厂的排污，农药、化肥的大量使用均对空气、河流、土壤造成严重污染，出现了一些癌症村。有些城市不要的残次品及过期食品因价格低而流入乡村，农产品的大量催熟而不经过检查就上市，都让人们无法安心饮食。另外，乡村地区的地震、洪涝、干旱等自然灾害都带来了大量的经济损失以及人们的心理创伤。乡村地区的社会治安主要是靠传统的道德来维持，而随着城市化进程的加快，原本维系乡村治安的道德体系逐渐瓦解，亟须建立新的秩序以及和谐的乡村人居环境。

四、优美的生态环境

以前，乡村的大部分垃圾都可以通过各种方式自然降解，现在出现大量的垃圾无法降解的情况。乡村没有像城市一样的卫生服务系统，一般都是村民自己动手打扫，打扫的垃圾有时就堆放在废弃的宅基地上，臭气熏天，蚊蝇滋生，一刮风，各色的塑料满天飞。这样的乡村何来美丽？美丽乡村需要良好的生态，人们占用了乡村的大量空间，许多环境随之改变，生物的种类不断减少，一种物种的灭绝带来更多物种的灭绝，自然界的平衡被打破，会带来更多的灾难，所以要保护乡村的原生态。

五、浓郁的乡村文化

乡村之美在于优美的自然风光和田园野外，也在于独具特色的民俗事项和风土人情。美丽乡村建设需因地制宜，培育地域特色和个性之美。当城市越来越国际化，也就越来越相似，而未来中华多元文化体系的保留将可能出现在农村。乡村文化的发展要注意结合乡村特色的生态资源和人文资源，例如乡土人情、文化古迹等，让乡村文脉资源，展现独特的美丽，融入美丽乡村建设。

第三节 美丽乡村建设的动力机制

动力机制是推动事物发展变化所需的能量要素以及它们产生并发生相互作用的机理。美丽乡村建设的动力可分为内生动力和外在动力。

一、内生动力

美丽乡村建设的内生动力主要有 4 个方面。

1. 村民对美丽家园的渴望

马克思认为，人的需要与满足需要的不可分割性、多层面性、无限性以及广泛性，成为人类行为的本源动力，人本身的需求成为最基本的动力。目前，中国乡村的基础设施，医疗、教育程度远远落后于城市。这种落差使生活在乡村的村民极度渴望城市的生活，而村民不可能都进城，要有更好的生活质量，就必须对自己的家园进行改造，并使之美丽。

2. 经济驱动

改革开放以来，乡村经济得到不断发展，村民的收入水平不断提高，为满足村民需要，建设美丽乡村提供了物质基础。村民只有解决了最基本的生活需求，才能有建设美丽乡村的动力。

3. 文化驱动

城市功利主义、金钱主义思想给乡村文化带来了很大的破坏，传统的乡村文化正在一点点消失。中国传承了几千年的文化主要是乡村文化，如果没有乡村，会使人缺少一种只能在乡村情境下发生的情感。如果没有乡村，有些诗词我们便无法深刻理解与感知。所以，如果不对乡村文化进行保护，就有可能忘记自己祖先留下的宝贵遗产。只有传承弘扬优秀的历史文化，才能更好地实现中华民族的伟大复兴。另外，传统乡村文化中的离土不离乡、"生于斯，死于斯"的思想都促使村民进行美丽乡村建设。

4. 技术驱动

美丽乡村建设不是盲目的，但凡被认为美丽的乡村都有较好的规划，否则就会给人带来很凌乱的感觉。另外，美丽乡村的建设需要有优美的自然环境，而农业化肥污染、养殖场排污污染、村民日常生活污染给环境带来污染。解决污染问题就需要发展绿色农业、循环经济、低碳经济。

二、外在动力

美丽乡村建设的外在动力主要有两个方面。

1. 政策驱动

"城市搞得再漂亮，没有农村这一稳定的基础是不行的。"我国领导人一直很关心乡村问题。从毛泽东确立以农业为基础，邓小平强调"农业是根本"，直至江泽民提出"统筹城乡发展"战略。2006年的中共中央一号文件正式提出，全面推进农村经济、政治、文化、社会发展的新农村建设，新农村建设以"生产发展、生活宽裕、乡风文明、村容整洁、管理民主"为要求，以经济繁荣、设施完善、环境优美、文明和谐为目标。到党的十八大，新农村建设探索得到升华。党的十八大报告指出："把生态文明建设放在突出地位，融入经济建设、政治建设、文化建设、社会建设各方面和全过程，努力建设美丽中国，实现中华民族永续发展。"各地政府工作报告中也提出了建设美丽乡村的要求。

2. 城市化驱动

随着城市化、信息化的快速发展，越来越多的信息通过多媒体、互联网传达到乡村并被村民所认知、接受。如返乡农民工带来大量的信息和资金，要求改变自己在乡村的住房条件，其住房的建造多带有城市建筑风格。为了加强乡村到达城市的通达度，交通道路基础设施得到不断完善，为美丽乡村的建设提供了更加便利的条件。

第四节 构建美丽乡村

一、精美布局乡村

美丽乡村的布局，美不是简单地植树种花，不是简单地建设气派高大的门墙。乡村布局美的表现主要有以下几个方面：首先，从整体上看，乡村居民建筑与农田、河流等乡村自然景观要融为一体，交相辉映，达到人在村中、村在景中、景在画中的意境。其次，对村民居住用地、农业生产用地、工业用地等进行合理布局，整治空心村，减少土地浪费。最后，美丽乡村布局要实现生态化，要建设节约型、循环型、环境友好型村庄。

（一）乡村各景观和谐共生

乡村景观是在乡土环境中生成、发展起来的，有着深厚的地域文化内涵，是地域自然环境、气候、经济、文化、技术和宗法礼制等共同作用的产物。乡村景观由住宅地、耕地、山林、河流、道路等组成。住宅与耕地、林地之间，住宅之间，道路、水系与住宅之间如何布局都直接影响到乡村景观。现在，除自然环境对乡村景观的影响外，人文环境对乡村景观的影响越来越大。发挥主观能动性使乡村各景观和谐共生，是美丽乡村建设必须解决的问题。

美丽乡村的外在美首先表现在乡村的各种景观能够相互融合，居民因为农田、山川、花草鸟兽而显得美丽，反过来乡村的自然环境又因村民而显得更有活力。乡村聚落布局受地理条件、经济实力、社会文化、政府政策、人类行为、交通等因素的影响，所表现出来的空间布局形态也千差万别。Hill 将乡村聚落的空间分布类型分为规则型、随机型、聚集型、线型、低密度型和高密度型六种。在我国古代传统村落中，不论是哪一种乡村聚落的空间分布类型，都很好地展现了人与自然环境的和谐共生，都很好地与自然融为一体。

中国传统乡村在建筑布局上讲究"阴阳风水",追求"天人合一",在空间上更为强调"物境""情境""意境"的交织与融合。古代传统村落的建造往往要求与山形水势相结合,利用有利的自然因素来创造更加适合于生活和生产的人居环境,使整个村落和建筑等人工景观十分协调地融合在大自然的环境之中,互相衬托,从而创造出景观风貌丰富多样、地理特征又十分突出的自然村落景观。江南水乡的"小桥流水人家",青砖粉墙黛瓦素雅明净,结合高低错落的马头墙、水巷、小桥与廊棚等组合出极富变化的建筑群体,再融入整个水乡大环境,形成了充满生活气息的诗情画意般的水乡民居风貌。

传统乡村聚落适应传统社会当时当地的整体环境,但有些已经不适应当代居住的需要。目前,乡村景观正在从传统型向现代型转变,如果它是一种自然态演变,那么在外界输入信息和能量相对稳定的情况下,会遵循着一定的自然组织演变规律,形成一种有机更新。然而,在转型过程中,有些乡村表现出一种"突变",一种由此到彼的僵硬转型。转型中对城市景观及建筑的盲目崇拜而忘记了自我的生活、生产以及文化规律特点,只是简单接受现代化元素,搞得乡村不像乡村,城市不像城市,乡村浓厚的乡土味道、乡村的个性被丢弃。未来的美丽乡村,不能机械接受现代化元素,应该从传统村落中汲取某些营养而融入现代乡村内,形成具有传统特点的现代乡村。乡村转型不是一蹴而就的,而应遵循循序渐进、动态弹性转型发展原则,切记不可冒进,不可崇洋媚外,实行简单的"拿来主义"。

(二)优化乡村空间布局,节约集约用地

从宏观上看,综合人口、经济、地质灾害等因素,对乡村的空间布局进行调整。"满天星""天女散花"式的居民点格局,使村貌杂乱无序,凌乱的布局不仅浪费了大量的土地,而且增加了居民点内部基础设施的建设难度。为使村民的生活更加舒适,更加集约地利用土地,将乡村分为禁止发展村、限制发展村、重点发展村和优先发展村。地理位置偏僻、交通不便,人口较少的山区乡村,正面临萎缩,有些地区出现空壳化现象,这类乡村就应禁止发展。对于有一定的人口规模、简单的基础设施和公共服务设施、土地集约化程度不高的基层村,应严格限制其发展扩大。对于距离镇驻地或城市有一定距离,基础设施较完善,对周围村落可以提供服务功

能的中心村,要重点发展。镇驻地所在的村庄或城市周围地区的乡村,是促进城乡一体化发展的前沿阵地,应优先发展。

从微观上看,政府在对乡村空间进行布局规划时,往往采用"一刀切"的农村空间布局模式,没有注意到乡村之间的差别,有时只注重了居住空间的规划却忽略了其他空间的安排,我们还应关注农村产业及乡村配套设施等空间的建设。近年来,伴随着农村经济的不断发展和对 GDP 的不断追求,各类村级工业区、旅游度假区盲目扩建且布局零散,较低的投资准入门槛刺激了农村建设用地的无序蔓延,不仅导致了农村耕地资源的大量浪费,而且造成了农村自然生态环境的破坏。合理的产业布局必须考虑环境承载力的限度,以及最基本的环保布局要求,如污染严重的工厂要分布于最小风频的上风向、河流的下游等。合理的产业布局还可以使相关的产业集聚分布,达到良性的物质循环和能量流动,有时一个产业主体的废弃物正好可以作为另一个产业主体的原材料,如江西省万年云河实业有限公司实行山下养猪、山上种茶的立体种养模式,把生猪粪便通过沼气池处理,所产生出来的沼气供应基地及周边 2 000 多农户使用,沼液则采取喷灌方式喷到油茶地,既节约了施肥成本,利用了能源,又起到生态排污作用,一举多得。随着农民人均收入的不断增加,农村地区对公共服务与基础设施的要求也不断提高,但是,广大的农村地区在道路、供水、污水处理、文化娱乐、医疗卫生以及商品市场等设施的建设上很难满足农民日益增长的需求。有些村庄的教室操场等已无昔日的功能,可以改造利用这些空间来建设文化娱乐设施,既节约了土地,又丰富了村民生活。

(三)空心村的空间整治

大规模的乡村人口流出造成了村庄的凋敝和空心化。乡村空心化造成了农村空间布局的分散性、景观格局的无序性、土地利用的低效性、环境恶化,严重影响了乡村的整体形象。村庄中心的房屋年久失修,草木丛生,破败不堪;而村庄边缘却在不断扩张,蚕食耕地。即所谓"从高空遥感影像看村子,外扩中空;到实地去,远看是房,近看是草"。如果空心村不整治,空间结构不优化,美丽乡村建设就难以实现。

乡村空心化是城乡系统间要素流动及乡村系统要素结构演变的综合反映。由于乡村地理位置、产业结构等的不同,乡村空心化程度也不同,有的乡村甚至变为空壳村。

空心化整治是一项复杂的工程,要进行空心化整治,首先要建立村庄用地管理、土地复垦、建设用地配置调控的信息管理和决策支持系统。有了理论的指导,才能更好地实践,空心化整治应以区位理论、中心地理论、点-轴系统理论等为指导,深入剖析城镇化进程中空心村演进的时空分异规律及其动力机制,利用数学模型与 GIS 等手段,对不同类型区空心村及其地理区位、资源环境、经济社会发展关系进行实证分析,遵循农业高效化、土地集约化、城乡等值化、人居环境生态化原则,从宏观、中观和微观三个层次对不同类型区的空心化村庄提出不同的整治措施。

是否能满足村民对居住和生产的需求,是判断村庄布局是否合理的首要依据,空心村改造首先必须考虑农村居民的愿望和利益,否则就会出现盲目调整或遭遇阻拦致调整滞后的现象。刘彦随、陈玉福等将国家战略同农民意愿有机结合,提出了城镇化引领型、中心村整合型和村内集约型等空心村综合整治模式。城市边缘地带或中心镇边缘区比较适合城镇化引领模式。对于远离市区或中小镇的乡村,空心化整治分为两种模式:一种是村落比较密集、农民就业主要以农业为主的村庄适合中心村整合模式。另一种是用地相对粗放、距离其他村庄较远,以及农村基础设施条件较差、农民整治意愿强烈的村庄适合村内集约模式。如刘彦随在山东指导了禹城的空心村整治,禹城的乡村规模偏小、空心化问题显著,通过依托市区和现有城镇,采用城镇中心化模式,通过新建中心村和中心镇带动空间产业优化,促进合理布局。

(四)生态性原则

乡村生活排污和乡村企业造成的污染与乡村布局和规划关系密切。聚落点分散的村庄,由于没有污水处理设施,污水被任意排放到作为饮用水水源的河流,且通过渗透造成地下水污染;乡村企业布局很乱,没有考虑河流、风向等因素,又无任何污染处理设备,同样造成巨大污染。合理布局会使乡村各系统发挥自己的最大功用,而且使各系统之和发挥出"1+1>2"的功用。如北京沈家营以"用垃圾装点村庄"为理念,用废旧瓦块和瓷片拼凑成标语,易拉罐做灯笼,废旧轮胎做路边花盆,塑料瓶盖做壁画。垃圾这一被放错地方的资源得到了二次利用,且美化了乡村。

西北的窑洞就是一种纯粹的绿色建筑，低能耗、低污染、冬暖夏凉、环境宜人，窑洞充分利用了黄土的直立性，就地取材，对环境破坏较小，其特有的纹理质感和天然色彩均能满足人们返璞归真、回归自然和与大自然融合的心理要求。但在追求现代化建筑过程中，窑洞被人们渐渐遗弃。

"5.12"地震后，台湾同胞谢英俊来到四川省阿坝州茂县北部太平乡的纯羌族山寨杨柳村，帮助村民进行新村重建。为了降低农民负担，实现生态可持续和兼顾文化特色，采取了轻钢生态房构造系统。在建造过程中，强调尽量用本地化、可回收利用或天然降解的天然材料，而少用砖、水泥等制造过程高耗能高污染并且无法回收降解的建材。然而，在建设过程中却遇到阻挠，草土墙不被人们接受，竹子屋顶做好被户主拆了，因为它们没有砖头水泥的"现代"。所以，要实现乡村布局的生态化，首先，必须改变村民的理念，不要事事向城市看齐，要有自己的格调。其次，现代化的生态技术必须适应村民的生活方式，易于被村民接受。沼气的运用就是一个很成功的例子，把厕所、牲畜棚同沼气池连接，沼气被用来烧水、做饭，沼液、沼渣用作肥料。大大节省了木材，降低了森林资源的消耗，提高了卫生质量，改善了生活环境，增加了经济效益。

二、创造和美生活

英国学者奥本海默认为："贫困本是一个模糊概念，它不具备确定性，随时间和空间以及人们的思想观念变化而变化。"虽然贫困的概念很模糊，但是，人们都会有这样的印象："食不果腹，衣不遮体，房不避风雨"就是贫穷。因为这样的条件很难维持人们生理正常功能所需的最低生活需要。美丽乡村建设的首要任务是脱贫，不同地域的乡村由于地理环境的差异，他们寻找的致富方式也是不同的。

但在追求生态文明的背景下，美丽乡村的脱贫致富之路必须实现生态效益、经济效益和社会效益相统一与最优化，要实现可持续发展，如果抛弃生态只要经济，结果只能是更加贫穷。

俗话说，农为邦本，本固邦宁。中国是一个农业大国，即使到了21世纪中叶，城市化水平达到70%，16亿人口中仍有将近5亿在乡村。就广大的乡村而言，致富的道路上还要依赖农业发展，但必须改变传统的农业生产。因为传统的农业生产方式生产效率不高，目前需要进口的农业产品正在逐年增加，外部不稳定的因素都会影响到国家的粮食安全，未来的出路和农业发展的趋势必将是现代农业。

现代农业是规模化、产业化、标准化、生态化、安全化与科技化的农业，是以市场为导向，广泛应用现代科学技术、现代工业装备、现代市场理念以及现代管理方法，充分合理利用资源环境，完成各种农业要素的最优组合，最终实现经济、社会、生态综合效益最佳的新型农业。现代农业使生产、加工和销售有机结合，产前、产中和产后有机结合，生产、生活和生态有机结合，不仅能提高农业的经济力，而且能改善乡村生活环境品质，提升乡村活力，增加村民福祉，是建设美丽乡村的必然选择。

我国地域广阔，自然环境差异很大，农业生产具有明显的区域特征，因此，不同地区的现代农业发展路径也不尽相同。在平原地区的主要产粮区，必然要走规模化农业之路。而在山区，如贵州喀斯特地区，搞规模化农业几乎是不可能的，大型的农业机械根本用不上。所以，贵州只能选择非规模化的精细农业、生态农业、特色农业作为实现农业现代化的基本模式。

（一）发展规模化、产业化农业，实现规模经济

为提高农民的生产积极性，我国实行家庭联产承包责任制，在促进农业生产的同时，形成了一家一户为单位的小规模分散的土地经营格局。但这种小农经济已经越来越不能满足经济发展的需要，不断显现出它的弊端，影响农民的收入。如农户作为经营主体的能力不足，农民难以把握市场变化，常出现农产品滞销问题；个体农户因为规模小、资金少，在生产要素的购买和产品销售方面往往没有话语权等。而规模化农业可以实现资源优化配置，提高农民收入。因为根据规模经济理论，扩大生产规模会引起经济效益增加，但并不意味着生产规模越大越好，因为一旦生产扩大一定规模，边际效益就会逐渐下降，甚至变成负值，引发规模不经济现象，因此农业生产应采取适度规模。

随着城市化、工业化的不断发展，农村劳动力大规模流动，大量劳动力脱离土地，随之而来会有大量的土地被释放，再加上国家倡导鼓励"加强土地承包经营权流转管理和服务，健全流转市场，在依法自愿有偿流转的基础上发展多种形式的适度规模经营"的政策以及农业机械化的发展都

为规模化农业的实现提供了可能。

规模化的农业发展形式是不同的,如日本的"农协"、法国的"农业合作社"、美国的"大农场经营"等。我国地域广阔,地理人文环境差异较大,如何进行规模化生产,我们可以借鉴其他国家的经验,因地制宜地寻找出适合自己的最佳发展模式。

龙头企业带动模式是现在比较成熟的农业经营模式,"公司+农户"的新型农业生产经营模式已经存在于部分地区。例如,福建超大集团与农民达成协议,租用农民的土地,在集中平整了土地后,公司再聘用当地农户为公司进行育种栽培,按月支付工资。这样,将土地流转出去的农民除了得到地租收入外,还得到了公司按月支付的工资性收入,农民收入得到了提高,农民也不需要为农产品的流通烦恼,通过公司的培训还能提高就业技能。然而,"公司+农户"模式并没有解决小农生产环节内部规模不经济问题。所以,"公司+家庭农场"和"公司+基地+农户"的模式出现,一定程度克服了原有模式的固有缺陷,随着规模经济效益的显现,减少了交易中的效率损失,有助于资源的帕累托配置。如海口国家现代农业示范区在进行规划时,确定示范区未来发展定位,选择主导产业,选择龙头企业,寻找相关联的合作实体,提出该环节组织连接方式和将要实现的目标。

(二) 精细农业

同一区域内的地形、土壤、作物生长状况差异很大,并随着时间和空间而变化。为了按需分配、节约资源、保护环境,就必须发展精细农业。精细农业是一种信息化的现代农业,需要信息来带动农业发展。精细农业利用 GPS、GIS、RS、DSS、先进传感技术、智能控制技术、计算机软硬件技术、网络技术、通信技术等高新技术手段,实现在农业生产全过程中对农作物、土地、土壤进行实时监测,精细探察其差异,根据实际需要,确定对作物的投入,以最经济的投入,获得最佳产出,减少对环境的污染,使经济效益、社会效益和环境效益达到全局最优化的一种农业生产管理方式。总体来说,精细农业发展的思路就是利用高科技手段,实时进行监测,根据获取的信息,分析各区所需的成分,利用现代化的机械进行定位调控。

精细农业发展的先锋当属以色列,以色列国土面积的 2/3 为丘陵和沙漠,气候干燥,水资源严重缺乏,经常因水资源发生冲突,为水而战。但是，在如此恶劣的自然环境条件下，却创造了农业奇迹，这主要得益于精细农业的发展。首先表现在农作物灌溉上，以色列发明并应用了滴灌技术，使水可以直接输送到农作物根部，大大节约了水资源。然而，让水均衡地滴渗到每棵植株却非常复杂，这就要由作物动态监控技术定时定量供给水分，为此，以色列投入了大量的科研精力，不仅是对水分的需求进行合理调控，而且对土壤养分、病虫害等进行调节。以色列光合作用有限公司利用各种传感器对农作物的生长发育进行全天监控，传感器可以随时获取农作物的信息，包括湿度、光物质的积累量、液体流动量数据，通过自动化、数字化计算进行培育，达到最大的增产目的。

据测算，采用精细农业技术，可以节约 30% 以上的肥料和农药，使作物生产成本降低 20% 以上。面对精细农业的节本增效、优质高效的特点，以及我国土地、水、能源等自然资源日益缺乏的状况，为了经济地利用各种有限资源，可以运用精细形态的生产方式。

（三）特色农业

根据大卫·李嘉图提出的比较优势的理论，可知"两优取其更优，两劣取其次劣"原则，专门生产具有本国比较优势的产品，不必考虑这种产品是否具有绝对优势。每个国家都按比较利益原则来安排生产，不仅国际贸易可顺利进行，还可使各国的生产资源都实现合理的配置。这一理论在指导乡村农业发展时也是适用的，不同的地理环境有着自己独特的优势，发展特色农业可以最大限度地发挥区域优势，提高农产品竞争力，促进区域现代农业发展。

"八山一水一分田"的贵州省位于中国西南部高原山地，境内山脉众多，重峦叠嶂，气候温暖湿润，立体农业特征明显，农业生产地域性强，是进行农业整体综合开发、发展特色农业的最佳之地。同样，作为"八山一水一分田"的福建省位于我国东南一隅，生态条件优越，森林覆盖率达 62.96%，位居全国第一，素有"南方绿色宝库"之美誉，发展林业一直是福建省的重中之重。林业具有可循环性和低碳性，是规模最大的循环产业、潜力巨大的低碳产业。林业经济是一种能够实现生态效益、经济效益和社会效益相统一与最优化，满足人们多样化的物质需求、精神需求、生态需求和自然生态系统自身的需要，促进自然－人－社会复合生态系统的和谐协调、共生共荣、共同发展的经济。总之，森林不但能为我们创造绿水青山，也能为我们创造金山银山。

美国未来学家托夫勒认为，体验经济会成为21世纪经济发展的主流。农业的发展可以有效利用这次机遇，发展健康产业、生态旅游产业、休闲产业、文化创意产业、生态服务产业等。乡村利用自己的优势发展创意农业，增加村民收入，如浙江嵊州的竹编、福建惠安县的雕塑、山东临沂的柳编、河北蔚县的剪纸、陕西凤翔的泥塑、江苏吴县镇的刺绣等充满地方特色的创意产业解决了许多村民的就业问题，带来了巨大的财富。有条件、有资源的乡村都可以利用这个契机把农业资源和文化资源、市场资源有效地利用起来，推动体验经济的发展。

第五节 美丽乡村建设的内容

一、美丽乡村建设的主体

我国乡村地域面积约占国土总面积的80%，生活的人口约有7亿人。即使未来我国城镇化达到70%以上，也还有四五亿人在农村。农村绝不能成为荒芜的农村、留守的农村、记忆中的故园。城镇化要发展，农业现代化和新农村建设也要发展，同步发展才能相得益彰。

（一）人的乡村：主体是人，满足生产、生活的需求

1. 美丽乡村——生活需要

乡村环境良好，周边没有工业和城市"三废"污染源，水体环境质量良好，土壤环境污染少，大气环境质量优良，基本实现河流清澈、土壤清洁、空气清新，具有传统的田园风光和乡村特色。

（1）改善人居环境。

按照"减量化、资源化、再利用"的循环经济理念，转变农村生活方式；以户为单元，建设生活水处理利用设施，处理后的生活污水用于农田灌溉与绿化；巩固完善农村改水、改厕、改厨、改圈等工作。改善农村家庭卫生条件；按照不同种类收集垃圾；鼓励开展生态庭院建设，发展庭院生态种植，建设小花园、小菜园、小果园、小竹园等，实现家园清洁和村容整洁，改善乡村人居环境。

（2）完善公共环境设施。

以村为单元，建设完善公共环境服务设施。建设乡村物业服务站，购置垃圾运输车、秸秆粉碎机和翻堆工具等公共设备，促进生活废弃物资源化收集利用；建设垃圾中转设施，对村庄生活垃圾进行户分类、村收集、乡中转、县处理；硬化村内道路、入户路，结合农村造林，栽植花草树木，美化村庄公共环境。

（3）注意培养新型职业农民。

加强对农民的教育培训，提高农民科学种养水平和经营管理理念，把教育培训办到农民田间地头，直接为生产提供服务。建立村级图书馆，开展读书活动。开展妇女、青少年农活或农产品比赛，丰富农村生活。

2. 美丽乡村——生产需要

发展生态农业、循环农业、有机农业，培育壮大绿色产业，把资源环境优势转化为经济优势，真正实现"绿水青山就是金山银山"。

（1）发展生态产业。

坚持"低碳、循环、节约"生态理念，重点发展生态农业、循环农业、有机农业，推广节水、节肥、节药、秸秆还田等农业清洁生产技术，生产无公害农产品、绿色食品和有机食品，设立生态品牌，打造高附加值的生态产业；建设农作物秸秆、畜禽粪便等农业废弃物循环利用设施，促进废弃物梯级循环利用。

（2）拓宽村民就业渠道。

土地承包经营权流转统一经营后，村民既可以享有土地流转红利，同时也有更多时间从事获得其他收入的工作。有土地条件的，可以鼓励开办家庭农场或农业合作社，创业并创造雇佣就业岗位，有种养经验的村民，可以通过建立农副业生产基地，发展成农业生产专业户。愿意进企业工作的村民，通过职业技能培训，吸纳他们进厂务工就业。还可以引导一些村民从事餐饮、娱乐、卫生保健、保洁保安保绿等服务业。

（二）大自然的乡村：生态环境的综合利用

1. 建设美丽乡村是生态环境的需要

（1）客观辩证地分析农业资源承载力。

资源承载力是指在我们所生存的环境中，当人类的活动在一定的范围内时，其可以通过自我调节和完善来不断满足人的需求。但当超过一定的限度时，其整个系统就会出现崩溃，这个最大限度就是资源承载力。农业资源承载力主要是指耕地、水、资本、劳动力和技术因素等，在一定时空范围内，在数量上、质量上都有一定的限制。传统生产中"一亩地一头猪""十亩地一头牛"指的就是，家里有一亩地就可以养一头猪，而一头猪的猪粪可以通过一亩地来消纳；十亩地可以养一头牛，一头牛的粪尿也可以作为肥料还田，也可以作为劳动力耕地，具有最适宜的经济性。但是资源承载力并不是一成不变的，随着技术进步，单位面积耕地的产量是不断增加的，供养的人口也在增多。畜禽养殖也已经从平面的、分散式的地面养殖，向集中的多层面的立体养殖变化。这一方面是技术的进步，但另一方面也带来大量畜禽废弃物难以消纳的环境问题，传统的农家宝贝变成了污染源。

（2）资源有价。

不仅指资源的商品价值，也指资源的审美价值和精神文化价值等。资源是财富的象征，拥有资源即拥有财富，开发资源等于财富增值。具体而言，农业自然资源决定着经济增长的潜力和格局，是潜在财富。这种潜力和潜在财富的实现取决于社会经济资源是以何种方式和何种强度作用于农业自然资源。美丽乡村的一个重要指标就是自然生态优美。村庄周边植被覆盖率高，生物多样性丰富，动物、植物、微生物种类多、数量丰。自然风景优美，生态条件优越，地域特征明显，具有良好的自然生态优势。一草一木不仅可美化家园，更是绿色银行，是财富资源。

2. 建设美丽乡村是可持续发展的需要

凸显农业的生态环境保护功能，实现农业可持续发展。工业化、城市化的发展，不能以农业资源的过度占用以及植被破坏、水源被污染、土壤被侵蚀为代价。要充分考虑农业的综合作用，体现农业的多功能性。

（1）经济功能。

主要表现在为社会提供农副产品。以价值形式表现出来的功能，是农业的基本功能。其中心作用是满足人类生存和发展对食品的需要，还有以依托农业提供服务获得的、不可估量的经济价值，对国民经济发展起基础支撑作用，其经济功能还表现在对实现国民经济协调与可持续发展的作用上。

（2）社会功能。

主要表现为在劳动就业和社会保障、促进社会发展方面的功能。农业作为一个产业不仅能容纳劳动力就业，而且农副产品质量、数量及其安全性本身就直接影响着人民的健康状况、营养水平。最基本的生存需要以及优美的环境等，涉及社会发展问题。因此，农业的社会功能作用大，搞不好就会破坏经济社会发展的良好势头。

（3）政治功能。

主要表现为农业在保持社会和政治稳定的作用上，从很大程度上讲，农业生产状况决定了社会秩序状况；农业生产方式决定了社会组织制度的样式形式。农业发展的好坏直接关系到中国绝大多数人的切身利益，在很大程度上影响他们的政治选择；同时，农副产品还是国家的战略储备物资。因此农业具有重大的政治作用。

（4）生态功能。

主要表现在农业对生态环境的支撑和改善的作用上。农业各要素本身就是构成生态环境的主体因子，因此，农业的功能可直接表现为生态功能。农业的生态功能，对农业经济的持续发展、人类生存环境的改善、保持生物多样性、防范自然灾害，为二三产业的正常运行和分解消化其排放物产生的外部负效用等，均具有积极的、重大的正效用。

（5）文化功能。

主要表现为农业在保护文化的多样性和提供教育、审美和休闲等的作用上。农业是一个古老的产业，其内部蕴藏着丰富的文化资源。农业对教育、审美等有关人们价值观、世界观和人生观的形成有积极作用，有利于人与自然和谐发展，农业正承担着传承传统文化载体的职能。

农业多功能之间是相互依赖、相互促进和相互制约的。从经济功能看，其功能的大小，不仅影响农业总功能的大小，而且直接和间接影响社会、生态、文化和政治功能作用的发挥；从生态功能看，其功能的大小，不仅影响农业总功能的大小，而且直接和间接影响经济、社会、文化和政治功能作用的发挥。

（三）美丽乡村的体现

党的十八大明确提出推进绿色发展、建设美丽中国的发展理念，将建设美丽中国提升到确保中华民族永续发展的战略高度。美丽乡村作为美丽中国一个不可或缺的组成部分，是统筹城乡发展、构建城乡发展一体化新格局的重要举措，将成为中国新农村建设的重要方向。

美丽乡村建设不仅是要给我们带来幸福和谐安康的美好家园，拥有天蓝、水美、地绿、山清的环境，而且还应创造安居、乐业、增收的富裕、体面、有品质、有尊严的生活。农业农村部提出的美丽乡村创建活动是以促进农业生产发展、人居环境改善、生态文化传承、文明新风培育为目标的综合举措。第一，美丽乡村创建活动提出了推进生态农业建设、推广节能减排技术、保护农业资源、改善农村人居环境等具体内容，是美丽中国建设的重要内容，是在广袤的农村地区建设美丽中国的具体行动；第二，美丽乡村创建活动提出了推进农业发展方式转变、加强农业资源环境保护、提高农业资源利用等具体目标，这是发展现代农业的必然要求，是实现农业农村经济可持续发展的重要保障；第三，美丽乡村创建活动提出了推进生态人居、生态环境、生态经济和生态文化，创建宜居、宜业、宜游的新农村等建设理念。

1. 产业发展

（1）产业形态。

主导产业明晰，产业集中度高，每个乡村有一到两个主导产业；当地农民（不含外出务工人员）从主导产业中获得的收入占总收入的 80% 以上；形成从生产储运、加工到流通的产业链条并逐步拓展延伸；产业发展和农民收入增速在本县域处于领先水平，注重培育和推广"三品一标"，无农产品质量安全事故。

（2）生产方式。

按照"增产增收并重、良种良法配套、农机农艺结合、生产生态协调"的要求，稳步推进农业技术集成化、劳动过程机械化、生产经营信息化，实现农业基础设施配套完善，标准化生产技术普及率达到 90%；土地等自然资源适度规模经营稳步推进；适宜机械化操作的地区（或产业）机械化综合作业率达到 90% 以上。

（3）资源利用。

资源利用集约高效，农业废弃物循环利用，土地产出率、农业水资源利用率、农药化肥利用率和农膜回收率高于本县域平均水平；秸秆综合利用率达到95%以上，农业投入品包装回收率达到95%以上，人畜粪便处理利用率达到95%以上，病死畜禽无害化处理率达到100%。

（4）经营服务。

新型农业经营主体逐步成为生产经营活动的骨干力量；新型农业社会化服务体系比较健全，农民合作社、专业服务公司、专业技术协会、农民经纪人、涉农企业等经营性服务组织作用明显；农业生产经营活动所需的政策、农资、科技、金融、市场信息等服务到位。

2. 生活舒适

（1）经济宽裕。

集体经济条件良好，一村一品或一镇一业发展良好，农民收入水平在本县域内高于平均水平，改善生产、生活的愿望强烈且具备一定的投入能力。

（2）生活环境。

农村公共基础设施完善、布局合理、功能配套，乡村景观设计科学、村容村貌整洁有序，河塘沟渠得到综合治理；生产生活实现分区，主要道路硬化；人畜饮水设施完善、安全达标；生活垃圾、污水处理利用设施完善，处理利用率达到95%以上。

（3）居住条件。

住宅美观舒适，大力推广应用农村节能建筑；清洁能源普及，农村沼气、太阳能、小风电、微水电等可再生能源在适宜地区得到普遍推广应用，省柴节煤炉等生活节能产品广泛使用，环境卫生设施配套，改厨、改厕全面完成。

（4）综合服务。

交通出行便利快捷，商业服务能满足日常生活需要，用水、用电、用气和通信等生活服务设施齐全维护到位，村民满意度高。

3. 民生和谐

（1）权益维护。

创新集体经济有效发展形式，增强集体经济组织实力和服务能力，保障农民土地承包经营权、宅基地使用权和集体经济收益分配权等财产性权利。

（2）安全保障。

遵纪守法蔚然成风，社会治安良好有序，无刑事犯罪和群体性事件，无生产和火灾安全隐患，防灾减灾措施到位，居民安全感强。

（3）基础教育。

教育设施齐全，义务教育普及，适龄儿童入学率100%，学前教育能满足需求。

（4）医疗养老。

新型农村合作医疗普及，农村卫生医疗设施健全，基本卫生服务到位；养老保险全覆盖，老弱病残贫等得到妥善救济和安置，农民无后顾之忧。

4. 文化传承

（1）乡风民俗。

民风朴实、文明和谐、崇尚科学、反对迷信、明理诚信、尊老爱幼、勤劳节俭、奉献社会。

（2）农耕文化。

传统建筑、民族服饰、农民艺术、民间传说、农谚民谣、生产生活习俗、农业文化遗产得到有效保护和传承。

（3）文体活动。

文化体育活动经常性开展，有计划、有投入、有组织、有实施，群众参与度高、幸福感强。

（4）乡村休闲。

自然景观和人文景点等旅游资源得到保护性挖掘，民间传统手工艺得到发扬光大。特色饮食得到传承和发展，农家乐等乡村旅游和休闲娱乐得到健康发展。

二、美丽乡村建设的客体

（一）农业清洁生产

农业清洁生产，通过源头预防、过程控制和末端治理，严格控制外源污染，减少农业自身污染物排放，对防止农产品产地环境污染、保障农产品质量安全具有重要作用。农业清洁生产实行生产过程清洁化,大力推广应用低污染的环境友好型种植养殖技术,合理使用化肥、农药、饲料等投入品,节约生产成本。

1. 源头预防

控制城市和工业"三废"污染。监管我们居住的村庄和我们生产场所的农产品产地(农田、水域、集中养殖区)周边污染源,严禁向农产品产地排放或倾倒废气、废水、废油及固体废弃物,严禁把城镇垃圾、污泥直接用作肥料,严禁在农产品产地堆放、贮存、处理固体废弃物,划定安全距离。在农产品产地周边已经堆放、贮存、处理固体废弃物的,必须采取切实有效措施,防止造成农产品产地污染。附近有乡镇企业的要注意综合治理设施是否完善。遵守农业生产投入品管理,遵守对化肥、农药、农膜、饵料、饲料添加剂等农业投入品的监管要求,记录购置的化肥、农药,禁止将有毒、有害废弃物用于肥料或造田。遵守水产苗种生产许可制度,科学投饵,合理用药。禁止使用高毒、高残留、有害农业投入品。

2. 过程控制

推广节肥节药节水技术。开展测土配方施肥,采用精准农业技术。优化配置肥料资源、合理调整施肥结构,改进施肥方式,提高肥料利用率。开展秸秆还田、种植绿肥、增施有机肥。科学合理使用高效、低毒、低残留农药和先进施药机械,配置杀虫灯。加强与社会化病虫害防治专业服务组织的联系,开展专业化统防统治,采取绿色植保技术,进行病虫抗药性监测与治理,提高防治效果和农药利用率,减少农药用量。应用节水农业技术,不断提高水资源利用率,缓解水资源供需矛盾。加快畜牧业生产方式转变,合理布局畜禽养殖场(小区),推行农牧结合和生态养殖模式,实现畜牧业与种植业协调发展。科学配制饲料,规范饲料添加剂使用,提高饲料利用率,减少氮、磷等排放。制订畜禽养殖废弃物综合利用规划,推广雨污分流、干湿分离和设施化处理等先进适用的污染防治技术。推进水产健康养殖。建设标准化养殖池塘,改造、改善养殖环境和生产条件。建立标准化水产健康养殖示范场(区),应用生态健康水产养殖方式。采用安全高效人工配合饲料、工厂化循环水产养殖、水质调控技术和环保装备,减少污染排放。

3. 末端治理

实施农田氮磷拦截。在现有农田排灌渠道基础上,通过生物措施和工程措施相结合,改造修建生态拦截沟,吸附降解农田退水中的营养元素,改善净化水质,促其循环再利用,减少农田氮磷流失。推进农村废弃物资源化利用。以村为单位,因地制宜建设秸秆、粪便、生活垃圾、污水等废弃物处理利用设施,大力发展农村沼气,推进人畜粪便、生活垃圾、污水秸秆的资源化利用。制定相关政策措施,加快农膜技术装备的推广应用,引导农民用厚度大于0.008毫米的地膜,回收利用废旧地膜,解决农田"白色污染"。

(二)农村清洁工程

农村清洁工程由农业部2005年开始的试点实行,按照"减量化、资源化、再利用"的循环经济理念,以建设资源节约型、环境友好型为目标,以实施清洁田园、清洁家园、清洁水源为主线,以农村废弃物资源化利用和农业面源污染预防为重点,推广畜禽粪便、生活污水、生活垃圾、秸秆等生产、生活废弃物资源化利用技术,变废为宝,化害为利,用经济的手段、市场的机制,建立物业化管理模式。

(三)农田生态景观

农业中的人与大自然的关系具体表现为人、天、地、稼的关系,天人关系为中心的可持续农业,使中华文明古国长达数千年而不衰。未来随着科学技术的发展,农田生产力将有更高的上升空间,而且农田的替代基质也会不断增多,扩大新的食品来源,农田的历史任务有所改变,保护环境和提供休闲服务的功能将相对提高。因此,未来农田景观的格局将随之变化,农田斑块的基质得到进一步改良,并以增施有机肥料和农作物品种改良作为增产的主要保障,以多样化的种植方式和廊道结构生物防治病虫害,秀丽的农田风光令人陶醉,达成人与自然、人与田园的"天地合一"。当前出现的观光农业的景观可谓是未来农田景观早期雏形的体现。

农田景观属于经营景观中的人工经营景观,景观构图的几何化与物种的单纯化是其显著特征。随着传统农业向现代农业的演进,原有分散和形状不规则的耕作斑块向着线形和规则多边形的方向演变,斑块的大小、密度和均匀性都会发生变化，特别是精准农业的发展，要求农田进一步集约化、田面平整化、田块规则化和设施配套化与智能化。

农业生态景观是按照自然发展规律，坚持保护农田生物多样性的要求，既保护农业生产，也最大限度挖掘生态功能，实现可持续发展。农业景观内的非农作的自然、半自然植被覆盖，如农田边界、河滨植被带、生物树篱、防护林等可作为生物的栖息地、避难所及生殖和繁衍后代的场所。农业景观生物多样性不仅是农业可持续发展的基础，也是农业资源财富价值的开发利用。在保护农业景观生物多样性的实践中，可以遵循区分并优先保护农业景观生物多样性的热点区域，保护和建立自然、半自然生境，增加农田景观中非农作的自然、半自然生境面积，构建生态廊道，推行多样化种植方式，采取野生生物友好型的农作管理方式。

（四）农业文化传承

农业文明是现代文明、城市文明的根基，美丽乡村创建活动要关注乡村文化的保护与发掘，要对农业生产生活、民风民俗文化开展调查收集，重点针对二十四节气、民谣农谚、农民艺术、传统手工绝活、标志性民俗活动、有地方特色的农事礼仪、农业文化遗产等，进行深入挖掘、溯源与整理，修复农村文化延续的断层，研究传统农事民俗文化和现代农村生产活动方式融合发展模式。概言之，美丽乡村应该是"生态宜居、生产高效、生活美好、人文和谐"的典范，是让农村人乐享其中，让城市人心驰神往的所在。

三、美丽乡村如何能美

（一）农田也需要体检

1. 人要定期进行健康体检，农田也同样要做"健康体检"

土壤污染具有特殊性。水污染、大气污染，我们看得到摸得着，仅从表象上就能引起我们的警觉。土壤污染不容易用肉眼直接发现，且发现时也无法确定何时就已经被污染，具有隐蔽性和滞后性。水和大气是流动的，所以水污染和大气污染的污染物能够被稀释，不容易累积。土壤污染则不然，污染物是不断增加的，具有累积性和不可逆性，治理难而且周期长。

水污染影响范围根据水流域而不同,大气污染影响则更为广泛。与此相比,土壤污染则在固定范围,具有地域性。

2. 农田"体检检什么"

(1)监测肥力。

化验氮、磷、钾等成分。然后针对农田需求,为标准农田吃"营养套餐",做到缺什么补什么,让土壤肥沃起来,提高标准农田粮食生产能力,如检测土配方施肥等。

(2)检查环境。

不仅包括农田的土壤质量,还包括灌溉水质量和空气质量。检测土壤中的与农产品食品安全最为相关的重金属、有机氯、氟化物等。根据检查结果,对土壤进行等级质量分类。较为安全的农田,可生产高等级的优质农产品和出口农产品;有风险的农田需要改造,使土质中超标的重金属和有机物控制在安全水平线以内,以保证农产品的食用安全;特别不安全的农田,不能再生产食用农产品,可供用作林地和花卉基地之用。

3. 农田"体检谁来做"

一般的来说,土壤肥力、土壤环境等需要专业机构检测,可以通过向设在基层的农业资源环境保护站、农业技术推广服务中心、环境保护站等提出申请。有的地区,如果有政府项目支持,会统一安排。但是,因为政府支持项目覆盖地域有限,农户也可以自己寻找社会机构进行针对性体检,需要花费一定费用。科研院所、社团协会以及企业等也设有检测机构的部门(要注意这些机构他们是否有国家认定的检测资格、收费标准等)。除了专业机构,我们自己也可以做一些检测。如看看田间蚯蚓有多少,有的蔬菜大棚里地表布满了蚯蚓粪,颜色为黄褐色,用手一抓感觉很疏松。这样的土壤环境一定是好环境。还可以通过简单目测来评估土壤质量水平,比如土壤是否结块等。

(二)环境友好型技术

1. 秸秆综合利用技术

主要包括秸秆用于肥料、饲料、燃料、食用菌基质和工业原料等。包括秸秆青贮氨化技术、秸秆培养食用菌技术、秸秆生物反应堆技术等。秸秆综合利用对增加土壤有机含量,培肥地力,减少化肥用量有很大益处,可提高农产品品质、减少秸秆焚烧和废弃导致的污染。秸秆沼气技术，根据不同的发酵工艺确定合理的料液浓度，通过添加氮肥或人畜粪便调整原料碳氮比，使其达到35∶1。注意冬季增温保温，确保工程周年正常产气。秸秆固化技术，可制成棒状、块状、颗粒状等各种形状的燃料。对于木质素含量较低的原料，在压缩成型过程中可掺入少量的黏结剂，使成型燃料保持一定形状。秸秆固化成型的燃料致密均匀，是秸秆自然堆积密度的十多倍到数十倍，便于储存和长距离运输，且燃烧较彻底，少有黑烟排出，适用于广大农村地区。

2. 沼气技术

在农村运用最典型的就是农村沼气，将人与畜禽粪便、农业的废弃物通过微生物发酵产生沼气，为农民的生产、生活提供能源，沼液可以代替农药，沼渣、沼肥可以代替化肥。户用沼气池所产沼气和沼肥通常能满足一个家庭60%以上的生活用能和50%以上的生产用肥；同时可以美化庭院环境，减少疾病传播，改变农村卫生面貌，改善农村生态环境，促进农业良性循环。适用于居住相对分散和有一家一户传统养殖习惯的农村地区。

3. 农作物病虫害绿色防控技术

主要包括人工释放天敌控害技术、害虫诱杀技术、生物农药应用技术、蝗虫生态控制技术、光合细菌防治蔬菜苗期土传病害技术、频振式杀虫灯应用技术等，是低毒高效降低污染的绿色防控技术。适用于各大病虫害发生区域。

4. 保护性耕作技术

包括秸秆与表土处理作业、免耕播种作业、杂草控制与防治等关键技术，适用于小麦、玉米、水稻等主要作物。土壤深松技术，利用深松机械打破多年浅旋耕而形成的坚硬厚实的犁底层，加深耕作层。可以提高天然降水的利用率和土壤肥力，促进农业节本增效和可持续发展，是实现农业生产生态良性循环的最佳技术途径之一。

5. 新能源开发利用技术

太阳能热水器是太阳能利用技术中商品化程度最高、应用数量最多的技术。利用太阳能将冷水加热，每平方米集热面积每年提供的热能相当于130千克标准煤。用于替代热水器，每年可节约500千瓦时电量。太阳能路灯，白天太阳能电池吸收太阳能产生电量储存在蓄电池里，当夜幕降临或灯具周围光线不足时，蓄电池通过控制器向光源供电，到设定时间可自动断电，既环保又经济，应用效果比普通路灯节能环保，也更安全，但一次性投资较大。适用于农村和小城镇。太阳灶适用于常规能源短缺的农村。被动式太阳房适用于冬季需要采暖的北方地区。太阳能干燥技术，有温室型和热泵型两种，适用于干燥各种农副产品、中草药及调味料和一些工业品。小型风力发电机组，适用于电网不能到达或供电不足的农牧区、湖区、滩涂、边远哨所和公路道班等地区。

第六节 美丽乡村的实现

"民以食为天，食以田为本"，农产品产地土壤环境质量影响农产品安全。"从田间到餐桌"，田是源头。农田土壤污染哪里来？主要有：工业废水和生活污水排放以及污水灌溉、工业固体废弃物和城市垃圾污染、大气污染、农业自身投入品的污染。

一、生活污水不乱排

污水是影响环境卫生的几大"元凶"之一。以往农户厨房、卫生间的废水、臭水，往往直排河道、溪流，给环境造成很大污染。"美丽乡村"建设，要将生活污水接入外排管网或建设三格无害化处理池。对残存臭水沟、污水塘的污水，进行彻底治理和绿化，对生活污水采取沼气厌氧发酵的办法来治理。

1. 稳定处理技术

在我国，特别是在缺水干旱地区，稳定塘是实施污水资源化利用的有效方法，近年来成为我国农村生活污水处理着力推广的一项技术。与传统的二级生物处理技术相比，高效藻类塘具有很多独特的性质，对于土地资源相对丰富，但技术水平相对落后的农村地区来说，是一种较具推广价值的技术。

2. 厌氧沼气池处理技术

在我国农村生活污水处理实践中，最通用、节俭、能够体现环境效益与社会效益结合的农村生活污水处理方式是厌氧沼气池。它将污水处理与其合理利用有机结合，实现了污水的资源化。污水中的大部分有机物经厌氧发酵后产生沼气，发酵后的污水被去除了大部分有机物，达到净化目的；产生的沼气可作为浴室和家庭用炊；厌氧发酵处理后的污水可用作浇灌用水和观赏用水。在农村有大量可以成为沼气利用的原材料：农作物秸秆和人畜粪便等。沼池工艺简单，成本低（一户约需费用1 000元），运行费用基本为零，适合于农民家庭采用。

除此之外，还有如土壤渗滤技术，在我国北方寒冷地区利用地下土壤渗滤法处理生活污水是可行的，且出水能够作为中水回用。人工湿地处理技术，云南省澄江县抚仙湖边的马料河地工程于2003年10月建成运行，每天可净化污水4万多立方米，净化后的水质优于地表水三类标准，以及无动力、地埋式厌氧处理系统、雨污分离管网输送集中处理和生物抑菌治理污水等技术方式等。

二、化肥农药不乱扔

在农村广阔的田野上、路边、水塘边，到处都可以看到大大小小的废弃农药瓶。这不仅污染了农村的居住环境，也存在着严重的安全隐患。通过调查，一个农药瓶的造价至少需0.35元，如果药瓶、农药袋能够有价回收，可以促进农民回收积极性，让农民自觉将废弃农药瓶袋送回专设废品回收点。也可以在购买农药时，交付一定的包装费使用押金，交回后返还押金。农民自身也要提高环保意识，不能随意弃用农药包装品。农药、化肥品种繁多、性质各异，而化肥又有挥发易爆炸的特点。所以一旦将农药、化肥两者放在一个仓库内，受寒暖温度变化，就会引起化学作用，轻则肥药失效；重则引起爆炸或中毒。例如碳酸氢铵一遇热，"氨"就会挥发，如若被潮湿空气所吸收就会生成碱性的氢氧化铵物质，如果室内又同时贮存了农药碱性物质便会溅落到农药包装上，并悄悄渗进农药中，不易被使用者觉察到。这种渗入碱性物质的农药就会不断地分解，以致失效；硝酸等肥料都是氧化剂，一遇高温就会爆炸；过磷酸钙与农药同室而放，就会引起肥料中"游离酸"不断地挥发，使室内潮湿空气呈现出酸性状态，造成农药包装的腐蚀霉烂，增加中毒机会。因此，农药与化肥不能混放在一起，也不能和石灰、烧碱、煤油、汽油等同室存放。

三、房前屋后要美化

房前屋后的绿化美化要靠村域居民自身素质的提高和良好文明习惯养成，才能齐心协力让我们的居住和生活环境变得更美。房前屋后的绿化美化工作，一定要动员全村域的力量一起来参加，比如，可以通过"绿我家园"等主题活动、组织群众性的绿化美化行动、在乡村之间开展竞赛、建立一个示范社区、组建老年人社区清扫队，以及政府统一规划设计绿化带（花坛）等形式，助推家园建设得更美、更舒适。

房前屋后美化也可以获得额外收益。利用好"三园"，农民宅前屋后"小菜园"的基础上，规划成"小菜园""小果园"，甚至"小花园"，使之不仅能成为村落的天然绿化，还能提高土地利用率，促进农民增收。在"三园"的建设过程中，由农户自主选择种植种类和范围。小菜园可以自用，小果园也有经济价值。小花园可以提升村域生物景观，有利于开展休闲农业、都市农业，开发村域休闲旅游。

四、农田景观不可少

生态是生存与发展的决定性因素。用绿化改善乡村生态环境、扮美乡村家园，是改善农民生产生活条件、提升乡村文明、促进脱贫致富的需要，是实现"村容整洁"、把城市游和资金吸引到农村、促进城乡一体化建设的有效途径，也是生态文明新农村建设和农村特色经济可持续发展的客观要求。生态好，一切都会好。乡村在建设与发展过程中，对村内外的公共活动场所、村内房屋、道路等基础设施建设都比较重视，而往往忽视绿化与环境建设。特别是在田边、村边、水边、路边、山头、文物景观四周也缺少系统的绿化，一些主要道路甚至没有绿化，乡村缺少了特有的生态环境与田园风光，缺乏以乡村人居的优雅闲适赢取旅游资源实现脱贫致富的主动意识。

另一种情况是城市边缘的一些乡村，盲目模仿市区绿化方式，违背生态发展和建设的科学规律，急功近利，追求形式主义。引进外地树种，追求名贵花木，移栽"缺头少膊"的进口大树；大面积种植草坪，有些村庄甚至脱离实际，盲目效仿城区修建村庄豪华公园。如在村内的公共空间建造假山、水池、喷泉，公共场所地面过度硬化，甚至铺花岗岩地面，村小道也往往是全部硬化；生态的自然水系渠道用钢筋水泥化，原始古朴的石板台阶变为水泥台阶，其结果是不但增加了建设投入，还破坏了乡村的生态系统与环境，破坏了乡土风景气息。既不能实现城市绿化的效果，也掩盖了乡村简洁、自然、质朴的特色与魅力。

搞好乡村绿化，首先解决的是"树往哪里栽"的问题。虽说，随着农业的发展，农村很少看到成片的土地专门用来造林绿化，但只要注意挖潜，仍有可以用于绿化的地方，如路边山坡、荒废地、闲散地、垃圾堆放地等，均可以整治清理后用来搞绿化。其次是"钱从哪里来"的问题。乡村绿化资金来源于民间自筹和政府补助。要积极倡导热心公益、无私奉献、自力更生、艰苦创业的精神，实施生态强村、旅游富民工程，启动民间闲散资金，坚持谁建、谁管、谁受益的原则，把绿化和管护任务分解到户，才会有效推动乡村绿化及生态文明建设。

搞好乡村绿化，还要启动民间智慧，要坚持"去城市化"的观点，即乡村绿化要有农村特色。如在树种选择上不必都去种城市绿化热门的香樟、玉兰、雪松，可以多种乡土树种，如苦楝、桂花、国槐、银杏、榆树等。有文物古建景观的乡村，可因势利导，多种植四季常青的冬青、油松、翠竹等树木，在水塘、水泉处栽植柳树、桉树、婆罗树等树种。当然，乡村绿化最好与家庭庭院经济相结合，多栽种既有较好的景观效果又有较高经济效益的花卉以及桃、李、油橄榄、银杏、柿子、枇杷等经济果树，这样可以取得绿化观赏和经济收入双赢。乡村绿化在结构上属于杂树绿化，但是有些地方在乡村绿化过程中出现清理杂树的倾向。为了追求好看，砍了杂树栽新树往往得不偿失。还有的地方乡村绿化，为追求景观气派好看，密度过高，有的甚至超过正常密度的 5 倍以上，一开始景观效果很好，时间一长树木就纷纷枯萎死亡，造成不少浪费。乡村绿化应当吸取这样的教训。乡村绿化应提倡原生态景观，少搞、不搞人造硬质化景观。尤其是乡村绿化切忌种植草坪、金叶女贞等植物，这些植物经常要浇水、修剪、除虫，养护成本很高，应当选择易成活、管护成本低的绿化种类，最好就地采种，就地育苗，如七叶树、苦楝树、国槐、油松、白皮松、夹竹桃、金竹等。除了有别于城市绿化以外，乡村绿化更要因地制宜，根据地形地貌、风土民俗、文化历史、产业结构的不同，打造不同的风格特色。高山、半山、河谷不能千村一面，搞成一个模式，原有自然村庄与新建居民小区要有所不同，城郊乡村偏远乡村也要各有特色。

五、变废为宝循环用

拒绝污染，是当前全人类的共同话题。随着人类社会工业化和城市化进程的加快，人们在享受现代生产力形成的物质成果的同时，也越来越被资源、环境问题所困扰。按照资源经济学的理论，由于环境公害造成的绝对损失，如人类的健康障碍及死亡，人类社会必要的再生产条件不可恢复的破坏，无法复原的文化遗产、街道及景观的损伤等，都是无法补偿的、绝对不可逆的损失。人类生活垃圾是造成这些损失的污染源之一，一些城市垃圾得不到有效处理就转移到农村，造成二次污染。按照循环经济的理念，建设资源节约型和环境友好型社会，必须创新垃圾处理模式。目前，城市垃圾的处理方式不适合农村。一是成本高。农民居住比市民分散得多，显然，包括垃圾桶、周转站以及运输车辆的使用，都很难实现规模效益，从而加大垃圾收集和运输成本。二是不利于动植物生产的保护。农业生产的一个重要任务是防止动物、植物病虫害的传播。农村生活垃圾集中处理，必然造成乡镇之间"垃圾大搬家"，这样，必然会对遏止养殖业和种植业病虫害的传播留下难以克服的隐患。三是不符合农村的特点。城里的环境，没有任何办法消纳所有的垃圾，所以只能运到郊区去处理。而农村不同，农村生活垃圾50%以上的炉灰，经过严格分类、不含其他有毒物质的，就可以不出村掩埋，填洼造地；占40%左右的厨余垃圾，可以以村或乡镇为单位堆制有机肥，就近使用。如果将这两类数量绝对大的垃圾长途运输、集中处理，显然是得不偿失的做法。作为人类社会每时每刻都在产生的生活垃圾，尤其是农村生活垃圾，如果能按照循环经济的理念，使其尽可能地变成资源、真正地循环起来，不但减少了对大量新资源的利用，而且从源头上有效地防止了垃圾对环境的破坏和对生态的污染。一举数得，事半功倍。

第七节 "美丽乡村"建设实践

一、"美丽乡村"建设现状

党的十八大第一次提出了"美丽中国"的全新概念，强调必须树立尊重自然、顺应自然、保护自然的生态文明理念，明确提出了包括生态文明建设在内的"五位一体"的社会主义建设总布局。而要实现美丽中国的目标，就必须加快美丽乡村建设的步伐，加快农村地区基础设施建设；加大环境治理和保护力度，营造良好的生态环境；加大农村地区的经济投入，促进农业增效、农民增收；统筹做好城乡协调发展、同步发展，切实提高广大农村地区群众的幸福感和满意度。因此，早在2013年中央一号文件中第一次提出了要建设"美丽乡村"的奋斗目标，进一步加强农村生态建设、环境保护和综合整治工作。

而从实践层面上来看，早在2008年，浙江省安吉县结合省委"千村示范、万村整治"的"千万工程"在全县实施以"双十村示范、双百村整治"为内容的"两双工程"的基础上，立足县情，提出了"中国美丽乡村建设"，并计划用10年左右的时间把安吉建设成为"村村优美、家家创业、处处和谐、人人幸福"的现代化新农村样板，构建全国新农村建设的"安吉模式"，被一些学者誉为"社会主义新农村建设实践和创新的典范"。2010年6月，浙江省全面推广安吉经验，把美丽乡村建设升级为省级战略决策。浙江省农业和农村工作办公室为此专门制订了《浙江省美丽乡村建设行动计划（2011—2015年）》，力争到2015年全省70%县（市、区）达到美丽乡村建设要求，60%以上乡镇整体实施美丽乡村建设。浙江美丽乡村建设成绩斐然，成为全国美丽乡村建设的排头兵。2013年7月，财政部采取"一事一议"奖补方式在全国启动美丽乡村建设试点，选择浙江、贵州、安徽、福建、广西、重庆、海南等作为首批重点推进省市，进一步推进了美丽乡村建设进程。

二、"美丽乡村"建设模式

2014年2月24日，在第二届"中国美丽乡村·万峰林峰会"上，农业部科技教育司按照美丽乡村创建重点和目标发布了中国"美丽乡村"十大创建模式。

1. 产业发展型模式

产业发展型美丽乡村模式主要适用于东部沿海等经济相对发达的地区。这些地区的特点是产业优势和特色明显，农民专业合作社、龙头企业发展基础好，产业化水平高，初步形成"一村一品""一乡一业"，实现了农业生产聚集、农业规模经营，农业产业链条不断延伸，产业带动效果明显。典型如江苏省张家港市南丰镇永联村。

2. 生态保护型模式

生态保护型美丽乡村模式主要适用于生态优美、环境污染少的地区。这些地区的特点是自然条件优越，水资源和森林资源丰富，具有传统的田园风光和乡村特色，把生态环境优势变为经济优势的潜力大。典型如浙江省安吉县山川乡高家堂村。

3. 城郊集约型模式

城郊集约型美丽乡村模式主要适用于大中城市的郊区。这些地区的特点是经济条件较好，公共设施和基础设施较为完善，交通便捷，农业集约化、规模化经营水平高，土地产出率高，农民收入水平相对较高，是大中城市重要的"菜篮子"基地。典型如上海市松江区冲港镇。

4. 社会综治型模式

社会综治型美丽乡村模式主要适用于人数较多、规模较大、居住较集中的村镇。这些地区的特点是区位条件好，经济基础强，带动作用大，基础设施相对完善。典型如吉林省松原市扶余市弓棚子镇广发村。

5. 文化传承型模式

文化传承型美丽乡村模式适用于具有特殊人文景观，包括古村落、古建筑、古民居以及传统文化的地区。这些地点的特点是乡村文化资源丰富，具有优秀民俗文化以及非物质文化展示和传承的潜力大。典型如河南省洛阳市孟津县平乐镇平乐村。

6. 渔业开发型模式

渔业开发型美丽乡村模式主要适用于沿海和水网地区的传统渔区。这些地区的特点是产业以渔业为主，通过发展渔业促进就业，增加渔民收入，繁荣农村经济，渔业在农业产业中占主导地位。典型如广东省广州市南沙区横沥镇冯马三村。

7. 草原牧场型模式

草原牧场型美丽乡村模式主要适用于我国牧区半牧区县（旗、市），占全国国土面积的40%以上。这些地区的特点是草原畜牧业是牧区经济发展的基础产业，是牧民收入的主要来源。典型如内蒙古锡林郭勒盟西乌珠穆沁旗、浩勒图高勒镇脑干哈达嘎查。

8. 环境整治型模式

环境整治型美丽乡村模式主要适用于农村脏乱差问题突出的地区。这些地区的特点是农村环境基础设施建设滞后，环境污染问题严重，当地农民群众对环境整治的呼声高、反应强烈。典型如广西壮族自治区恭城瑶族自治县莲花镇红岩村。

9. 休闲旅游型模式

休闲旅游型美丽乡村模式主要适用于适宜发展乡村旅游的地区。这些地区的特点是旅游资源丰富，住宿、餐饮、休闲娱乐设施完善齐备，交通便捷，距城市较近，适合休闲度假，发展乡村旅游潜力大。典型如江西省婺源县江湾镇。

10. 高效农业型模式

高效农业型美丽乡村模式主要适用于我国的农业主产区。这些地区的特点是以发展农业作物生产为主，农田水利等农业基础设施相对完善，农产品商品化率和农业机械化水平高，人均耕地资源丰富，农作物秸秆产量大。典型如福建省漳州市平和县三坪村。

美丽乡村创建应根据不同类型地区的自然资源禀赋、社会经济发展水平、产业发展特点以及民俗文化传承差异，坚持因地制宜、分类指导的原则，因村施策、各有侧重、突出重点、整体推进。

三、"美丽乡村"建设案例

1. 江苏省张家港市南丰镇永联村

永联村地处江南，长江之滨，隶属于江苏省张家港市南丰镇，村目前所辖面积 10.5 千米^2，拥有耕地面积 5 870 亩，村民小组 77 个，村民 10 500 人。

永联村于 1970 年由长江边近 700 亩芦苇滩围垦成陆建村，曾是张家港市面积最小、人口少、经济最落后的村。改革开放以来，永联村坚持按市场规律办事，抓住各种发展机遇，已发展成为苏南地区面积最大、人口最多、经济实力最强的行政村之一。在全国 60 万个行政村中，年销售收入和发展指数位列第三。

富民强村是目标，发展集体企业是手段。永联村集体经济发展的最成功经验就是村企合一。在村党委的领导下，村民委员会与永钢集团之间形成了"三个统一":村企重大项目统一决策和规划;村企资源统一共享,村企干部统一调配使用,报酬待遇统一考核发放。这一机制,使村与企的目标合一。村办企业永钢集团是全国最大的村办民营钢铁企业,总资产超过155亿元,2008年工业销售收入310亿元,利税18.8亿元。费孝通先生曾赞誉永联为"华夏第一钢村"。

近年来永联先后投资7 000多万元新建了社区服务中心、文化广场、永联小学、医院等公共服务设施。为集约土地、推进城镇化建设、改善村民居住环境和条件,村斥资15亿元,建设了可容纳4 500多户家庭的"钢村嘉园"。利用土地流转,大力发展现代生态农业,并配套兴建江南农耕文化园、休闲农庄等特色景点,开发水乡旅游业。免费向村民开放各类文化活动场所,积极开展各项业余文化活动,努力提高村民的综合素质。

2. 福建省漳州市平和县三坪村

三坪村位于平和县文峰镇东北部,东邻龙海,南连漳浦是平和县的东大门。

三坪村是国家AAAA级风景区——三平风景区所在地,该村共有8个村民小组,总计2 086人,2012年,该村农民人均纯收入11 125元。为了改善当地村民居住环境,提升景区周边环境品位,2013年,平和县斥资1 900万元,全力打造闽南金三角令人神往的人文生态村落。其建设内容包括铺设村主干道1千米、漫步道2千米,河滨休闲景观绿道1.3千米,以及开展村中沿街立面装修、污水处理、绿化美化、卫生保洁等目前已经形成了"金瓦、粉墙、红窗,绿树、红花、翠竹"的美丽乡村雏形。

三坪村美丽乡村规划设计特点如下。

(1) 培育主导产业,实现产业富村,充分利用三平国家4A级风景名胜区品牌优势,大力发展第三产业和壮大运输业,积极探索农家乐旅游和餐饮业。

(2) 对村庄总体建设用地进行合理布局,协调村庄用地与景区用地的关系,形成互动发展的态势。

(3) 提高村民的生产和生活质量,补充完善配套公共服务设施和市政基础设施,对于近期未能建设的公益性项目,予以用地预留。

第八节 乡村文化

在盲目追求 GDP 的动力下，乡村的其他价值被遮藏了，生物多样性在下降，景观丰富性在减弱，土壤在衰竭，环境逐步恶化。美丽乡村建设不应该只是注重环境的美化，还应从文化角度感知乡村的美。

文化是一个民族的灵魂，英国的灵魂在乡村，在乡村的文化之中，美国作家华盛顿·欧文在对英国进行实地考察后，在其著作《英伦见闻录》里说："外国人若欲对英国人的特性有一个正确认识，切不可将视野局限于都市。他需深入乡间，逗留于大小村庄；游览城堡、别墅、农房村舍；漫步园林；沿树管和青葱小道缓缓而行；流连于乡村教堂，参加教区节庆、定期集市等乡村节日，并与身份习惯和性格各异者交往。"对于这样老牌的优先发展工业的资本主义国家，乡村一度也遭到城市化的大肆蚕食，但英国人浓厚的乡村情结，影响到城市的建设，致力于把城市变成乡村化的城市。而我国乡村文化在面对现代化、工业化的冲击时，该何去何从值得深思。

一、乡村文化的构成及功能

费孝通曾说过，农民的人文世界一般是属于民间的范围，这个范围里有多种层次的文化。它有已接受的大传统，而同时保持着原有小传统的本身，有些是暴露在"地上"的，有些是隐藏在"地下"的，甚至有些已打进了潜意识的潜文化。无论乡村文化是怎样的存在，都真实反映在乡村的一草一木上，深深地影响着农民的行为。乡村文化是指在乡村社会环境中形成的，以乡村村民为主体，建立在乡村社会的生产方式、生活方式基础上的文化，包括语言、风俗习惯、思想道德、情感心理、生活情趣、处世态度、人生追求、行为准则、娱乐、竞技、民间艺术等。它是世世代代居于此的农民共同积累及随时代变迁修整而形成，并一直在发生变化。

乡村文化构成层面主要包括乡村独特的自然生态景观，建立在生态之上的村民的生产、生活方式；乡村生活孕育传递的文化精神与邻里情感。显然，乡村文化强调着人与自然、人与乡村、人与人、人与自我之间的和谐共存。在乡村独特的自然景观下，诗人、文豪们常寄情山水，对田园歌吟。文学作品中辽远深邃的天空、孕育万物的土地、千姿百态的河流无不展现出自然环境的生态美,让人敬仰羡慕。面对自然环境,乡村文化强调尊重生态规律,做到"天人合一""道法自然",切勿违背生态规律,毁掉乡村文化大厦的基石。乡村文化与乡村的农业生产方式分不开,田间的劳作过程形成了许多习俗,同时也带来了灵感,丰富了艺术创作,许多舞蹈、戏曲由农业劳作衍化而来;乡间工艺品的原材料也自田间所获,如中原小麦产区的麦秆画。还有一种潜文化,无形存在于村民的日常交流之中,成为一种精神支撑,蕴含着自然、淳朴、厚道的文化品格。

乡村文化作为美丽乡村建设的"软实力",对农民个体、群体以及整个乡村社会的不同层面起着不同的作用。乡村文化不仅可以丰富和提高农民的精神生活,提高农民素质,还有助于乡村形成以和为真、以和为善、以和为贵的社会风气,规范群体的行为,维持乡村社会秩序,乡情、乡风、乡俗是生活在特定地区人们独特的审美创造,构成了地方独具魅力的人文风景,具有很强的亲和力、凝聚力。它是陶冶情操、净化灵魂的载体,同时又具有重要的经济价值,是长久的文化资源和文化资本,可以作为生产力的重要因素。提升乡村文化的竞争力,要整合乡村文化资源,调整乡村产业结构,可以发展注入乡村旅游、生态文明村、观光农业等,做到发挥特色与经济效益提高的结合。

二、政府在发展乡村文化中的作用

文化基础设施是乡村文化的载体,当前,乡村文化发展滞后的一个主要原因就是文化基础设施建设得严重滞后,使得文化建设处于"无阵地、无队伍、无作品"的"三无"状态。乡村文化也有低层次和高层次之分,目前,作为低层次的休闲娱乐文化是村民最主要的文化参与方式。即使如此,农民文化生活比较单调,日常的主要文化娱乐活动是看电视、上网、棋牌等,文化结构严重失调。为了新农村实现乡风文明,政府致力于城市文化对乡村文化的"反哺"行动,不断地为乡村输送文化新气象,但是,这种做法很难"接地气"。自上而下地"送文化",一方面,只暂时缓解乡村文化生活的贫乏,往往无法落地生根;另一方面,"送文化"流于形式,对农民的真实文化需求不了解,政府对乡村文化的投资往往成为吃力不讨好的事情。如许多乡村建的"农家书屋",大多成为摆设而无人问津。美丽乡村文化建设也需要政府的帮扶,但是,以何种方式进行扶持、如何把政府扶持与村民的自主性融会贯通有待进一步解决。

第九节 乡村文化发展困境的破解

一、解决思维上的误区

推进城乡一体化发展,是当代中国国家发展战略的重要组成部分。城乡一体化不只表现在交通、医疗、教育等方面,同时包括文化上的城乡一体化。但在乡村文化建设过程中,有些地区存在一个思维错误:把乡村文化的"城乡一体化"异化成了乡村文化的"城乡一样化"。城乡不同的地理条件、人文条件和历史发展等因素决定了城市与乡村文化发展方式、道路的差异化,如果一切追随城市文化,机械套用城市文化建设的做法,会浪费大量的人力、物力和财力。城乡文化发展的区别对待不是要乡村文化故步自封、停滞不前,乡村文化也要求现代性,要求与经济发展相适应。如果乡村文化只是历史的遗存,远远落后于城市文化,乡村就会失去大量的农民,又何谈文化建设,空壳村就不会谈及文化建设。所以,美丽乡村文化建设应按照"城市要像城市,乡村要像乡村"的原则推进,同时追随时代脚步,建设一种具有现代化气息的、属于乡村的、独特的新乡村文化。

"十里不同风,百里不同俗"。传统的乡村文化是由农民创造并代代传承下来的,承载着不同历史时期的记忆,是中华民族的灵魂。现代文化的巨大冲击危及中华民族文化多样性及其根脉,我们应该像拯救物种多样性一样拯救传统乡村文化,而不是盲目地进行保护或以保护为借口做一些有违社会道德的事情。对于留存下来的传统乡村文化,应合理进行扬弃,去其糟粕,取其精华。同时,切忌东施效颦,使人产生审美疲劳。

在乡村文化建设时,不应把重点放在政府身上完全依赖政府,政府"送文化"只能满足一时之需,并不能解决村民长期的文化需求。政府对乡村文化基础设施的投入是乡村文化建设的物质基础,对乡村文化建设起到了一定的保障作用,但乡村文化活动是否丰富并不完全取决于经济是否发达。所有的一切还在于作为文化建设主体的农民,只有激发农民的积极性,由其自主创新和传承乡村文化才是乡村文化发展的出路。

二、尊重乡村风俗，保护乡村优秀传统文化

西方文化和城市文化的渗透曾一度使人认为中国乡村文化是"愚昧、落后、闭塞"的文化，乡村文化亟须改造。其实不然，乡村文化并不代表着愚昧、粗糙的陈腐文化，始终有其独特而不可替代的价值，其核心与精髓中仍然存在着建设美丽乡村需要的精神价值和理念。如在乡村文化中，既有"天人合一"的自然主义情结，也有"趋福避祸"的民间信仰；既有"乌鸦反哺，羔羊跪乳"的慈孝道德观，也有"出入相友，守望相助，疾病相扶"的良善交往原则；既有平和淡然的生活态度，也有充满希望的未来期冀。

我们应尊重乡村风俗，保护乡村传统的优秀文化，遏制传统文化中糟粕的复苏。我国乡村数量众多、历史悠久，每一个乡村都具有浓郁的地方和民族特色。保护和传承传统优秀文化可以使农民更加自觉地形成文化自豪感和归属感。在保护和传承乡村传统文化时常常遇到传统乡村文化与现代化下的乡村文化如何协调的问题。文化保护不是要求复兴传统乡村文化，现代化下生活的农民不可能还要求其活在农耕文明时代。

乡村传统文化的保护可以采集标本，建设乡村文化博物馆予以保护，因为"没有集体记忆、归属感和身份认同就没有了生活的尊严，这样的新农村只不过是个废弃的空壳"。博物馆、展览馆的展品可以让人了解和回忆过去的乡村岁月，重塑乡村文化主体的文化认同。乡村传统文化还可以通过文化生态区域性保护，主要是在某一特定区域不改变当地的生产生活环境，进行原汁原味的特色文化保护。还可以把传统文化纳入现代文化产业链中进行加工销售以实现保护。不同的乡村面临着不同的状况，实现文化保护的方法不同，应该因地制宜地进行保护，并在保护中不断探索新的保护路径。

三、发挥政府的主导作用

美丽乡村建设应有效发挥政府在乡村文化建设中的主导作用。首先，文化需求是比物质需求更高层次的需求，虽然乡村文化的丰富程度与否并不完全取决于乡村贫富程度，但是，农民只有在物质资料充盈的情况下才会考虑精神方面的需求，因此乡村文化的发展使得政府首先要解决的就是

农民的增收问题。同时，要完善乡村社会保障制度，解决医疗和养老问题，提升农民生活的安全感，使农民有足够的精力关注文化内涵的提升。其次，支持城乡文化一体化发展，加大乡村文化投入力度，加强乡村文化基础设施建设。乡村文化设施是农民开展文化活动的基本前提和保障。乡村应有属于自己的文化阵地，努力建设文化活动中心或活动站。加大对学校、图书馆、健身器材、活动室的投入，向乡村推广有价值的出版物和音像制品。除了硬件设施的建设外，还需加强管理，使各种设施发挥应有的功效，杜绝形式主义。最后，政府尽快转变为公共服务型政府。充分发挥文化部门的职能，通过下乡"送文化"，提高农民的文化欣赏水平，调动文化工作者和农民双方的积极性。除此之外，还要实现"种文化"，激发农民的文化自觉。

四、培育乡村文化承载主体

文化必须在一定的环境中生存，而生存于这种环境之中的"人"才是文化的创造者和承载者，也是"文化自觉的主题和根基"。城市化的影响使得大量村民远离家乡，乡村文化建设需要留住文化建设的主体，实现劳动力的就地转移。发展村镇企业，可以将一部分农民留在当地工作，解决失地农民的就业问题，像福建省泉州市以及广东省东莞市实现了就地城镇化，为乡村文化建设留住了更多的年轻人才。孩童是乡村文化传承和发展的后备力量，都要接受学校教育，所以要把乡村文化引进校园，纳入学校教育体系，增进新一代乡村人对家乡的文化认同，打破学校教育与乡村文化的隔离关系，拓宽乡村文化传承的路径。村民的主体作用可以通过民间文化组织的形式得以发挥，民间化组织是维护地方特色文化的生力军，它以艺术形式或手工技艺传承历史文脉，为培育乡村文化人才搭建起平台。发挥农民自身的积极性，创新文化活动载体，开展丰富多彩的文化活动。

五、发展乡村文化产业

恩格斯说过，政治、法律、哲学、宗教、文学、艺术等的发展是以经济发展为基础的。但是，它们又都互相影响并对经济基础发生影响。乡村文化是乡村经济发展的内驱力，挖掘乡村文化资源使之转化为物质生产力，不仅满足了村民的精神文化需求，而且有助于推动乡村经济发展，如山东省临沂的柳编产业,"走东北、下江南,不如在家编花篮。"柳编成为临沂的经济增长点,把经济效益与社会效益有机统一起来,使经济与文化相互支撑,形成共赢共生的格局。随着城市化的迅猛发展以及居民收入水平的提高,人们的消费观念发生变化,对乡村文化产品的消费需求不断增大,乡村的传统服饰、民间风俗、传统饮食等成为文化产业发展的重要资源。可见,乡村文化产业的发展势不可当。

中国地域辽阔、人口众多、历史悠久,政治社会状况异常丰富和复杂,表现出非均衡特点。乡村也是如此,乡村不同的文化源流、生存环境、行为方式、心理状态决定乡村文化产业的方式、途径与走向的差别。区域空间上的差异促使乡村文化产业百花齐放,原生态的文化资源发掘,丽江市大研古镇小桥流水的纳西民居,贵州雷山县西江镇千户苗寨错落有致的吊脚楼,四川甘孜州丹巴坚固结实的古石碉楼;东北农村热闹诙谐的二人转,各具特色地方戏曲;云南鹤庆县新华村精湛华丽的白族银饰工艺,陕西凤翔形态各异的泥塑,江苏吴县镇、湖镇的精湛绝伦的刺绣工艺,河北蔚县栩栩如生的剪纸等。

乡村文化产业链由产品的创意设计、生产、销售、消费环节组成,目前,乡村文化产业的设计和营销能力不足,有待提高。一方面,要促进人才培养,培养不同文化艺术门类和不同层次的人才,成立专门手艺传习所,促进手工文化的传承。尊重文艺工作者的创造性,给予足够的创作空间,提升文化作品的艺术水准和审美趣味。另一方面注重文化品牌的树立,提升文化产品的层次,改善并创新经营模式。最后,乡村文化产业的发展要同其他乡村产业融合,尤其是与生态农业、生态工业的融合。生态文化产业将会是今后乡村文化产业发展的方向,生态文化拓宽乡村文化产业项目,延长文化产业链,提高文化产品品位,增加产品的附加值。

生态文化具有低能耗的特点,生态文化产品是绿色的、有机的和可循环的,生态文化传递了人对自然的关怀,人与自然和谐的生态文化理念,更是美丽乡村建设的基础,乡村生态文化产业成为美丽乡村建设的必然趋势。

第十节 美丽乡村建设措施

一个县、一个乡推进建设美丽乡村,主要是要构建"六个一"工作机制，即一个工作机构、一个整体规划、一套支持政策、一块专项经费、一个统筹协调机制、一套考评奖惩办法，即可有序有效推进。

在工作推进上，主要有七个方面的综合措施。

一、健全工作机构，完善工作班子

根据部门的职责进行分工，设立综合、规划建设、环境整治绿化美化、产业发展、社区建设、文明乡风等几个工作组，按目标要求，组织力量，做好服务指导和任务落实。各个村成立项目部和理事会。项目部具体落实群众工作、工程实施、技术保障等工作；理事会参与群众发动、项目监督等工作。

二、抓好规划编制，制定支持政策

通过政策支持和服务指导，推动乡镇、行政村编制村庄建设规划，建立完善支持政策。制定出台"以奖代补"的普惠支持政策，加大对农村基础设施、产业发展、村庄规划、环境改善、村容整治和文化教育卫生、社会保障等公益性项目的政策支持。制定出台支持重大公益性事业的重点补助政策和试点示范的扶持政策以及激励奖励先进的政策。

三、整合项目资源，统筹协调推进

构建统筹各类资源、加大投入、以城带乡、以工哺农、服务下移的制度，形成一个齐抓共管、互动联动、整合资源、长久持续的工作机制。对各级各部门所有投向"三农"的资金，按照"资金跟着项目走、统一规划、相对集中性质不变、渠道不乱、各司其职、各记其功、集中财力办大事"的原则，统筹协调项目资金，形成协调一致、整合资源、合力共为的项目统筹机制。着重整合发展改革、经贸、国土、规划、住建、交通、旅游、环保、科技、水和农业、林业、供销、农综、扶贫、库区移民、保障、教育卫生、文化、体育、广播电视、民政、组织、统战、综治工会、妇联、共青团以及银行、保险等部门的项目资金支持政策，促进美丽乡村建设取得整体效果。

四、建立健全挂钩帮扶，发动社会广泛参与

安排农村工作领导小组成员单位挂钩帮扶，在项目建设、资金安排、政策服务等方面做好沟通协调，搭建城市和社会资源输向农村的桥梁。组织城乡互动、百居结对、村企共建、乡贤资助、农民互助，构建项目、资金输入通道和产品输出桥梁。引导省市级农业产业化龙头企业与村结对联动共建。

五、发挥农民主体作用，建立长效持续机制

加强宣传发动，力促农民主体到位。全面发动、精心组织农民，充分调动农民的积极性、主动性、创造性，加强骨干农民的培训教育，引导村级组建理事会，在促进生产、维护稳定、卫生保洁、公共设施管护等方面发挥作用。形成各村由美丽乡村建设理事会牵头、组织、实施的运行机制。建立村镇社区卫生保洁机制和农村公共设施的管护机制。

六、服务指导，示范带动

重点做好工程技术方面的服务指导。邀请相关领导专家到村调研指导。相关部门组织业务骨干进行重点服务指导，指导相关项目建设尽快启动、规范实施、早出成效。在整体规划、全面部署的基础上，市级、县级在重要窗口地区，集中打造一批示范村，围绕探索路子、创造经验、创新制度、建立机制的要求，发挥优势、改革创新、突出特色，探索建设新路子，出经验、出办法、出成果。

七、检查督促，考核评比

对建设项目实施情况进行检查、督导，对建设重点工作推进情况，特别是扶持项目落实情况进行督察。每年组织1~2次的项目进展情况现场点评，互相学习交流，促进提升。在年底进行考评，推进各项重点工作落实到位。每年评选一批"最美乡村"（或美丽乡村精品），予以授牌，并给予当选村资金奖励，推动促进各地积极创建美丽乡村。

第十一节　美丽乡村的提升

一、一步步把村庄做美

美丽乡村建设最重要的是把整个村做好看，美丽名村更是要十分好看，使人感到村庄很优美、很亮丽；人们一进村，感到眼前一亮、心头一振，令人沉醉。

好看，最核心最重要是3个方面的好看：民房美观，具有地方特色；村容村貌整洁优美；景观具有地方风情、富有创意。因此，打造美丽名村首先是环境做好看，突出提升民居、提升环境、提升亮点。

（一）优化提升民居

根据当地的建筑地域特色、地形地貌、文化民俗，全村建筑、民房进行整体优化、改造、整修、提升。

1. 建筑整治优化提升原则

保护历史建筑，整治旧房，统一住房格调，体现乡村风格和地域特色，做到人畜分离、墙无残壁，形成比较整体的建筑风貌。着重体现村庄乡土韵味，注重与环境协调；强调地域文化的保留与传承，因地制宜，鼓励就地取材，技术与经济相结合，采用适用且易实施的技术手段。

2. 一般性建筑整治优化

一般性建筑整治措施具有广泛适应性，根据建筑的历史价值、建筑品质、与环境的关系、结果安全性等，采用不同的方法。

（1）具有较高历史价值的建筑。重点保护，保留建筑原始结构与风貌，适当清洁、修复，修旧如旧。

（2）具有一定历史价值的建筑及品质较好、与环境协调的新近建设的建筑，仅需对外立面进行必要清理、修整，整体保留建筑原貌。

（3）整体品质一般，与环境没有明显不协调的建筑，可基本维持现状，局部适当调整，修饰更新。

（4）完成度不高、与环境不太协调的建筑，建筑外面大部分需要重新修饰，局部进行必要建筑处理，如适当增加装饰构件。

（5）少量整体品质差、与环境很不协调、存在安全性问题、无保留价值的建筑，建议结合村庄规划拆除。

3. 提升性建筑整治优化

在一般性建筑整治基础上，针对特色村庄、近城村庄中的重点区域以及村庄重点公共建筑等可采取相应的提升性建筑整治。

（1）根据建筑所处村庄总体改造目标要求，对特别影响村庄整体风貌的建筑物或村庄公共建筑，可采取屋面平改坡、立面整体改造等手段提升建筑风貌。

（2）独特的地理与历史环境积淀着深厚的建筑文化传统，造就了众多具有浓烈地域特色的传统村落，依据其相应地域性，对建筑色彩、屋顶、细部统筹制定特定的村庄整治方案。

（二）美化提升环境

重点对村庄进行绿化、美化、亮化，提升村容村貌；进行景观化打造，注入旅游元素，优化村庄整体环境。

1. 绿化美化原则

规划以尊重农民意愿、增加农民福祉为宗旨，以经济适用为指导，通过见缝插绿、拆违建绿、能绿则绿的方式，构建"村在林中、路在花中、房在树中、人在景中"的绿色田园风光。

2. 四旁四地绿化美化

（1）路旁绿化美化。

重点是进村道路绿化。进村道路或区外围，周边多县农用、菜地、果园、林地，局部因道路施工而形成的突地、边坡或是不利景观的道路结构。建议结合不同的路段特点提出绿化整治方案。

（2）水旁绿化美化。

水是村庄景观的重要组成部分，与村民的生活息息相关，实现河道两岸绿化美化，能全面提升河道的引排功能、生态功能和景观功能，实现"水清、畅通、岸绿"的农村水环境。

①水塘绿化美化。

水塘水位较稳定，是乡村景观的重要元素。杜绝在池塘内丢弃垃圾，及时清理垃圾杂物及漂浮物；清除岸边堆放杂物，防止杂物腐烂影响水质；

定时清理池塘内淤泥,保证水质清澈。浅水塘可种植荷花、莲花等水生植物提高池塘自净能力;池塘边以亲水植物为主,多种植开花或绿叶乔木。

②河流绿化美化。

对于南方多雨的省份,河流以防洪防汛的安全功能优先,河流护岸水利部门多采取硬质驳岸处理,景观生硬、单调,不作为理想的河岸景观处理方式。对于用地条件允许的区域尽量使用自然的驳岸形式,既美观,又满足生态需求。对已形成硬质驳岸的河道景观,后期通过多层绿化、垂直绿化的形式进行弥补。硬质驳岸处理方式,用于存在防洪安全隐患,需要进行硬化驳岸处理的河段。多用生态驳岸处理方式:水岸两侧的原生植被,一般为多年生长、根系发达,对固堤护坡有重要的作用,在整治河塘景观时不得随意砍伐原生植被。生态护坡主要有湿生植物护坡、实木桩护坡、抛石护坡以及石笼网箱护坡等形式。生态护坡应满足河道功能的稳定要求,并降低工程造价;根据水文资料和水位变化范围,选择不同区域和部位种植湿生植物;可设多孔性构造,为生物提供安全的生长空间;尽量采用天然材料,避免引起环境污染;布置构建物时应考虑村民的亲水要求。

③沟渠绿化美化。

乡村沟渠与村民生活息息相关,乡村沟渠的整治应注意:首先,满足行洪排涝通道的畅通;其次,满足日常安全防护,保证村民安全生产、生活;最后,美化沟渠两岸景观,能绿即绿。

(3)宅旁绿化美化。

宅旁绿化主要指房前屋后的绿化美化,充分利用闲置地和不宜建设用地,做到见缝插绿。宅旁绿地绿化美化,以适宜的瓜果蔬菜和果树为主,既美观又经济实用,不宜追求城市园林绿化的设计手法,以致增加成本及后期养护费用。

①公共设施绿化美化。

强化公共设施内院及周边绿化水平,是提升村庄绿化水平的主要途径,主要包括学校、宗祠、村委会、公共活动中心、老年活动中心等。提升公共设施的绿化水平,完善内部服务设施,如增设休息座椅、健身器材等,作为村民的主要活动场所。

②住宅四周绿化美化。

住宅屋前后依场地而定,以菜地为主,配植适宜的果树,如柑橘、柿子、枇杷、枣树等，达到绿化美化效果的同时，提高土地经济及实用性；宅侧可种植爬藤植物，增加绿量，倡导绿色、节能环保。

③特殊用地绿化美化。

对于有安全防护需求、景观隔离需求的公用设施，如变压器、垃圾处理设施、牲畜饲养区等，用大量植物进行景观隔离。

（4）村旁绿化美化。

①村旁山体绿化美化。

村庄外围山体的绿化美化是形成村庄良好自然环境的基础。首先保证山体视线范围内能绿则绿，重点对宜林荒山荒地、低质低效林地、坡耕地、抛荒地进行绿化；其次，在条件允许的情况下，对山体进行美化处理，凸显四季变化，种植开花或者变色树种。

②村旁农田菜地绿化美化。

村庄外围多与农田菜地相接，应保护好周边的农田景观，禁止随意围田造房。提高农田的利用率，利用植物的季节特征，提高土地复种率，发挥最大的土地价值，尽量避免农田空置、裸露。

③村旁林地绿化美化。

村头村尾的风水林是村庄与外围环境很好的衔接与过渡，对风水林的保护不仅能达到很好的景观效果，同时也起到很好的生态效益，对调节村内小气候起到重要作用。

④村旁园地绿化美化。

果园是乡村绿化美化的重要形式，既能达到绿化美化的效果，同时为村民带来经济效益，且极富季相变化，既能观花、观果，还能开展农家的采摘活动。

3. 公共绿地绿化美化

（1）扩充公共绿地空间。

对于乡村的财力而言，成规模的公园绿地建设存在一定的难度，主要问题在于公园地与建设资金筹措。尽量利用村内不可建设用地、废弃地的改造，作为村民的主要活动场所，绿化配置应清洁实用，以本地树种为主，减少后期养护成本。

（2）丰富公共绿地类型。

作为乡村的公共绿地可根据村庄的实际情况设置，一般村庄可化整为零,多设置小游园、村头绿地、村民集结点作为村庄绿地的主要类型。对于经济条件好、用地许可的村庄,可进行一定规模的公园绿地建设,提倡以乡土乔木为主,避免大草坪、模纹色块等城市绿化造景形式,创造亲和的乡村色彩。

(3) 完善公共绿地设施。

村庄公共绿地在考虑绿化美化的同时,需兼顾公共绿地的实用性,考虑村民休闲活动设施,如儿童活动设施、休息座椅、户外健身器材、花架长廊等,增加村民交流、活动的空间。

4. 绿化树种选择及应用

村庄绿化美化应重点突出乡村地方特色,有别于城市公园绿化,绿化品种应选用季相鲜明、乡土气息浓郁的适生作物和植物,既方便养护,又能产生经济效益。

(三) 深化提升亮点

1. 着力提升景观亮点

对全村景观亮点,应邀请专家、大师指导修饰、深化提升,融入特色文化,融入现代元素及新的创意,提升景观亮点的档次和水平。

突出提升乡村旅游景点。根据自然环境、地域文化景点资源特点,打造具有当地浓郁特色的乡村旅游景点。着力开发特色产业带动型、都市村庄型、景区依托型、农场庄园型、特色技艺展示型等多种类型的乡村旅游景点。利用当地风土、风物、风俗、风景等优势资源,突出休闲娱乐型(农家乐、渔家乐、山里人家等)、收获品尝型(采摘游、垂钓世界、美食村等)、运动养生型(乡村运动俱乐部、乡村温泉别墅等)、观光审美型(新村风貌观光、农业科技观光、古民居和古村落游、民族村寨观光等)、认识学习型(学生远足、实习、写生、夏令营等)、乡村旅游系列产品。

2. 着力提升民俗风情亮点

对文化民俗活动等类型的景观亮点,进行系统化、系列化、多元化、规模化开发拓展,形成某领域、某地方之最,使景观亮点更亮、特色层次更高、文化张力更强。

突出提升特色文化亮点。挖掘原生态古村落、民族村寨、民间风俗和生产生活特色,开发文物遗迹和民居、街道等古老建筑,赋予文化内涵,打造文化亮点。各地民间民俗文化十分丰富,在音乐舞蹈方面有汉剧、十番音乐、山歌、山歌戏、静板音乐、打花鼓、龙凤灯、船灯、九连环、七节龙舞、妇女出操舞、跳海青、高跷扑蝶、打马刀等;民俗节庆活动也有几十种,很有地方特色,具有很大的开发潜力。应对这些地方特色文化进行整合和包装,打造出极富吸引力、富有文化内涵、富有特色的文化产品亮点。

(四)建设山水田林生态景观要则

1. 营建山–林–田景观

营建山–林–田景观四步走:恢复(修复护坡及裸露地表、水土保持林)、维护(田生态景观)、提升(构建农田林网生态景观)、保护(风水林)。

(1)恢复。

对裸露地表及被人为破坏的土地进行人工修复,以形成农林生态系统。恢复过程中需结合周边环境加大绿化力度,逐步改善。

对于田间地头的废弃地、沼泽地、荒坡地带,种植合适的乡土地被植物,可以考虑与生态、经济、景观效益结合,对裸露的农田进行绿色覆盖,提高裸露农田绿化率;也可通过覆盖其他设施、结合项目区规划,如完善培育初期围栏及排水系统等辅助基础设施建设,确保修复过程的持续管理,并营造农田别样景观,恢复山坡地上除天然林和次生林外的生态涵养林;山地林地的恢复需要依起伏不平的地形和自然特征形成疏松的林地边缘;在平原地区,将乔木、灌木、树篱配置在林地边缘,可以营造一个更为自然的外观;在一些山区丘陵地区,林地栽植可以利用现有的山坡边缘或河渠堤岸作林地边界。林地栽植要与农田毗邻,利于作物保护;山地河道林地的恢复需要沿着线形水体种植,应从水道的边缘起向外至少延伸25米;在河岸种植树冠不茂密的乔木,加固河岸的同时确保地表植被的苗壮成长,使林地结构多变,创建多样化的河道生境;在河道两侧防护林种植中,林地宽度应多变,以自然形状为主,形成一个半自然化的景观特征。注意林地与河道的距离,应使水体能照射到阳光,以维持良好的淡水环境。

(2)维护。

维护原有田块间用以分界并蓄水的线性景观,包含田埂、绿篱、毛渠、作物边界带等景观要素。

田埂应保持一定宽度、高度、比例、形状和连通性。丘陵山区地带，可采用等高布设和砌石及绿篱措施防止水土流失。修建梯田除因地坎特陡、特长或特短，不适宜营建防护林、建设防护草外，应营造梯田田坎防护植物篱，以乡土耐旱深根植物为好。

结合田埂形状和种植作物，合理营造田园植被景观。适当种植蚕豆、直立黄花、波斯菊、油葵等植株相对低矮、直立生长的一二年生草本作物，也可以栽植一些根菜类植物和草药等经济植物；较宽地段，可结合坡地起伏和路边、村边等地带，配置乡土植物和野生景观物种，营造起伏多变的田园景观。

（3）提升。

在突出农田防护主导功能的前提下，与发展农村经济和形成多样化的田园风光相结合，对山－林－田景观进行生态提升。

在农田的迎风面种植树篱，形成呈长方形的网格，要依托主要道路、主要水系、沟渠、片林种植，营造许多纵横交织林网，起到全面的防护作用。建议使用林种为：马尾松、相思树、黑松、木麻黄、湿地松、杉木、桉树、红树等。

种植结构多样化，对于果园和草地围栏、设施农业周围、菜田道路两侧，可以种植观赏性植物篱，以增加景观多样性和视觉空间。

村庄或乡镇周边区域，树种应选择与当地景观联系在一起，根系发达，抗风能力强的乡土景观特点的树种，使景观趋于多样化。

濒临道路防护林，要求乔木树种干形通直，树形宜观赏；在河道沟渠两侧，注意选择耐水性强的树种，不选择易入侵树种。

（4）保护。

着重保护风水林。风水林是指在村庄一定范围内，由当地村民为了保持良好风水而特意保留或自发种植的树林（有些为风水树，统一将其称为风水林），有村落宅基风水林、寺院风水林和坟园墓地风水林3种基本类型，体现南方村庄文化、民间习俗意识，是乡村人居林的一个重要组成部分。

对于村落周边风水林，可将其纳入美丽乡村建设行动中，作为村的风景林、迎宾林，以形成具有一定地方特色的森林村庄。

绘制风水林分布图，并根据风水林的人文价值、景观价值、保育状况、古树名木风景等对其进行分级保护，统一编号，统一挂牌保护。

重视风水林木的保护，消除人为破坏因素。对长势濒危的风水林木进行抢救，并监督实施；对生长衰弱的风水林，要加强水、肥管理，并对风水林中的古树名木进行重点保护。

通过标语、报纸杂志等形式对风水林进行宣传，摒弃其迷信成分，将其作为地方风俗文化景观来进行宣传。倡导"保护风水林木，人人有责"，增强全民保护自觉性，并将风水林木管理保护工作列入城镇和林业文化发展规划。

2. 构筑水体生态景观

实施步骤：整理（疏浚水系、整理护坡）→恢复（河道沟渠生态景观、农田湿地生态系统）→保护（风水塘）。

（1）整理。

疏浚河道：在保障河道沟塘使用功能前提下，尽量减少对自然河道沟塘的开挖和围填，避免过多的人工化，以保持水系的自然特征和风貌。

整理护坡：提倡使用生态护坡，在满足河塘功能的稳定要求下，降低工程造价；根据水文资料和水位变化范围，选择不同区域和部位种植湿生植物；可设置多孔性构造，为生物提供安全的生长空间，尽量采用天然材料，避免环境污染，布置构筑物时应考虑村民的亲水要求。

（2）恢复。

河道沟渠生态景观：河道绿化的横向应满足河道规划断面的要求，兼顾防汛和确认地下水设施需要；不稳定的河床基础，以大石块和混凝土进行护底固槽，把砂石和石砾作为底土回填，铺在石块后面并碾压结实。有效服务农业生产，营建沟渠纵向和横向的网络，注意在特殊地段保留小池塘，保护生物栖息地和景观多样性。应尽可能保留和利用基地内原有的天然河流地貌，以水源涵养林和防护林为主；护岸的坡度一般设为 1：1.5 以下，植物选择适应水陆坡度变化，可根据水体生态修复的需求开展，适当布置浮水、沉水、浮叶植物的种植床、槽或生物浮岛等，避免植物体自由扩散。边坡绿化选择不同耐淹能力的植物种类；水位变动区部分应选用挺水植物和湿生植物，以减缓水流对岸带的冲刷；水位变动区以上部分，应以养护成本低、固坡能力强的乡土水生植物为主。

（3）保护。

重点保护风水塘。风水塘一般处于村中的中心地位，形状多为半月形池塘，两侧有沟渠以形成活水，相传有"贮水聚财"之功能。

将风水塘纳入美丽乡村建设行动中，作为具有一定地方特色的村塘水景。同时，将水塘作为地方风俗文化景观来进行宣传，增强全民保护自觉性，禁止乱排乱丢行为。恢复水塘功能，比如生活用水、洗涤、游泳，最重要的是安全防火的需要。扩展水塘外延功能，如养花、养鱼等。

3. 保护和延续自然生态风貌

（1）保护自然景观特色。

自然景观特色的保护措施在于自然形态和生态功能的保护，村庄自然环境要素有地形地貌、气候、土壤、水文、大气、水系、湿地、湖泊、古树等。

（2）延续自然景观特色。

自然景观特色的延续措施，在于生态过程和景观格局的延续。村庄自然景观特色类型有平原景观类型、山地景观类型、滨水景观类型。

平原景观类型包括平原阔叶林景观、平原果园景观、平原农田景观、平原河流景观、平原湖泊坑塘景观、平原沙洲滩涂景观、平原花卉景观等。

山地景观类型包括山地针叶林景观、山地竹林景观、山地阔叶林景观、山地灌草丛景观、山地茶园景观、山地农田景观、山地水库景观、山地花卉景观。

滨水景观类型包括湖泊景观、沟渠景观、水乡景观、河流景观、农田湿地景观、滨海景观等。

二、一步步把产业做优

村民要从美丽乡村建设之后得到更多的收益、更高的收入，重点是把主导产业做大、做强、做优；把组织化、专业化、集约化、规模化、产业化水平提高；把村民的收入来源做实、做宽、做稳。

（一）延伸拓展特色产业

美丽乡村建设应突出一村一品的拓展延伸，开发形成系列化、精细化特色产品。通过提高科技水平，推动一村一品向标准化生产转变；通过改善生产条件，推动一村一品向设施化转变；通过转变经营方式，提高一村一品标准化、集约化、产业化、品牌化水平；通过拓展延伸种植、养殖、加工、旅游等特色产业，使当地居民有长期稳定的高收入来源、打造产业支撑。

1. 一村一品专业村发展要求

一村一品是指在一定区域范围内，以村为基本单位按照国内外市场需求，充分发挥本地资源优势、传统优势和区位优势，通过大力推进规模化、标准化、品牌化和市场化建设，使一个村（或几个村）拥有一个（或几个）潜力大、区域特色明显、附加值高的主导产品和产业，从而大幅度提升农村经济整体实力和综合竞争力的农村经济发展模式。

一村一品专业村发展的基本目标要求：专业村主导产业或产品收入占全村各业收入的比重达50%以上；专业村60%以上的农户从事主导产业或产品生产经营活动；专业村农户从事主导产业或产品经营活动的收入占农户家庭经营收入的比重达70%以上。

（1）农业类专业村创建基本要求。

从事粮、棉、油等大宗农产品生产的，必须是优质专用品种，并与产业化组织建立相对稳定的关系。从事种植、水产养殖的，种植面积或水产养殖面积要达到本村农用地面积（指耕地、林地、园地、牧地、滩涂或水面等）的70%以上；从事牲畜、禽类养殖的，要有规模化的养殖小区，养殖小区的养殖量要达到总养殖量的50%以上。主导产业或产品收入占全村各业总收入的比重达50%以上。60%以上的农户从事主导产业或产品生产经营活动；农户从事主导产业或产品经营活动的收入占农户家庭经营收入的比重达到70%以上。

（2）其他类型专业村创建基本要求。

主导产业或产品收入占全村各业总收入的比重达50%以上；60%以上的农户从事主导产业或产品生产经营活动；农户从事主导产业或产品经营活动的收入占农户家庭经营收入的比重达70%以上。

2. 一村一品发展基本模式

（1）特色产业带动型。

依托有影响、有效益的特色产业带动，广泛吸纳周边农户参与到特色产业建设中，不断扩大特色产业规模，从而形成一村一品。

（2）农村能人带动型。

依托农村创业有成的能人带动，通过农村能人的现身说教，吸引周边农户发展相关产业，从而形成一村一品。

（3）龙头企业带动型。

依托农业龙头企业带动，企业通过"公司+农户"的形式，与农户建立比较稳定的合作关系，带动广大农户参与产业建设，从而形成一村一品。

（4）合作组织带动型。

依托合作组织带动，通过成立农民专业合作社解决农户产前、产中、产后过程中的资金、信息、技术、销售等各种困难，增加农户收益，提高农户从事专业产品生产的积极性，从而形成一村一品。

（5）品牌产品带动型。

依托品牌农产品带动，通过发挥品牌产品的市场效应和经济效益，吸引广大农户参与品牌产品生产，进一步壮大品牌产品的生产规模，从而形成一村一品。

（6）专业市场带动型。

依托专业市场带动，通过在一些特色农产品生产重点区域建立专业交易市场，进一步提升当地特色产品的市场影响力，吸引周边农户参与特色产品的生产销售，从而形成一村一品。

（7）示范基地带动型。

依托示范基地带动，地方政府通过建立一些规模化种养示范基地，做给农民看，带动农民干，有意识地引导基地周边农户发展相关产业，不断扩大产业规模，从而形成一村一品。

（8）乡村旅游带动型。

依托旅游资源带动，通过发挥景区旅游的辐射作用，将旅游产品向农家乐、顾村游等乡村旅游领域延伸，发动景区农户参与到旅游产业的开发中，从而形成一村一品。

（二）发展壮大合作组织

要通过发展壮大合作经济组织，把绝大部分的村民拉入到当地的主导产业中。参与农民越来越多，产业才会有生命力、创造力，村庄发展才有持续性、支撑力。

近几年，各级农业、财政、农发、供销合作社等部门组织开展示范社建设项目，可逐级申报，争取项目资金支持农民专业合作组织的作用主要体现在：普及科技知识传递信息、组织培训、应用新技术、引进新品种，成为农村社会化服务体系的重要方面；促进农产品标准化生产和规模化经营，提高了市场竞争力；促进农业产业化经营成为龙头企业与农户之间的合作桥梁，提高农民进入市场的组织化程度和抵御风险的能力；促进农户的专业化分工分业，提高农民收入。农民合作组织还在以下 6 个方面起到不可替代的作用。一是在市场经济条件下，农民合作组织对发展特色优势产品、产业，组织农户规模化、标准化生产具有独特的优势、起到独特的作用。二是在统一采购、规模采购生产资料并进行无偿或低偿供应方面起到不可替代的作用。三是在申报有机农产品基地、绿色食品商标和质量认证，统一申报、使用集体商标品牌等方面起到独特的作用。四是在组织农产品统一销售、品牌经营和加工、保鲜并进行盈利返还，使农户分享统销与加工增值利润等方面起到不可替代的作用。五是在维护农民利益、保护弱势群体利益，提高分散农户的谈判地位等方面起到不可替代的作用。六是在反映农民的心声、沟通政府与农民的关系做好行业自律，代表行业利益等方面起到不可替代的作用。发展农民合作组织，要以专业合作社、专业协会、产业协会为主要形式，以拓展质量管理功能、拓展产品开发功能、拓展市场开发功能、拓展要素服务功能、拓展合作领域为发展方向。发展农民专业合作组织，应突出 3 个重点方面。

（1）突出创办紧密型合作社，提升合作层次。

创办实体类紧密型的生产性专业合作社，进行工商登记，便于开展经营活动；引导产业内不同市场主体建立服务性的专业合作社；引导松散型的协会改建、转型、发展为专业合作社，从而发展成为利益关系紧密、具有经营贷款资格的实体型合作组织，促进农民合作组织由一般的技术、信息交流或营销合作，转变为实行统一农资供应、质量标准、生产技术、品牌包装、市场营销、基地建设、质量认证等为内容的合作，并逐步向统一加工销售、市场开发方向拓展，提高合作效果。

（2）突出规范化建设，提升合作水平。

规范组织建设对合作组织进行整合或形成新的合作；规范制度建设，完善登记管理办法、财务管理办法、分配管理办法，用制度来约束每一个会员，用制度明确会员之间、会员与协会之间的权、责、利关系；规范民主管理；规范收益分配。通过推动合作组织加强自身建设，促进合作组织积极作为，一批无公害种植基地和兴建一批农业标准化生产基地、养殖场，兴建一批贮藏库、冷藏库、农产品初加工设施，申报一批绿色食品商标和集体使用的产品商标，打造一批品牌产品，推动特色优势产业做大、做强、做优。

（3）突出拓展服务功能，提升带动能力。

重点拓展四个方面的服务功能。①拓展农产品质量提高的服务。为会员和农户提供优良种苗、优质农资、先进技术推广与培训和标准化、规范化生产以及申报绿色食品基地等方面的服务，提高农产品质量和安全水平。②拓展加工营销和品牌打造服务。组织会员和农户联合，开展农产品加工、保鲜储运业务，通过参加展销会、推介会，开展产品促销活动，积极开拓市场；打造品牌，创建名牌，提高产品的知名度和产销率。③开展融资服务。积极联系沟通金融部门，获取通过授信或信誉担保；探索开展资金、信贷合作，帮助会员和农户解决生产资金短缺问题。④拓展抵御风险服务组织，协调会员建立风险保障基金；统筹协调与商业保险公司开展农业保险业务。增强抵御生产风险和市场风险能力。

第五章 现代农业与休闲农业的开发模式

第一节 现代农业与乡村振兴

一、现代农业的内涵分析

现代农业是我国现代化建设的重要组成部分,乡村振兴建设的首要任务,是建立使用现代物质条件装备、通过现代科学技术改造、依托现代经营形式发展、利用现代发展理念指导的新型农业体系。依托于生产物质条件的现代化、科学技术的现代化、管理方式的现代化、传统农民的现代化,借助于规模化专业化生产的优势,以及现代化工业部门和服务部门的要素提供农业支持保护体系的完善,现代农业具备较高的综合生产率并实现了高度商业化。

1997年,国家科学技术委员会编辑出版的《中国农业科学技术政策》一书中,将现代农业的内涵分为产前、产中、产后三个领域来表述:产前领域,包括农业机械、化肥、水利、农药、地膜等;产中领域,包括种植业(含种子产业)、林业、畜牧业(含饲料生产)和水产业;产后领域,包括农产品产后加工、储藏、运输、营销及进出口贸易技术等。可见,现代农业不再局限于传统的种植业、养殖业,而是围绕农业生产形成庞大产业集群,在市场机制作用下,农业与其他产业形成稳定的相互依赖、相互促进的利益共同体。

二、乡村振兴战略下的现代农业三大体系

2006年年底中央农村工作会议指出,推进新农村建设的首要任务是建设现代农业;2007年中央一号文件再次强调,发展现代农业是社会主义新

农村建设的首要任务；党的十九大明确把"构建现代农业产业体系、生产体系、经营体系"作为实施乡村振兴战略的主要措施之一；2018年中央一号文件也再次强调乡村振兴、产业兴旺，要加快构建现代农业产业体系、生产体系、经营体系。

根据党的十九大报告"乡村振兴战略实施"要求，结合我国农村的实际情况和条件，加快构建现代农业"三大体系"，是推动农业现代化的主要抓手，是现代农业发展的三大支撑。现代农业产业体系是农业产业横向拓展和纵向延伸的有机统筹，现代农业生产体系侧重提升农业生产力，现代农业经营体系侧重完善农业生产关系，三者相辅相成。

（一）构建现代农业产业体系

构建现代农业产业体系，在巩固提升粮食产能的同时，努力推动农村一二三产业融合发展，因地制宜开发各种农业资源，大力推进农业供给侧结构性改革。

推动一二三产业融合发展，就是要改变农村仅依靠农业的单一经济增长结构，促进二三产业深度融合发展。优先发展农产品的精深加工，支持生产、加工、仓储、物流、销售一体化发展，拓展农业的休闲、旅游、科普、教育、文化、养生等功能，延长产业链、增加产品附加值，并促进创意农业、休闲农业、共享农业、订单农业、循环农业等产业的深度融合。

因地制宜开发特色农业资源，培育地方特色优势农业。一方面要深度挖掘农业资源的生态功能，另一方面要立足地方资源优势，探索融合模式。重点扶持特色优势农业，建立品牌效应，提高信誉度，保障食品安全，并进一步增强农产品的出口能力，提升国际竞争力。

推进农业供给侧结构性改革。一是优化农业的内部结构，调整农业的品种结构、种植结构和空间结构；二是根据市场发展规律，在质量安全和绿色生态等方面满足消费者需求；三是对资源和生产要素进行优化配置，提升农业生产效率，加快推进农业产业结构调整步伐。

（二）构建现代农业生产体系

构建现代农业生产体系，需要用现代的生产方式对传统农业进行改造，转变农业要素的投入方式，不断增强农业综合经济效益和抵御市场风险的能力。在增强农业自身生产水平的同时，注重生态环境的开发与保护，坚持推进农业绿色可持续发展，强化科技引领作用，促进农业科技研发和科技成果转化，做到农产品质量以及品牌效应的提升，实现"质量兴农"。

用现代生产方式对传统农业进行升级。即深化农业与高新科学技术的融合发展，大力发展现代农业机械，重点推进互联网、农业物联网、大数据平台、农产品溯源系统等信息化技术，提高生物防治技术在农业生产中的应用。

大力发展循环农业、生态农业。在促进农业发展的同时加强资源节约和农业废弃物的资源化、能源化利用。一是探索循环农业新模式，促进农业可持续发展。实现农业内部紧密协作、联合发展的新格局；二是减少农药、化肥等投入物的使用，鼓励使用测土配方施肥、水肥一体化技术，实现精准农业；三是加强有机肥、生物有机肥生产与推广；四是在政策上增加扶持力度，重点培育一批循环农业、生态农业示范区，全面消除农业面源污染。

提高农产品品质，打造特色品牌。推动优势、特色农产品的"三品一标"认证，优先使用公共资源，建设农业标准化生产体系和农产品溯源系统，提高农产品的品质和商品属性，增强农产品的销售信誉度，缓解当前的食品安全问题。同时要发掘、打造、提炼和传播农产品的文化价值，善于发现同类农产品内在、外在的差异化，构建其品牌特征。

（三）构建现代农业经营体系

近些年来，随着农村土地流转的有序开展和农村土地制度的不断完善，各类新型农业经营主体大量涌现，在现代农业发展方面起到了重要的引领作用。现代农业经营体系的构建重点是要培育各类新型农业经营主体和创新农业社会化服务体系。利用好农业公共服务平台，制定一系列科技、金融、财政及人才扶持政策，优化与小农户之间的利益联结机制，形成利益共同体，带动农民增产增收、脱贫致富。

规模化新型农业经营主体是农业现代化的引领力量，主要包括农业龙头企业、农民合作社、家庭农场、种养专业大户等通过培育新型农业经营主体，可优先体现现代农业机械化、科技化、商业化、规模化、专业化的优势，增强风险抵御能力并广泛辐射和带动小农户的农业生产、经营。

创新培育农业社会化服务体系。随着新型农业生产经营主体的大力发展和农业经营体制机制的不断改革,农业社会化服务体系的健全成为迫切要求。具体体现在服务装备、服务平台、服务政策三个方面。加强农机服务装备、农产品质量安全检测装备和农业信息化装备的建设;推进农村产权交易平台、金融支农服务平台、经营主体信用服务平台和农产品流通营销平台的建设;加强财政资金、用地用电、税费政策和人才的支持。

三、现代农业的"六化"打造手法

(一)生产主体组织化

目前我国农村人口依然众多,而且分散程度高,生产和经营规模小,整体经济实力、科技水平较低。使农民有序地向现代职业农民转变,关键是加快培育一批与地方农业产业结构相匹配的新型农业生产经营主体,以政府部门为主导、农业产业龙头企业为核心、农民专业合作社为骨干、家庭农场为重点、高素质的种养大户为基础、各类社会资源共同参与开发,逐步从传统小农户生产方式向农产品生产、精深加工、商品流通与销售、农业社会化服务等一体化的产业链条转变。一方面,农业生产经营主体的组织化可以适应市场经济发展,缓解小农户与市场之间的痛点;另一方面,便于统一制定产品质量标准、农业投入物标准、生产技术标准等农产品标准体系,从质量和品牌效应方面推动农业提升。

(二)生产手段科技化

科学技术的发展与应用是传统农业向现代农业转变的重中之重。2015年,国务院办公厅印发了《关于加快转变农业发展方式的意见》,这是国家层面首个系统部署转变农业生产发展方式工作的重要文件,为此后中国加快推进现代农业提供了明确的方向。《关于加快转变农业发展方式的意见》中明确提出农业要强化"农业科技自主创新""农业生产机械化""农业信息化"。

科技自主创新,需要结合农业生产实际情况,联合涉农科研企业、农业科研院校、农业科技人才,提升自身的科技创新能力;推动农业生产机械化,是要构建和推广主要农作物全程机械化生产技术体系,是实现现代农业的重要特征之一;农业的信息化发展,就要将互联网技术、农业物联网技术、农产品溯源技术、病虫害监控技术,广泛应用到农业生产、加工、仓储、物流、销售过程中,实现远程数字化、透明化、可视化,不断融合农业产前、产中、产后三大领域,延长产业链条。

(三)产业经营一体化

农业产业经营一体化是关系我国城乡一体化建设的重要组成部分,是一种经济共同体,是农产品进行市场化运作的现代农业模式。

现代农业以市场需求为导向,实现特色、优势农产品的各个产业链条的相互衔接,形成一二三产业深度融合的发展体系。产业经营一体化可促进农业生产精细化、订单化,推动农业服务专业化、社会化,打通农用物资、农产品流通渠道,大大降低原材料消耗、农业投入物消耗、生产消耗和销售成本,实现产业效益内部化,从而提升农业产业综合竞争力。

(四)产业功能多元化

农业不仅具有为人们提供衣、食、住、行等生产、生活原料的经济功能,还具有社会、生态、文明等多种非经济功能。现代农业功能多元化发展是世界范围内重新构建现代农业产业体系的重要基础,也是近年来农业发展的重点领域。

从农业的经济功能角度讲,现代农业的发展方向是不断利用科学技术和现代机械,降低生产过程中产生的各类附加成本,提高农产品的生产效率,在增加农产品产量的同时提升品质,增加农产品的经济附加值。

从农业的社会功能角度讲,现代农业可以增强社会就业吸纳能力,通过培育出大量新型职业农民,缓解大量传统农民的就业压力,促进了社会的稳定发展。

从农业的生态功能角度讲,现代农业强调减少使用农药、化肥、激素、生长调节剂、地膜等化工制品,同时现代农业具有涵养水源、保持水土、改善土壤结构、调节地区小气候、丰富物种资源等作用,是一种生态温和型的生产方式。

从农业的文化功能角度讲,中国具有数千年的农耕文明,农业是记录中国传统文化、传统生产方式和传统生活方式乃至宗教信仰的重要载体,具有文化景观、文化旅游、科普教育等多种旅游服务价值。

（五）利益分配市场化

2018年中央一号文件指出"促进小农户和现代农业发展有机衔接"。

除了生产方面要孵化新型经营主体、培育新型职业农民外，创新小农户与农业龙头企业、农民专业合作社、家庭农场、养殖大户之间的利益联结机制，使利益分配市场化，也是保障农民利益的重要措施。

在农业人口中，小农户的占比依然很高，因此在我国全面实施乡村振兴战略过程中，一定要实现小农户与现代农业的连接。小农户目前存在耕地细碎化、老龄化、兼业化严重，信息手段的能力不强、公共资源分配不合理等问题，从长远来讲，要在市场化的运作机制协调下，支持劳动生产者、产品加工者、商品销售者、服务提供商等部门，通过劳动服务、订单农业、共享农业、土地流转、农村集体经济分红等形式，建立新型农业经营主体与小农户之间的利益分享机制，将从事农村一二三产业的各种劳动者联结在一起，实现利益分配的市场化。

（六）要素配置高效化

目前我国农业面临着耕地面积规模小、劳动力科技水平不高、生产机械化程度偏低、农业金融服务不足、农业生产组织化偏低等问题，而现代农业产业体系通过市场调节机制，在产前、产中、产后三个领域合理分配各种生产要素，提升土地劳动力、科技、资本、生产经营主体等要素的投入质量和有效配置率，从而有效提高资产产出率和投入要素的生产率。

第二节 休闲农业开发模式

自2010年中央一号文件提出"积极发展休闲农业、乡村旅游、森林旅游和农村服务业，拓展农村非农就业空间"起，休闲农业就成为了农业与旅游产业的重要发展方向。2010年7月农业部与国家旅游局联合发布《关于开展全国休闲农业与乡村旅游示范县和全国休闲农业示范点创建活动的意见》，提出利用3年时间，培育100个全国休闲农业与乡村旅游示范县和300个全国休闲农业示范点，这标志着休闲农业的实践开始在全国各地铺开。在接下来的几年里，农业部牵头，休闲农业政策密集发布，2013年，《全国休闲农业发展"十二五"规划》发布；2015年，《关于积极开发农业多种功能大力促进休闲农业发展的通知》发布；2016年，《关于大力发展休闲农业的指导意见》发布；2017年，《关于推动落实休闲农业和乡村旅游发展政策的通知》发布；2018年4月，农业农村部发布《关于开展休闲农业和乡村旅游升级行动的通知》，明确提出"休闲农业和乡村旅游是农业旅游文化'三位一体'、生产生活生态同步改善、农村一二三产业深度融合的新产业新业态新模式"，休闲农业和乡村旅游的升级成为"推进供给侧结构性改革，促进农业转型升级，实施乡村振兴战略"的新动能。

近几年，在政策与市场的双重推动下，休闲农业呈现出"井喷式"增长态势，2017年我国休闲农业和乡村旅游各类经营主体已达33万家，比上年增加了3万多家，营业收入近6200亿元。休闲农业在带动农民增收、推动区域发展等方面取得了显著成效。但我们也应看到，我国休闲农业总体发展水平不高，产品较为单一，规模较小，中高端乡村休闲旅游产品和服务供给不足，一二三产业融合尚处在初级阶段，休闲农业的后续发展需要质的提升。

一、休闲农业内涵解读

（一）休闲农业的概念

休闲农业并不是一个通用术语，在不同国家与地区，存在诸多相近的表述，如"观光农业""旅游农业""体验农业""乡村休闲"等。据研究，中文"休闲农业"一词在公开场合最早使用是在1989年我国的台湾大学举办的"发展休闲农业研讨会"上。1992年，我国台湾地区公布实施《休闲农业区设置管理办法》，将休闲农业定义为：利用田园景观、自然资源、结合农林牧渔生产，农业经营活动、农村文化、农家生活，提供人们休闲，增进人们对农业及农村的体验为目的的农业经营。以此为源头，内地学者开始介入"休闲农业"含义的界定，2002年，《全国农业旅游示范地、工业旅游示范点检查标准（试行）》发布，其中对农业旅游点进行了界定：指农业生产过程、农村风貌、农民劳动生活场景为主要旅游吸引的旅游点。2013年，农业部印发《全国休闲农业发展"十二五"规划》，从官方层面对"休闲农业"进行了表述。文件指出：休闲农业是贯穿农村一二三产业，融合生产、生活和生态功能，紧密连接农业、农产品加工业、服务业的新型农业产业形态和新型消费业态。至此，我国休闲农业的内涵得以确定。

（二）休闲农业的界定

以《全国休闲农业发展"十二五"规划》中休闲农业的界定为基础，参考国内外业界专家的讨论，休闲农业可以从以下四个方面进行界定。

1. 休闲农业的本质是一种新型农业产业形态

休闲农业既不同于传统的农业生产经营形态，也不同于休闲产业单纯的娱乐服务属性，它是以农业自然生态为核心，将种植、养殖、林业、牧业、渔业等产业资源与旅游休闲功能进行整合后形成的新型农业产业形态。但休闲农业具有较为明显的季节性与地域性，需要根据农业生产的季节性与地域性特征设计休闲产品，同时也需要通过差异化产品组合，淡化季节性影响。

2. 休闲农业以"三农"为发展基础

休闲农业的发展需要充分考虑农业、农村、农民问题，不能脱离"三农"基础。在农业方面，通过休闲功能的植入，休闲农业的发展可拉长农业产业链，提升农产品的附加值，实现一二三产业的融合；在农民方面，休闲农业的发展，可充分吸收农村剩余劳动力，在加工业、服务业等方面增加农民就业，同时还可拉动农民创新创业；在农村方面，休闲农业以产业发展带动区域经济发展，同时通过传统文化的传承、基础设施与公共服务设施的完善、城市文化的碰撞，提升社会文明水平。

3. 休闲农业以"三产融合"构建产业形态

休闲农业是一种"泛农业"概念，是传统农业与加工制作、旅游休闲、康体运动，以及科学技术、物联网、互联网等各类产业融合形成的产业形态。因此，休闲农业是以"农"为基础，以休闲化为导向，通过农业与二三产业的深度融合，打造丰富的产品类型与活动体验，最终形成一二三产业互促发展的创新产业形态。

4. 休闲农业融合生产、生活、生态功能

休闲农业集生产、生活、生态功能于一体，为消费者提供生产体验、农产品购买、生活方式体验、生态环境共享等服务，其目的是通过休闲化打造,充分挖掘乡村的生态优势与文化优势,盘活农村闲置资源,以推动农业增效、农民增收、农村增绿。

二、休闲农业的开发模式

依托不同的资源基础与开发手段,休闲农业有多种开发模式。从实际现状看,艺术观光、休闲聚集、智慧科普、田园养生是休闲农业目前主流的四种开发模式。针对目前休闲农业开发中的问题,围绕这四种开发模式的内容、产品类型开发要点等进行讨论。

(一)艺术观光型开发

艺术观光型休闲农业是指通过艺术手法的介入,使乡村原有的良田、粮食蔬菜、花卉苗木、乡村农舍、溪流河岸、园艺场地、绿化地带、产业化农业园区、特种养殖业基地等自然、人文景观形成独特的艺术魅力,并以此为核心,融入文化、旅游、休闲元素,打造艺术节、文化村等活动与项目,为旅游者构建以艺术观光休闲为主要内容的产品。这类产品使得游客回归自然,感受大自然的原始美以及艺术与自然融合的震撼力,在山青水秀的自然风光和多姿多彩的艺术形态间放松自己,而获得一种心灵上的愉悦感。

产品类型:艺术观光休闲产品强调艺术植入与艺术的生化处理,其产品兼具自然艺术与生活艺术的美感。主要类别见表5-1。

表5-1 艺术观光型休闲农业的重要产品类别及项目

类别	特点	具体项目
艺术田园观光	创意景观	花海(油菜花、向日葵、薰衣草、胡麻花、郁金香等)、稻田、梯田、花季果园、丰收田园、麦田怪圈、稻田画等
设施农业观光	科技农业景观	立体种植、容器种植、无土栽培、温室栽培、温室花卉、创意农业、基因工厂等
建筑艺术观光	建筑景观	特色民居(竹屋、土屋、窑洞、石头房子等)、生态建筑、仿生建筑等
人文艺术观光	文化记忆	艺术设计小品、博物馆/文化馆/艺术馆、农业遗址等

开发要点:艺术观光型休闲农业的开发以艺术与乡村风貌的改造融合为核心,主要有三个要点。一是以艺术家为核心,多方共同参与。艺术观

光休闲产品的打造需要艺术家、原村民消费者的共同参与,该类产品的核心生命是艺术,需要艺术倾注心力,对原有的田园、建筑等农业资源进行融合改造,根据场景进行艺术创新,最终形成且具有核心吸引力的艺术产品。而艺术观光产品产生的全过程都离不开原村民的参与,原村民提供闲置的乡村农业资源,参与休闲活动的经营,并在区域发展中受益。由艺术连接起来的消费者,具有较高的忠诚度,通过适当的引导,能够与原村民一起推动区域的艺术发展与产品更新。二是依托区域资源,打造可持续更新的艺术观光休闲模式。艺术具有生命性,与个人生活、时代发展等密切相关,需要持续不断的改造、创新,这样才能为项目注入持续的生命力。因此,这一开发模式应尽量选择具有持续性的艺术活动来带动,以不断保持产品的时代感与创新性。三是以更宽广的视角,打造产品的独特性与典型性。艺术是人类情感的表现,艺术与农业的融合远不是在农业环境中放几个艺术作品那么简单,它需要艺术与乡村风貌的完美融合,需要从人类共同情感中打造农业中的艺术世界,形成具有独特魅力、典型价值的艺术场景与体验。

(二)休闲聚集型开发

休闲聚集型农业开发是以农业为基础,以宁静、松散的自然氛围为依托,以农事体验、花卉观光、科普、运动等多种多样休闲体验活动为核心的一种开发模式。此模式核心在于通过"主题化"途径打造乡村休闲活动和乡村文化的极致化体验,进而通过休闲消费的聚集来提升运营和盈利能力。主题往往能构成项目吸引核,成为吸引人流的利器,并通过主题型特色体验和特色服务内容的提供,留住人群,刺激消费,推动产业升级。

打造重点:主题聚焦下的休闲农业开发主要有三个要点。一是充分挖掘主题资源。基于乡村文化和农业特色,聚焦特色主题进行突破。并通过景观设计和体验情景的融入,让游客感受到主题氛围,并参与其中,满足其体验诉求。二是围绕主题形成产品支撑体系。主题资源及文化的挖掘和定位固然重要,但最终落地是要靠主题型核心产品和项目支撑。三是基于主题形成品牌化发展。在主题体验产品和主题氛围的营造下,通过文创将主题导入"种植、加工、包装、营销"等环节,提升农产品附加值,并借助互联网和微平台,形成互动营销和品牌宣传,拓展游客和消费市场。

产品类型：休闲聚集型开发模式下，结合市场需求和主要功能综合考虑，休闲农业的产品一般分为特色农业类休闲、亲子类休闲、运动类休闲、文化类休闲、科普类休闲及其他特色休闲等类别。详见表5-2。

表5-2 聚集型休闲农业的重要产品类别及项目

类别	特点	具体项目
特色农业类休闲	特色农产品为吸引	花卉休闲游、林果采摘游（草莓、苹果等）、休闲牧业游、葡萄庄园、茶园、水草农场、水稻农庄、竹林生态乐园、休闲渔场等
亲子类休闲	儿童游乐+亲子活动	亲子乐园、萌宠乐园、番茄庄园、亲子DIY（自己动手）等
运动类休闲	运动拓展	花田/农间迷宫、赛场、农业主题马拉松、趣味运动会、田园风筝节等
文化类休闲	农俗+民俗风情	农耕文化馆、农耕文化主题农庄、民间技艺民族村落（中华民族村）、乡土艺术主题民宿等
科普类休闲	自然教育+农业科技展示	农业科普教育、自然教育、科技农业园区展示、创意农业园等
其他特色休闲	婚礼主题、农业嘉年华、乡村音乐节、乡村市集等	

（三）智慧科普型开发

随着互联网、物联网等信息技术及智慧设备在农业中的广泛应用，智慧农业成为农业转型升级的新途径。智慧农业运用现代科技手段进行农业生产种植，包括智能温室农业、无土栽培、精准农业等现代农业生产和经营内容，具有规模化、产业化、精准化等特点。

智慧科普型休闲农业是基于农业科技内涵，以智慧农业为核心，集科技展示/示范、旅游观光、科普教育及休闲娱乐功能于一体的一种综合开发模式。智慧科普型休闲农业注重延伸科学教育功能，强调智慧科普的同时也强调娱乐参与性，通过体验化产品打造满足游客对科技的探秘和好奇，同时也成为智慧农业的重要宣传窗口。

产品类型：智慧科普型开发模式下，根据主要服务功能来看，一般分为科技观光、科普教育、农业科研、休闲游乐等产品类别。详见表5-3。

表 5-3 智慧科普型休闲农业的重要产品类别及项目

类别	特点	具体项目
科技观光	技术展示	智慧农业园、智能温室、设施园艺示范园、沙漠植物室、绿色农业种植园、农业创意馆、智能生态农场等
科普教育	技术普及	教育农场、自然学校、亲子科普活动、智慧农乐园等
农业科研	技术支撑	新型农业科研基地、垂直农业技术馆、健康科技农园、国际农业交流园、会议会展活动等
休闲游乐	趣味体验	AR 主题乐园（现实主题乐园）、科技 DIY（自己动手）、主题餐厅、主题农事节庆等

开发要点：科技农业资源、科普教育及休闲旅游功能的深度融合是智慧科普型休闲农业开发的关键。在具体实施过程中，应充分利用农业新科技及智慧化管理，并结合农业田园风光、农耕文化等资源，形成"科技+农业+教育+旅游"的创新型产品谱系。

一是打好"科技牌"，做好农业科技的展示和示范。智慧农业从育种到采摘全链生产过程中都与传统农业不同，技术含量高，管理现代，同时有一定的观光展示和虚拟体验等功能，能形成休闲带动效果。

二是做好科普活动及教育课程的设计。在已有资源和生产基础上，针对不同的科普对象（行业内技术人员、行业管理人员，还有青少年等）创新性地从科普内容、体验活动、服务内容等方面形成一套面向市场的科普体验产品体系。

三是补充大众休闲游乐产品体系。在智慧科普的核心产品下，从农业附加值的实现和项目综合收益角度考虑，要丰富全方位全周期的休闲、趣味、游客体验内容和服务设施，对接市场多层次的体验和游乐需求，实现从深度向广度的市场拓展。

（四）田园养生度假开发模式

近几年，随着人们旅游观念的转变，休闲度假逐渐成为一种趋势，依托蓝色天空、清新空气的乡村田园养生度假受到都市人的追捧。度假型休闲农业以"农作、农事、农活"的体验为基本内容，重点在于享受乡村的生活方式，借以放松身心达到休闲的目的。通常来说，主要由度假农庄提供田园养生度假服务，并同时提供乡间散步、爬山、滑雪、骑马、划船、漂流等观光、休闲、娱乐、康体、养老等多种配套产品,以丰富乡村度假内容,满足多样化度假需求。

产品类型:田园养生度假休闲农业的主要产品类型有农事体验、绿色生态美食、特色住宿、田园养生、运动休闲等。详见表5-4。

表5-4 田园养生度假型休闲农业的重要产品类别及项目

类别	特点	具体项目
农事体验	田园生活园	开心农场(种植、采摘、垂钓)、田园牧歌、养老中心等
特色农庄住宿	住宿载体	特色农家院和客栈、渔家村、酒庄、木屋、乡村紫篷等
绿色生态美食	食疗养生	农村集市、有机餐厅、新农村怀旧餐厅、温室生态餐厅、农家特色餐厅等
田园养生养老	养生保健	园艺疗法、中医理疗馆、养生会所、生态健身馆等

开发要点:田园养生度假休闲农业的开发主要有四个要点。一是多主体共同开发。田园休闲农业的乡村住宿、特色餐饮、养生养老产品等诸多方面,其开发需要村集体、农民、企业的配合,形成共担责任、共享利益的开发结构。二是闲置资产的利用。在大规模乡村人口进城的背景下,乡村出现大量的闲置房屋、土地,这些闲置资源的充分利用,有利于缓解我国用地矛盾,保护耕地资源,增加农民收入,助力乡村振兴。三是打造田园度假产品独特的"乡土味"。从某种意义上说,田园度假是一次对乡土文化与生活的体验,因此,田园度假产品应通过材质、建筑形态等营造淳朴的乡村氛围,从文化活动、餐饮配套等方面形成乡土的生活方式,让旅游者体会本真的乡土味。四是高品质的乡村度假生活。"乡味"不等于低端的产品服务,田园度假应在"乡土"基础上提供丰富的现代休闲配套和高端的度假服务。

需要说明的是,具体到某个休闲农业项目的开发可能涉及艺术观光、主题休闲、科技农业、田园养生等多个层面,在实际操作中,不同项目需要根据其自身的现实条件综合考量,选择最合适的开发模式。

第六章 乡村振兴与现代农业创业

第一节 农业创业的概述

一、创业与农业创业

创业，是指通过寻找和把握机遇，创造出新颖的产品或服务，并通过市场扩展成企业或产业，从而实现其经济价值和社会价值的过程。创业就是激励自己，开发自己最大的潜能。创业就是善于发现新领域，善于挖掘通往成功的无数潜在时机。创业就是创造新的就业岗位，创造新的成功机遇，创造新的富于挑战的人生。

农业创业是这样一种过程，是指某一个人或一组人，通过寻找和把握农业行业机遇，去创立、创设或创新农业事业和职业岗位，在农业行业领域内去创造价值和谋求发展，并通过自己的产品或服务来满足社会某些人群的愿望和需求；也是指人们在农业行业领域内进行投资，从事农业生产、加工、运输、服务等活动的过程。包括种植、养殖规模经营、进行设施农业生产、从事农业经纪活动、组建农民经济合作社、创办农业企业等。

二、基本创业类型

创业类型的划分有多种标准。从性质看有学业、事业、专业、家业、产业；从类别看，有各行各业、各种职业和岗位，正所谓"三百六十行"；从范围看，有个人小业、集体中业、国家和社会大业；从项目看，有高新技术型创业、传统技能型创业、知识服务型创业、体力服务型创业；从渠道看有独立型创业、母体分离型创业、企业内创业；从动机看，有机会型创业和生存型创业。在这里我们介绍一下机会型创业和生存型创业这两种创业类型。

(一) 机会型创业

机会型创业是指创业的动机在于个人抓住现有机会或即将出现的机会的强烈愿望，是一种个体的偏好，并将创业作为实现某种目标（如实现自我价值、追求理想等）的手段。

(二) 生存型创业

生存型创业的动机在于别无更好的选择，如没有工作或对现有工作不满等，是一种被迫的选择，而不是人的主观自愿。创业者必须依靠自己的创业为生存和发展谋求出路，改变现状是创业的动机。

三、主要创业模式

创业是当今时代的热门话题，许多人都希望能够找到一种投资少、风险小、见效快、收益大的创业方式，有这样的想法是正常的，但创业不是投机，创业者在创业之前必须了解创业的艰辛并且明确创业的方向，然后再决定是否创业。我们在这里介绍三种创业模式。

(一) 逐步积累式

许多创业者都曾有过打工的经历，从打工起步，先积累经验和资金，为自己未来创业做准备。这种创业式，第一步要做好正确的选择。要选择适合自己做的事，这里"适合"有两层含义：一是要尽力选择自己比较喜欢的事做。一个人在人生和事业的起步阶段，一种美好愿望的驱动至关重要，选择适合自己的事来做就十分必要。二是要选择在打工地区有规模有优势的行业或有发展潜力的行业做，而每一个地区的经济资源是不一样的。如果所选择的不是当地资源独特、有一定规模和发展潜力的行业做，这将会加大创业的难度，增加创业的风险，以这样的标准去选择打工的单位，往往比单纯看工资高不高、条件好不好更重要。第二步要有目的地去学习和积累，学习所在单位的产品知识、经营知识、管理知识，不能简单地学习所从事的岗位知识。在实践中摔打磨炼才能学到真本领。第三步是充分利用好现有的资源。现在所积累的经验和结识的人员等都将是今后无形的财富。条件充分成熟后，就可以去独立或合作开创自己的产业了。

（二）寻求支持式

有一个关于个人财富的统计，那就是所拥有的财富。一般来说，是身边朋友所有财富的平均值。因此，在产生个人创业打算后，找出一个成功的人结交，有目的、有准备地用心去学习成功者如何做事和如何思考尤为重要。要用心智去感悟成功的人是如何实现成功的，因为成功是有方法和途径的。千点万点，不如名师一点。成功的方法之一，就是重叠成功人的脚印，当然绝不是简单的复制。捆绑创业是寻求支持式创业的另一种创业模式。如加盟连锁、加入农民合作社、参加农业协会等，可以省去创立品牌阶段的艰辛，可以寻求集体的支持，可以降低创业的风险。

（三）白手起家式

这种模式能满足自己当老板的渴望。在实际创业过程中，对创业者的要求最高，它要求创业者掌握与创业相关的技术技能，了解市场需求，具有项目选择的能力，具有与人交往的能力，有面对挫折和失败的勇气等。这种创业模式，选择项目十分重要。而且白手起家式的创业模式，可以实践创业者个人的创业计划，实现个人的创业目标，当成功来临时，会倍有成就感。

第二节 抢抓农业创业的机遇

农业是安天下、稳民心的战略产业，农村是全面建设小康社会的重点和难点。在加快推进社会主义现代化进程中，从战略和全局的高度重视"三农"问题，在工作部署中真正落实重中之重的基本要求，任何时候都不能动摇；必须把稳定发展粮食生产放在"三农"工作的突出位置，任何时候都不能放松。2004—2024年，中央连续21个一号文件都锁定在"三农"问题，按照"坚持以人为本，加强农业基础，增加农民收入，保护农民利益，促进农村和谐"的目标和取向，利用好农业政策平台是农业创业者必走的"捷径"。其特点是重点突出，导向明确，操作性强，受益面大。农业创业者正面临前所未有的政策机遇，这些优惠的农业政策为立志于农业创业者敞开了一扇扇大门。

一、农业创业面临的政策机遇

1. 优惠的农业补贴政策

近年来,我国实施了"四减免""四补贴"等支农惠农政策,先后在全国范围内取消了农业特产税、牧业税、农业税和屠宰税,切实减轻了农民负担。利用好农业政策平台是农业创业者必走的"捷径",国家出台的多项惠农政策主要包括以下几种。

(1)粮食直补政策。

农民种植粮食作物直接补贴,按耕地面积由中央财政从粮食风险基金中拿钱补贴给农民,根据地方人口平分到单位面积。

(2)农作物良种推广补贴政策。

这是中央财政为加快我国农作物良种推广,促进农作物良种区域化种植,提高农产品品质而设立的专项资金。中央财政对高油大豆、优质专用小麦、专用玉米和水稻种植按不同标准给予补贴。补贴标准按照被国家列入推广示范区的高油大豆、专用玉米种植面积。农作物良种补贴资金运行管理实行省级列支、专户直拨。与此同时,财政部会同农业农村部等部门对小麦良种补贴政策和方式进行认真研究,要求在扩大补贴范围的同时,加大小麦良种补贴工作的示范带动效果。

(3)大型农机具购置补贴政策。

按农业部的《农业机械购置补贴专项资金使用管理暂行办法》(财农〔2005〕11号)的规定,农民、农场职工、农机服务组织、农村合作组织、农业园区业主(以下统称"购机者")购置补贴机具目录中的农业机械,从事农业生产都可享受专项资金补贴。

(4)农资综合直补政策。

农资综合直补政策是指在现行粮食直补制度基础上,对种粮农民因柴油、化肥、农药等农业生产资料增支而实行的综合性直接补贴政策。补贴资金全部由中央财政负担,一次性拨付给地方并重点向粮食主产区和产粮大县倾斜,年内不再随后期农业生产资料实际价格变动而调整。

(5)能繁母猪补贴政策。

为丰富市民"菜篮子",缓解猪肉供给偏紧的矛盾,保障猪肉等主要副食品市场的平稳供应，每头母猪可获 50 元补贴。

2. 放心的农业保险政策

政策性农业保险是由政府主导、组织和推动，由财政给予保费补贴或政策扶持，按商业保险规则运作，以支农、惠农和保障"三农"为目的的一种农业保险。政策性农业保险的标的划分为：种植面积广、关系国计民生、对农业和农村经济社会发展有重要意义的农作物，包括水稻、小麦、油菜。为促进生猪产业稳定发展，对有繁殖能力的母猪也建立了重大病害、自然灾害、意外事故等商业保险，财政给予一定比例的保费补贴。政策性农业保险险种主要如下。

（1）农作物保险。

发生较为频繁和易造成较大损失的灾害风险，如水灾、风灾、雹灾、旱灾、冻灾、雨灾等自然灾害以及流行性、暴发性病虫害和动植物疫情等。对于水稻、小麦、油菜等主要参保品种，各级财政保费补贴 60%，农户缴纳 40%。

（2）能繁育母猪保险。

政府为了解决饲养户的后顾之忧，提高饲养户的养猪积极性，平抑目前市场的猪肉价格，进一步降低养殖能繁母猪的风险，政府对能繁母猪实行政策性保险制度，出台了"母猪保险"。能繁母猪保险责任为重大病害、自然灾害和意外事故所引致的能繁母猪直接死亡。因人为管理不善、故意和过失行为以及违反防疫规定或发病后不及时治疗所造成的能繁母猪死亡，不享受保额赔付。

（3）农业创业者参加政策性农业保险的好处。

一是可以享受国家财政的保险费补贴；二是发生保险责任内的自然灾害或意外事故，能够迅速得到补偿，可以尽快恢复再生产；三是可以优先享受到小额信贷支持；四是能够从政府有关方面得到防灾减损指导和丰产丰收信息。

3. 透明的农业专项资金扶持政策

为加快发展高效外向型农业，提高农业产业化水平，促进农业增效、农民增收，鼓励和吸引多元化资本投资开发农业，鼓励投资者兴办农业龙头企业，鼓励科研、教学、推广单位到项目县基地实施重大技术推广项目，国家或有关部门对这些项目下拨专门指定用途或特殊用途的专项资金予以补助。这些专项资金都会要求进行单独核算，专款专用，不能挪作他用。补助的专项资金视项目承担的主体情况，分别采取直接补贴、定额补助、贷款贴息以及奖励等多种扶持方式。专项资金补助类型主要如下。

（1）高效设施农业专项资金，重点补助新建、扩建高效农产品规模基地设施建设。

（2）农业产业化龙头企业发展专项资金，重点补助农业产业化龙头企业及产业化扶贫龙头企业，对于扩大基地规模、实施技术改造、提高加工能力和水平给予适当奖励。

（3）外向型农业专项资金，重点补助新建、扩建出口农产品基地建设及出口农产品品牌培育。

（4）农业三项工程资金，包括农产品流通、农产品品牌和农业产业化工程的扶持资金，重点是基因库建设。

（5）农产品质量建设资金，重点补助新认定的无公害农产品产地、全程质量控制项目及无公害农产品、绿色、有机食品获证奖励。

（6）农民专业合作组织发展资金，重点补助"四有"农民专业合作经济组织，即依据有关规定注册，具有符合"民办、民管、民享"原则的农民合作组织章程；有比较规范的财务管理制度，符合民主管理决策等规范要求；有比较健全的服务网络，能有效地为合作组织成员提供农业专业服务，合作组织成员原则上不少于100户，同时具有一定产业基础。鼓励他们扩大生产规模、提高农产品初加工能力等。

（7）海洋渔业开发资金，重点补助特色高效海洋渔业开发。

（8）丘陵山区农业开发资金，重点补助丘陵地区农业结构调整和基础设施建设。

4. 税收优惠政策

对于独立的农村生产经营组织，可以享受国家现有的支持农业发展的税收优惠政策。《中华人民共和国农民专业合作社法》第五十二条规定，农民专业合作社享受国家规定的对农业生产、加工、流通、服务和其他涉农经济活动相应的税收优惠。支持农民专业合作社发展的其他税收优惠政策，由国务院规定。全部取消了农业税、牧业税和特产税的同时，建立农业补贴制度，对农民实行粮食直补、良种补贴、农机具购置补贴和农业生产资料综合补贴，对产粮大县和财政困难县实行奖励补助。这些措施极大地调动了农民积极性,有力地推动了社会主义新农村建设,农村发生了历史性变化,亿万农民由衷地感到高兴。农业的发展,为整个经济社会的稳定和发展发挥了重要作用。

5. 其他优惠政策

为进一步推动农业产业化的发展,促进农业生产要素"回流",切实保障以上农业政策更好地贯彻实施,农业农村部联合工商、金融、交通等管理部门出台了一系列配套措施和鼓励政策。

(1)财政贴息政策。

财政贴息是政府提供的一种较为隐蔽的补贴形式,即政府代企业支付部分或全部贷款利息,其实质是向企业成本价格提供补贴。财政贴息是政府为支持特定领域或区域发展,根据国家宏观经济形势和政策目标,对承贷企业的银行贷款利息给予的补贴。政府将加快农村信用担保体系建设,以财政贴息政策等相关方式,解决种养业"贷款难"问题。为鼓励项目建设,政府在财政资金安排方面给予倾斜和大力扶持。农业财政贴息主要有两种方式:一是财政将贴息资金直接拨付给受益农业企业;二是财政将贴息资金拨付给贷款银行,由贷款银行以政策性优惠利率向农业企业提供贷款。为实施农业产业化提升行动,对于成长性好、带动力强的龙头企业给予财政贴息,支持龙头企业跨区域经营,促进优势产业集群发展。中央和地方财政增加农业产业化专项资金,支持龙头企业开展技术研发、节能减排和基地建设等。同时探索采取建立担保基金、担保公司等方式,解决龙头企业融资难问题。此外,为配合各种补贴政策的实施,各个省和市同时出台了许多的惠农政策。

(2)土地流转资金扶持政策。

为加快构建强化农业基础的长效机制,引导农业生产要素资源合理配置,推动国民收入分配切实向"三农"倾斜,鼓励和引导农村土地承包经营权集中连片流转,促进土地适度规模经营,增加农民收入,中央财政设立专项资金扶持农村土地流转,用于扶持具有一定规模的、符合法定程序的农村土地流转,以探索土地流转的有效机制,积极发展农业适度规模经营。

(3)小额贷款政策。

为促进农业发展,帮助农民致富,金融部门把扶持"高产、优质、高效"农业、帮助农民增收项目作为重点,加大小额贷款支农力度。明确要求基层信用社必须把 65% 的新增贷款用于支持农业生产,支持面不低于农村总户数的 25%,还对涉及小额信贷的致富项目,在原有贷款利率的基础上,下浮 30% 的贷款利率。

(4)绿色食品保障制度。

为推行农业标准化生产,深入实施无公害农产品行动计划,各地质检部门建立农产品质量安全风险评估机制,健全农产品标识和可追溯制度。强化农业投入品监管,启动实施"放心农资下乡进村"示范工程。工商部门积极配合发展"绿色食品"和"有机食品"工程,积极培育和保护名牌农产品,加大农产品地理标志保护和监管力度。各级农业部门联合工商行政部门严厉打击制售假冒伪劣农资坑农害农行为,努力营造公平竞争、规范有序的市场环境。继续强化"菜篮子"市长负责制,确保"菜篮子"产品生产稳定发展。

二、农业创业面临的市场机遇

所谓市场机遇,指的就是市场上存在的尚未满足或尚未完全满足的需求。农业的产品种类繁多,满足多个领域、多种群体的需求。农业市场机遇存在于社会生活的各个方面,是多种多样的。但对某一个农业企业来说,众多的市场机遇中仅有很少一部分才具有实际意义。为了搞好市场机会的发现和分析,有效地抓住和利用某些市场机遇,要求创业主体对各种机遇的类型进行分析和把握。

农业创业者面临的市场机遇主要有以下几个方面。

1. 宽松的农产品市场环境

(1)多元化的营销组织形式。

为搞活农产品的流通,目前不同地方根据当地的比较优势孕育成长了不同微观组织形式,这些组织形式之间的连接构成了多样化的流通渠道。这些微观的组织形式包括两大类型:一种类型是以委托关系为主,包括农产品的长途贩运、农产品的仓储、中介流通组织为主体的农产品营销(协会)经纪人,也称为农产品的代理商,帮助转移农产品;另一种类型是以买卖关系为主,包括农产品的批发、农产品的零售等,称为农产品的经销商,帮助销售农产品。以上这些微观组织活跃于产地和消费地,解决了农产品的销路问题。随着农业规模化和产业化的发展，带动了长短不同的产地专门化和综合化的市场，如果蔬批发市场、农副产品批发市场、粮油交易市场、山羊交易市场、大蒜交易市场等，这些交易市场在农产品的生产地，具有聚集农产品的功能，为农业生产者提供较为便利的交易场所，从而降低农产品长途运输的成本和损耗。由于不同的生产地采取不同的措施和办法，有些以运销专业户为主体，有些以运销经纪人为主体，构成了多层次、多形式、多渠道的多元化农产品流通市场体系，促进了农产品的销售。

（2）良好的对接平台。

为了鼓励农产品的销售，扩大销售半径，国家和地方每年在不同的地方举办多次农产品的交易会、产销交流订货会、农村经纪人研讨会和农产品供求信息发布会等，通过"政府搭台、经纪人唱戏"的办法，给农业创业者提供了创业的舞台，也为农业生产企业和农产品运销商提供了良好的沟通交流平台。这些不同形式的展销会成为农产品品牌展示和产销对接的一个重要窗口。通过这一平台可以加强交流，创业者可以利用这个机会交流种植技术，了解农产品的发展趋势，深化种植和销售合作，提高市场竞争力；还可以通过这个机会把更多的农商吸引进来，扩大农产品市场，把更多的农产品销往全国各地甚至世界市场。

（3）畅通的绿色运输通道。

为进一步激活农产品流通市场，促进农民增收，目前国家建立了全国普惠制的绿色通道，并且由交通运输部、农业农村部等国家七部门成立了全国高效绿色通道工作组。目前已建成的绿色运输通道主要包括：五条纵向通道、二条横向通道和三条连接线。绿色通道网络全长 27 000 千米，由银川到昆明、呼和浩特到南宁、北京到海口、哈尔滨到海口、上海到海口五条纵向线路和连云港到乌鲁木齐、上海到拉萨两条横向线路共七条线路组成。

凡整车运输鲜活农产品的车辆在绿色通道上行驶时，各级交通主管部门应按以下规定给予通行便利：以动植物检验检疫证或货物销售发票或运单为准，通过所有公路（含高速公路）桥梁通道和渡口收费站一律免收过路、过桥、过隧道和过渡费。对于省级农业产业化重点龙头企业采取发放《绿色通道通行证》的形式，对持证车辆除高速公路外免收过路费，以降低运输成本，扩大农产品销售。绿色通道对保障市场供应、稳定物价和促进农民增收起到了积极作用，可直接连通全国 29 个省会城市、71 个地市级城市、262 个县级城市，覆盖全国所有具备一定规模的重要鲜活农产品生产基地和销售市场。绿色通道相关政策实施后，预计全国每年减收的通行费将达数十亿元之多，可直接降低农民的生产支出，促进农民增收。

2. 悄然增加的消费需求

（1）不断提升的消费需求。

随着经济的发展和社会的进步，人们生活水平在不断提高，消费群体对不同农产品的购买习惯和消费层次及消费类型都在发生变化。主要表现出以下的规律性：一是随着收入的增加，恩格尔系数下降，食品结构也有了明显的改善，人们更加讲究便捷和关注健康；二是居民外出就餐次数越来越多；三是肉禽蛋水产类和烟酒类支出减少，蔬菜类支出增加。近几年，中国城镇居民食品消费经历了一个从生存型到数量型再到质量型的过程，食品消费的数量和质量大大提高，食品消费的社会化程度不断增强，居民营养水平逐步得到满足。然而随着人们生活水平的日益提高，城镇居民食物消费正在偏离以谷物为主的东方饮食模式，谷物消费量迅速减少，肉类食品消费量大量增加。食品消费结构的变化，在满足层次上，既有满足基本层次的生存需求，也有满足较高层次的文化品位需求；在口味上，更加注重多样化的搭配，绿色食品、方便食品需求日益扩大，将极大地拉动农产品加工业的发展，提升现代农业发展水平。

（2）正在改变的购买习惯。

随着消费层次的改变，不同的消费群体对农产品的购买偏好也在发生变化，对消费品呈现出价格偏好、品牌偏好。在价格上，选择高价格产品的比重偏高；在标签上，偏好绿色、日期、无公害；在消费地点上，惠顾超级市场（高中档饭店），体现出重复购买，具有较高的忠诚度。销售渠道的更迭和消费者购买习惯的调整，给农业创业者提供了机会。这将会激发农产品生产经营者的市场主体意识，促使农户化，从而加速销售方式的变革，在超市销售取代集市销售的过程开始加速的时候，推广标准化生产，优化具体品种在具体区域生产方式，优化农产品粗加工、精加工、包装、运输等一系列品牌化处理过程，提高农产品营销能力。也就是说这是发展品牌健康、营养标准化的农产品的最佳时机。

在超市购买农产品占了绝大多数，而且其对高档农产品的需求量最大，所以农产品批发市场经营高档农产品的销售渠道主要是超市。在大、中型超市找到自己的销售渠道才是正确的销售方法，这样就抓住了消费群体，找到了最好的销售主渠道。

（3）已成"气候"品牌化购买。

销售方式的变革将为有品牌农产品提供扩大市场份额的机会，同时也会排斥无品牌农产品进入市场。品牌是产品品质差异的标志，消费者会对某些品牌形成一定的偏爱，使不同品牌农产品形成稳定的消费群体，这就排斥了非品牌农产品的进入。品牌农产品显然具有获得相对高价的优势。要求越来越高，消费者不仅要求农产品无污染，而且要求营养高、风味好。所以，消费者对高质量农产品的需求价格弹性比较小，有利于生产者依据优质优价原则制定高价，获取较高附加值。当前，国内外农产品市场已经基本处于买方市场，农民不能依靠扩大面积、提高产量的方式达到增收目的，而只有依靠品牌化经营，进入超市销售渠道，才能获取较高附加值。没有品牌就没有固定的消费人群，也没有稳定的销售市场，不利于生产者有计划地安排生产，不能避免市场风险。这是发生大量农产品销售困难，市场大涨大落的根本原因。在优化农产品质量和品种的同时，打造品牌化、标准化的农产品将会起到锦上添花的作用。

3. 方便快捷的现代交易流程

面向市场，搞活农产品流通工作，是建设现代农业、繁荣农村经济的重要环节；是农户小生产与大市场实现对接，增加农民收入的重要途径；是农业行政主管部门遵循市场经济规律，强化"经济调节、市场监管、社会管理、公共服务"职责的重要内容。围绕加快构建统一、竞争、开放、有序的农产品大市场、大流通格局，主要以三个方面作为重点：在流通方式上，要由过分依赖传统的有形市场向以有形市场与连锁配送、电子商务、期货市场等现代流通方式为重点转变；在规模大、辐射面广、带动力强的区域性产地和销地批发市场的基础设施建设上，以加强信息系统、质量检测系统、电子结算系统以及加工、储藏等配套设施建设为重点；在参与主体上，重点将农产品市场由物业型经营主体改造为营销型经营主体，即农产品物流和营销公司，真正发挥农产品市场在流通中的龙头作用。交易的过程体现了数字化、电子化、标准化和信息化，降低农产品流通费用和流通损失,为农业创业者(特别是大的龙头企业)创造了更加快捷和方便的条件。特别是近几年互联网的推广使用也给创业者了解市场信息提供了更加宽广便捷的通道。

4. 法治化的农产品质量安全管理

过去人们主要是注重农产品的营养含量,现在更注重安全性。由于现代农业有大量的非传统投入,其中部分投入对食品的安全有破坏,需要引起注意。我国从 2007 年 11 月 1 日起施行了《中华人民共和国农产品质量安全法》,农产品质量安全管理全面纳入法治化轨道,这对于从源头上保障农产品质量安全、维护公众身体健康、促进农业和农村经济发展具有重要意义。农业创业者应准确掌握农产品质量安全的法律法规,熟悉无公害农产品、绿色食品、有机食品的标准和市场发展趋势,开展对农产品的品质等级划分工作,申请无公害农产品、绿色食品的认证或评审工作,并充分利用农业资源的优势,与相关加工企业、流通企业联手加工销售有机食品,注册商标,打造品牌,提高农产品的附加值,创造更好的效益。

三、现代农业发展给农业创业带来的历史机遇

1. 现代农业的基本特征

现代农业是指以现代科学技术为主要特征的农业,是广泛应用现代市场理念、经营管理知识和工业装备与技术的市场化、集约化、专业化、社会化的产业体系,是将生产、加工和销售相结合,产前、产中和产后相结合,生产、生活和生态相结合,农业、农村、农民协调发展,农村与城市、农业与工业发展统筹考虑,资源高效利用与生态环境保护高度一致的可持续发展的新型产业。其核心是科学化,特征是商品化,方向是集约化,目标是产业化。现代农业与传统农业相比,具有四大特点。

(1) 突破了传统农业仅仅或主要从事初级农产品生产的局限性,实现了种养加、产供销、贸工农一体化经营,使得农工商的结合更加紧密。

(2) 突破了传统农业远离城市或城乡界限明显的局限性,实现了城乡经济社会一元化发展和城市中有农业、农村中有工业的协调布局,科学合理地进行资源的优势互补,有利于城乡生产要素的合理流动和组合。

(3) 突破了传统农业部门分制、管理交叉、服务落后的局限性,实现了按照市场经济体制和农村生产力发展要求,建立一个全方位、权责一致、

上下贯通的管理和服务体系。

（4）突破了传统农业封闭、低效、自给半自给的局限性，发挥资源优势和区位优势，实现农产品优势区域布局、农产品贸易国内外流通。

2. 现代农业的发展趋势

从单纯生产向种植、养殖、加工、销售、科研一体化发展。变单纯的生产企业为繁殖、养殖、生产、贮藏、加工、销售一条龙产业化企业。从机械化向电脑自控化、数字化方向发展。从土地向工厂、海洋、沙漠、太空发展。生物技术、新材料、新能源技术、信息技术使农业脱离土地正在成为现实，实现了工厂化，出现了白色农业、蓝色农业，甚至在未来很有可能会出现太空农业。

3. 现代农业发展带来新机遇

要加快现代农业建设，用先进的物质条件装备农业，用先进的科学技术改造农业，用先进的组织形式经营农业，用先进的管理理念指导农业，提高农业综合生产能力。以上几点要求是建设现代农业的主要内容。今天，农业创业者是幸运者，碰到了前所未有的历史机遇，而这些机遇主要来自我国农业本身的发展。这些机遇主要如下。

（1）新型城乡关系推动农业创业者有所作为。

新型的城乡关系是相对于以前城乡分割、工农对立的"二元结构"城乡关系而言，指的是按照统筹城乡发展的思路，"以城带乡、以工促农、城乡互动、协调发展"的相互融合城乡关系。通过城乡生产力合理布局、城乡就业的扩大、城乡基础设施建设、城乡社会事业发展和社会管理的加强、城乡社会保障体系的完善，达到固本强基的目的。加快农村工业化、城镇化和农业产业化进程，加快中心镇建设，加大农村劳动力转移力度，努力增加农民收入，促进农业农村经济稳定发展，使农业步入一个自我积累、良性循环的发展道路。目前，我国已经步入了工业反哺农业的发展阶段，工业化的经营理念导入农业领域，农业创业者必然会有所作为。

（2）现代化的农业生产条件促使农业创业者大有可为。

现代化的农业生产条件主要是农业技术装备条件和现代农业科技条件。

现代化手段和装备带来了巨大的效益。农业机械化给农业注入了极大的活力，大大地节约了劳动力，促进了城市化进程，也促进了第二、第三产业的发展。如联合收割机、播种机、插秧机、机动脱粒机等农业机械化手段，极大程度地提高农业劳动生产率；电气化可使农牧业的生产、运输、加工、贮存等整个过程实现机械操作，大大提高劳动生产率。

农业科学技术的进步，提高了农业集约化程度。例如良种化对农业增产有显著效果；农业化学化不仅增加土壤养分、除草灭虫、提供新型农业生产资料（如塑料薄膜等），还为免耕法的实施创造条件；"四大工程"（种子工程、测土配方施肥工程、农产品质量安全工程、公共植保工程）的实施，推动农业可持续发展，逐步实现农业现代化，稳步提高了农业综合生产能力。

农业生产管理过程数字化。计算机在农业中的应用，使农业由"粗放型"向"数字型"过渡。如各种分辨率的遥感、遥测技术，全球定位系统、计算机网络技术、地理信息技术等技术结合高新技术系统等，应用于农、林、牧、养、加、产、供、销等全部领域，在很多地方出现了"懒汉种田""机器管理"的新局面。

新的农业生物工程技术的发展，使农业由"化学化"向"生物化"发展。减少化学物质、农药，依赖生物技术、依赖生物自身的性能进行调节，使农业生产处于良性生物循环的过程，使人与自然在遵循自然规律的前提下协调发展，这些无疑将会引起今后农业的革命性变化，农业创业者将会大有可为。

（3）农业经营主体组织化、产销一体化激发农业创业者敢于作为。

围绕农业的规模化、专业化、产业化发展的需要，各个地方紧抓龙头企业和农村经济合作组织，提升农业产业化水平。在经营的主体方面涌现出大批带动能力强、辐射面广、连接农民密切的农民协会或合作经济组织，这些组织的表现形式主要为：生产基地带动型、龙头企业带动型、专业大户带动型的农业企业和家庭农场迅速崛起，把千家万户的农民组织起来，提高了经营主体的地位，在流通过程中体现为"公司＋基地＋农户""公司＋农户"，把农产品的生产、加工、销售过程连接在一起，按照"风险共担，利益均沾"的原则，让农业经营者能够在农产品从生产到销售的各个环节分享到利润，这样农业创业者就必然敢于作为。所以加快农业产业化进程，以做大农业产业化龙头企业为重点，不断提高农业市场化、规模化、组织化和标准化水平，充分发挥农民专业合作经济组织职能，引导农业农村经济健康有序发展成为农业创业者的重要活动内容。

第三节　农业创业项目的选择

如果把农业创业比作挖掘一座金矿，创业者首先要做的就是找到金矿的准确位置，然后再开挖。因此，创业者在创业时要做的第一件事情就是要选择做什么行业，或者是打算办什么样的企业，如在土地里选择种植什么、池塘里选择养殖什么、利用农产品原料加工成什么新产品、为农业生产提供什么服务等，也就是要选择农业创业项目，这是创业者在创业道路上迈出的至关重要的第一步。

农业创业不是光凭一腔热血和美好梦想就能顺利成功的，创业者在创业开始就要尽量寻找合适的而非最好的创业项目，学会经营、参与竞争、控制风险，在市场中争得一席之地，毕竟合适的鞋子穿着才最舒服。

一、选择农业创业项目要遵循什么原则

创业者选择农业创业项目是一个艰难的抉择过程，一定要细致全面、小心谨慎、科学合理。具体而言，选择农业创业项目应注意遵循以下五个基本原则。

1. 要选择国家政策鼓励和支持并有发展前景的行业

想开创自己的事业和创办自己的企业，就要知道哪些农业行业是国家政策鼓励和支持发展的，哪些农业行业是允许发展的，哪些农业行业是受限制的，哪些农业行业却是不允许发展的等。我们一定要选择国家政策鼓励和支持，并有发展前景的农业行业作为自己的创业项目，这样创业的道路才能越走越宽越远，绝不能够只看现在，不能因短期的利益驱动而误入创业歧途。例如，有些产品表面上看起来很红火，但它也许已经受到许多政策的限制，如果有人进入，则很有可能失败，甚至血本无归。

2. 要坚持创新，做到"人无我有、人有我优、人优我特"

创新是企业的生命，也是创业成功的关键，选择农业创业项目时要注意切忌"跟风"。目前，市场上不是缺普通的商品和一般的劳务，而是缺特殊的商品和特殊的服务。创业者只有加强市场调研，刺激和创造需求，抢占先机、出奇制胜，生产适合需求的新的具有特色的产品和服务，才能使创办的企业得以立足和持续发展。

3. 要认真进行市场调研

适应社会需求。创业者不要光凭想象、冲劲、理念做事，必须树立这样一个观点，即"顾客是上帝"，没有满意的顾客就没有企业的存在和发展。因此选择农业创业项目要进行市场调查和研究，特别是第一次创业时，创业者更要作详细的市场调研，要了解市场究竟需要什么，需要多少，谁会来购买你的产品或服务，有多少人来购买，竞争对手有哪些等。著名管理大师法雷尔说过："制造满足顾客需要的产品和服务，是永远成功的秘诀。"

4. 要充分利用优势和长处，干自己有兴趣的、熟悉的事

创业一定要选择自己熟悉的行业，而且一旦确定创业项目就要坚持下去，不能半途而废。"做熟不做生"这话很有道理，每个人都有自己的长处和优势。例如，有的人对某一行业、某一领域、某种产品比较熟悉，有的人在技术上有专长，有的人有某种兴趣爱好，有的人善于公关和沟通等，这些就是每个人自己的长处，选择创业项目时要能充分发挥自己的长处和优势，要注意选择自己有兴趣和熟悉的项目。

5. 要量力而行，从干小事、求小利做起

创业是一种有风险的投资，必须遵循量力而行的原则。俗话说"适合的就是最好的"，创业者要认真分析自己的条件，包括资金、资源、能力、合作伙伴、专业技能等，量力而行，不能好高骛远。对于创业者来说，是拿自己的血汗钱去创业，创业之初应该尽量避免风险大的事情，而应该将为数不多的资金投到风险较小、规模也较小的事业中去，先赚小钱，再赚大钱，聚沙成塔，滚动发展。俗话说"不以善小而不为"，创业要遵循从无到有、从小到大的原则，要从干小事、求小利做起。

二、选择农业创业项目的方法

如今农业创业市场是风起云涌，创业者有许多农业创业项目可以选择，如何从中选择一项适合自己的好项目，就需要注意掌握和运用科学合理的方法进行选择，以期获得比较高的创业成功率。这里介绍的选择方法可以把选择过程分为产生农业创业项目、分析农业创业项目、筛选农业创业项目、检验农业创业项目这四个阶段。

1. 农业创业项目的产生

产生农业创业项目是选择一项适合自己的好项目的基础。在产生农业创业项目时，应尽力打开自己的思路，尽可能地挖掘创业项目，好的创业项目往往源于异想天开。具体可从以下几个方面产生。

（1）创业者的技能。

创业者的技能是指创业者擅长做的事情。例如，有的人擅长种植水稻，有的人擅长种植棉花，有的人擅长种植西瓜，有的人擅长养猪，有的人擅长养牛，有的人擅长养螃蟹，有的人擅长社交活动等。

（2）创业者的兴趣。

创业者的兴趣是指创业者喜欢做的事情。例如，有的人喜欢种植花草，有的人喜欢养狗，有的人喜欢养鸽子，有的人喜欢养金鱼等。

（3）创业的经验。

创业的经验是指创业者曾经的工作经历和接受的教育培训经历。例如，有的人曾经在某个草莓种植大户那里打过工，也就有了如何种植草莓的经验，有的人参加农民创业培训或者实用技能培训，在培训过程中，培训老师讲授如何种植葡萄，也就有了理论上种植葡萄的经验。

（4）创业者的社会关系。

创业者的社会关系主要是指创业者的家人、亲戚、同学、同事、朋友等。创业者可以从他们那里获取一些创业信息、建议或者帮助。例如，有个人家里有个亲戚创办了一家酱菜加工厂，亲戚就建议这个人多承包些土地，用于种植酱菜原料，从而进行创业。

（5）创业者所处的自然资源环境。

创业者所处的自然资源环境主要包括土地资源、水资源、矿产资源、生物资源、气候资源和海洋资源。例如，有的人发现自己所处的村子里有一块较大的闲置水面，那么就可以考虑利用这块闲置水面进行创业。

当然，还有很多其他方面的途径可以产生农业创业项目，如农业创业项目可以从电视、报纸、杂志等大众媒体的新闻中产生，可以从参加一些商品展销会中产生，也可以从网络上的连锁加盟中产生。总之，创业者应多花工夫、放远眼光，善于寻找和发现农业创业"商机"，产生比较多的、可供选择的农业创业项目。识别农业创业"商机"的最好办法就是倾听你周围人们的不满、抱怨和困难，人们生活中存在的每一个问题都有可能意味着一个潜在的创业"商机"，而且越是难以解决的问题，它可能带来的创业商机就越有魅力，创业成功的可能性就越大。所以，只要我们掌握正确的方法，就会觉得农业创业项目的选择其实并不困难。只要我们善于观察、善于创新，农业创业"商机"就在创业者的身边，农业创业项目就在平凡的生活之中。

当前，我国农业正处在由传统农业向现代农业转变的时期，农业生产从分散经营向适度规模经营、从追求数量向量质并重、从初级产品生产向精深加工产品、从国内市场向国内外市场并重、从"提篮小卖"向现代营销转变，在这些转变过程中存在着许多困难和问题。因此，在农业生产领域中藏着大量的创业"商机"，选择农业创业项目进行创业定是大有可为的，其成功的可能性也很大，许多的外国农业公司积极挺进到我国农业市场上来可以说明这一点。

2. 农业创业项目的分析

通过第一阶段产生农业创业项目之后，也许创业者手中已经有了好几个农业创业项目，至少有 5 个，多则可能超过 20 个。这么多的农业创业项目中究竟选择哪个项目呢？接下来就是对每一个农业创业项目进行全面的分析，使每个创业项目从不确定、不明晰变为详细、准确、清晰，以方便筛选和选择。

（1）农业创业项目的外部环境分析。

农业创业项目的外部环境是创业者难以把握和不可控制的外部因素，是一种不断变化的动态环境。例如消费者的偏好及其变化、政策法规的变动、市场结构的变化、新技术革命带来的生产过程的变化等。外部因素极为纷繁复杂，各种因素对创业活动所起的作用又各不相同，并且在不同的客观经济条件下，这些因素又以不同的方式组合成不同的体系，发挥着不同的作用，但对于分析农业创业项目又十分重要。因此，要尽可能地通过各种信息渠道收集、整理、分析外部环境资料和数据。

（2）农业创业项目的市场分析。

准确的市场分析是选好农业创业项目的前提。最主要的是要分析市场需求，市场需求状况将决定未来创业活动的生产经营状况，产品没有市场需求的企业是不可能做到生意兴隆、企业兴旺的。市场需求状况具体包括产品需求动机等的需求总量、需求结构、需求规律、需求动机等。

（3）农业创业项目的资源分析。

没有资源是实现不了任何项目的，创业项目当然也不例外。对于创业者来说，产品的现有资源是必须了解和考虑的重要问题，包括土地、资金、技能、人际关系、设施设备等，例如，创业者必须分析清楚农业创业项目需要多少资金的投入。

（4）农业创业项目的竞争对手分析。

创业者对竞争对手的情况必须做充分的了解，这是在开展创业活动时必不可少的一项准备工作。这既有助于创业者摸清对手的情况，又能学习竞争对手的长处、经验和教训，竞争对手可以成为创业者最好的老师，从而不断地提高自己，增强竞争能力。竞争对手分析要了解现有竞争对手的数量、经营状况、优势和弱势、竞争策略以及潜在的竞争对手等。

（5）农业创业项目的投资效益分析。

创业者对农业创业项目的投资效益分析具有十分重要的意义，通过分析设施的总造价、设备的总投资、为创办企业应缴的各种费用、产品的原材料价格、生产工人和管理工人的工资、产品的市场价格以及变动趋势等，计算出投资成本和投资产出，从而就可以看出投资效益是多少，企业能不能赢利。能赢利，企业就能生存与发展。

3. 农业创业项目的筛选

通过第二阶段分析每个农业创业项目的具体情况之后，创业者就要对农业创业项目进行相互比较、权衡利弊，对农业创业项目进行筛选，选出一个切实可行又符合自己实际的创业项目。许多人创业时都不知道选择什么创业项目，常常问计于亲朋好友、同事、咨询专家、创业培训机构。就一般意义而言，创业的目的无非是获利。那么，什么项目更适合去投资创业呢？

一个能够赢利的、有竞争力的好项目必须具备以下几个特点。

（1）获利性。

只有产生一定的利润才会值得投资，这一点无需赘述。传统的行业由于时间已久，竞争已达到白热化，所以利润空间十分有限，现在介入需要有丰富的商业经验才能从容应对，否则将不得不用人人都会的价格战参与竞争，胜算几何自己都不知道。如果选择一个新颖的项目模式，容易适当规避正面竞争，从而获得高额利润。

（2）新颖性。

要有效地规避市场竞争，该项目就必须是市场的空白和盲点或是通过结构重组而创造的新的独有模式,这样才会有效地规避竞争,独享丰厚的行业利润,避免受行业中强手的排挤和打压,以致陷入价格战的泥沼而覆没。

(3)成长性。

好的项目必须是处在该行业的快速成长上升阶段,这样才能保证其有较大的发展和获利空间。

任何处在起步或鼎盛或衰败期的项目,其风险都是很高的。当然,如果该项目是处在行业的起步阶段,尽管风险较高,但其利润一定也比较丰厚,有实力勇于冒险的也不妨一试。至于投资鼎盛的行业,尽管行业比较成熟,但行业竞争也必定十分激烈,利润相对较低。

(4)未来性。

所谓未来性,就是指必须是一种社会趋势或是随着时间的推移,必定更加盛行。

有的行业随着时间的推移,市场将越来越小甚至逐渐失去存在的价值,如当初走村串户的货郎担;而有的行业则随着社会的发展,需求越来越旺盛,如设施农业、规模种养业等。

(5)易操作性。

好多行业可能看似好赚钱,可是要么其操作程序十分困难复杂,要么需要具备优异的人力资源,同样令人望而兴叹。所以好的创业项目必须具备可操作性,尤其是易操作性。现在,优秀的连锁加盟就很好地解决了这个问题。他们有一套成功、成熟的市场操作经验,而且会毫无保留地将成熟的市场操作经验传授给加盟创业者,这样就避免了创业者走弯路或经营亏本。

具备了这几个特点,只要有相应的资金、足够的兴趣,那么余下的就只有全身心的投入了。

4. 农业创业项目的检验

通过第三阶段筛选出一个适合自己的农业创业项目之后,如立即着手实施将会有一定风险。这个农业创业项目是否经得起推敲,还需要对这个创业项目进行检验。常用的方法是 SWOT 分析法,即对创业项目进行优势、劣势、机会和威胁的分析。SWOT 由优势(strength)、劣势(weakness)、机会(opportunity)和威胁(threat)四个英文单词的第一个字母组合而成。

(1)优势和劣势。

优势和劣势分析是指分析存在于农业创业项目内部的可以改变的因素。

优势指的是农业创业项目的长处和积极方面。例如，产品前景好、生产成本低、地点位置好、技术水平高、符合顾客消费习惯等。

劣势指的是农业创业项目的弱点和欠缺的方面。例如，产品/服务的成本高、售价贵、推销手段不如别人、无力提供够好的售后服务等。

（2）机会和威胁。

机会和威胁分析是分析存在于农业创业项目外部的、个人无法施加影响的因素，如国家政治、经济、科学技术、地区变迁等因素。

机会指的是农业创业项目将能从周围环境中获得的种种可能的有利时机、地位、支持和商业交易对象。如产品可能越来越流行、竞争对手因为某种原因丧失竞争力、获得了新的物美价廉的代用原料等。

威胁指的是农业创业项目将遭遇到可能的种种不利和负面影响的事情。如政策风险、产品有强大的竞争对手、原材料紧缺导致你的成本上涨、顾客日见减少等。

当做完 SWOT 分析后，如果结果是优势多于劣势，机会多于威胁，而且劣势能够加以克服，威胁也能够找到办法加以避免，就算通过了 SWOT 分析，是合理的、切实可行的好项目，接着就是为这个农业创业项目制定创业计划书。优势、劣势、机会和威胁四者之中只要有一项通不过这个农业创业项目就不过，创业者就应该修改创业项目，使之完善，或者完全放弃这个创业项目。

三、选择农业创业项目主要的影响因素

创业者选择农业创业项目是一项比较复杂的决策活动，需要考虑多种影响因素，其中最主要的有以下五点。

1. 创业者的市场眼光

农业创业项目哪里多，哪里少，这是一个辩证的问题，需要用辩证的眼光去看待。客观地说，农村相对落后，随着我国农业经济的发展以及越来越与国际接轨，农业创业项目选择的机会大大增多。再说得绝对一点，有人群的地方就有创业项目，这就要看创业者有没有商业眼光去把握住。

2. 创业者的兴趣

兴趣是最好的老师。创业者只有选择他喜欢做又有能力做的事情，才会投入最大的热情，自觉地、全身心地投入工作中去，并忘我地工作，才

会迸发出惊人的创造力,才可能在困境挫折来临时依然有足够的耐心和信心坚守下去,千方百计地克服困难,直到创业成功。

3. 创业者的特长

俗语说,隔行如隔山。创业者真正想创业,又希望比较有把握的话,应该在自己熟悉的行业里选择农业创业项目,一定要对该行业愈熟愈好,这样做起来比较容易上手,最起码不会那么轻易失败,也才能提高创业成功率。

4. 创业项目的市场机会

市场是最终的试金石。农业创业项目的选择必须以市场为导向,也就是说选择农业创业项目时不能凭自己的想象和主观愿望,而应该从市场需求出发,确定创业项目市场机会的空间大小,空间越大,创业成功的可能性也就越大。

5. 创业者能够承受的风险

明枪易躲,暗箭难防。在整个创业过程中,风险无处不在,许多不可控制的因素都可能成为创业路上的绊脚石。创业者把资金投入进去,谁也无法保证一定能成功、一定能够赚钱、一定能够长盛不衰。因此,在选择农业创业项目时,无论创业者对项目有多大的把握,都必须考虑"未来最大的风险可能是什么""最坏的情况发生时,我能不能承受"等问题,如果答案是肯定的,那么,只要项目的预期回报符合你的预期目标,就可以进行投资创业。

四、农业创业优先选择的项目

推进现代农业建设是解决好"三农"问题的必然要求,它能有效地提高农业综合生产能力,增强种养业的竞争力,促进农村经济的发展,快速增加农民收入。现代农业创业有许多项目可选择,归纳起来,大概有以下六大方面的项目。

1. 设施农业创业项目

设施农业创业项目是指在不适宜生物生长发育的环境条件下,通过建立结构设施,在充分利用自然环境条件的基础上,人为地创造生物生长发育的生境条件,实现高产、优质、高效的现代化农业生产方式。

农业生产是依靠动植物的自然繁殖机能及生长发育功能来完成的特殊

生产过程，因而农业历来是一个受自然因素影响最大的产业。随着社会经济和科学技术的发展，农业这一传统产业正经历着翻天覆地的变化，由简易塑料大棚和温室发展到具有人工环境控制设施的自动化、机械化程度极高的现代化大型温室和植物工厂。当前，设施农业已经成为现代农业的主要产业形态，是现代农业的重要标志。

设施农业主要包括设施栽培和设施养殖。设施栽培目前主要是蔬菜、花卉、瓜果类的设施栽培，设施栽培技术不断提高发展，新品种、新技术及农业技术人才的投入提高了设施栽培的科技含量。现已研制开发出高保温、高透光、流滴、防雾、转光等功能性棚膜及多功能复合膜和温室专用薄膜，便于机械化卷帘的轻质保温被逐渐取代了沉重的草帘，也已培育出一批适于设施栽培的耐高温、弱光、抗逆性强的设施专用品种，提高了劳动生产率，使栽培作物的产量和质量得以提高。下面是主要设施栽培装备类型及其应用简介。

（1）小拱棚。

小拱棚主要有拱圆形（半拱圆形）和双斜面形两种类型。主要应用于春提早、秋延后或越冬栽培耐寒蔬菜，如青蒜、小白菜、油菜、香菜、菠菜、甘蓝等，春提早的果菜类蔬菜主要有黄瓜、番茄、青椒、茄子、西葫芦等，春提早栽培瓜果的主要栽培作物为西瓜、草莓、甜瓜等。

（2）中拱棚。

中拱棚的面积和空间比小拱棚稍大，人可在棚内直立操作，是小棚和大棚的中间类型。常用的中拱棚主要为半圆形结构，一般用竹木或钢筋做骨架，棚中设立柱。主要应用于春早熟或秋延后生产的绿叶菜类、果菜类蔬菜及草莓和瓜果等可用于菜种和花卉栽培。

（3）塑料大棚。

塑料大棚是用塑料薄膜覆盖的一种大型拱棚。它和温室相比，具有结构简单，建造和拆装方便，一次性投资少等优点；与中小棚比，又具有坚固耐用，使用寿命长，棚体高大，空间大，必要时可安装加温、灌水等装置，便于环境调控等优点。主要应用于果菜类蔬菜、各种花草及草莓、葡萄、樱桃等作物的育苗；春茬早熟栽培，一般果菜类蔬菜可比露地提早上市20～30天，主要作物有黄瓜、番茄、青椒、茄子、菜豆等秋季延后栽培，一般果菜类蔬菜采收期可比露地延后上市20～30天，主要作物有黄瓜、番茄、菜豆等；也可进行各种花草、盆花和切花栽培，草莓、葡萄、樱桃、柑橘、桃等果树栽培。

（4）现代化大型温室。

现代化大型温室具备结构合理、设备完善、性能良好、控制手段先进等特点，可实现作物生产的机械化、科学化、标准化、自动化，是一种比较完善和科学的温室。这类温室可创造作物生长发育的最适环境条件，能使作物高产优质，主要应用于园艺作物生产上，特别是价值高的作物生产上，如蔬菜、切花、盆栽观赏植物、园林设计用的观赏树木和草坪植物以及育苗等。

设施养殖目前主要是畜禽、水产品和特种动物的设施养殖。近年来，设施养殖正在逐渐兴起。下面是设施养殖装备类型及其应用简介。

（1）设施养猪装备。

常用的主要设备有猪栏、喂饲设备、饮水设备、粪便清理设备及环境控制设备等。这些设备的合理性、配套性对猪场的生产管理和经济效益有很大的影响。由于各地实际情况和环境气候等不同，对设备的规格、型号、选材等要求也有所不同，在使用过程中须根据实际情况进行确定。

（2）设施养牛装备。

主要有各类牛舍、遮阳棚舍、环境控制、饲养过程的机械化设备等，这些技术装备可以配套使用，也可单项使用。

（3）设施养禽装备。

现代养禽设备是用现代劳动手段和现代科学技术来装备的，在养禽特别是养鸡的各个生产环节中使用各种设施实现自动化或机械化，可不断地提高禽蛋、禽肉的产品率和商品率，达到养禽稳定、高产优质、低成本，以满足社会对禽蛋、禽肉日益增长的需要。主要有以下几种装备：孵化设备、育雏设备、喂料设备、饮水设备、笼养设施、清粪设备、通风设备、湿热降温系统、热风炉供暖系统、断喙器等。

（4）设施水产养殖装备。

设施水产养殖主要分为两大类：一是网箱养殖，包括河道网箱养殖、水库网箱养殖、湖泊网箱养殖、池塘网箱养殖；二是工厂化养鱼，包括机械式流水养鱼、开放式自然净化循环水养鱼、组装式封闭循环水养鱼、温泉地热水流水养鱼、工厂废热水流水养鱼等。

目前，设施农业的发展以超时令、反季节生产的设施栽培生产为主，它具有高附加值、高效益、高科技含量的特点，发展十分迅速。随着社会的进步和科学的发展，我国设施农业的发展将向着地域化、节能化、专业化发展，由传统的作坊式生产向高科技、自动化、机械化、规模化、产业化的工厂型农业发展，为社会提供更加丰富的无污染、安全、优质的绿色健康食品。

2. 规模种养业创业项目

随着我国现代农业的加快发展，家庭联产承包经营与农村生产力发展水平不相适应的一面日益突出，具体表现为四大矛盾：农户超小规模经营与现代农业集约化生产之间的矛盾，农民的恋土情结与土地规模经营的矛盾，按福利原则平均分包土地与按效益原则由市场机制配置土地的矛盾，分散经营的小农生产与日趋激烈的市场竞争和社会化大生产要求的矛盾。我国农户土地规模小、农民经营分散、组织化程度低、抵御自然和市场风险的能力较弱，很难设想在以一家一户的小农经济的基础上，能建立起现代化的农业，可以实现较高的劳动生产率和商品率，可以使农村根本摆脱贫困和达到共同富裕。我国养殖业生产目前也仍然是以分散经营为主，大多数农户技术水平低，竞争能力弱。

为了应对日益激烈的市场竞争，国内外走向联合生产与经营现代农业创业指导的案例已很常见，因为它便于集中有限的财力、人力、技术、设备，形成规模优势，提高综合竞争力。因此，发展现代农业生产必须大力发展规模化的种养业生产，打破田埂的束缚，让一家一户的小块土地连成一片，有效地把个体农民组织在一起，进行规模化经营，使低效农业变为高效农业，特别是在大中城市的郊区和一些条件比较好的平原地区，这种规模化生产既是必要的也是可能的，是农业创业的重要选择项目。

"一村一品"的发展思路，就是很好的规模种养业创业项目的选择，也就是要培育一批特色明显、类型多样、竞争力强的专业村、专业乡镇。

3. 休闲观光农业创业项目

休闲观光农业是一种以农业和农村为载体的新型生态旅游业，是把农业与旅游业结合在一起，利用农业景观和农村空间吸引游客前来观赏、游览、品尝、休闲、体验、购物的一种新型农业经营形态。近年来，伴随全球农业的产业化发展，人们发现，现代农业不仅具有生产性功能，还具有改善生态环境质量,为人们提供观光、休闲、度假的生活性功能。随着人们收入的增加,闲暇时间的增多,生活节奏的加快以及竞争的日益激烈,人们渴望多样化的旅游,尤其希望能在典型的农村环境中放松自己。休闲观光农业主要是为那些不了解农业、不熟悉农村,或者回农村寻根,渴望在节假日到郊外观光、旅游、度假的城市居民服务的,其目标市场主要是城市居民。休闲观光农业的发展,不仅可以丰富城乡人民的精神生活,优化投资环境等,而且达到了农业生态、经济和社会效益的有机统一。具体来讲,发展休闲观光农业有以下作用。

(1)有利于拓展旅游空间,满足人们回归大自然的愿望。

随着收入的增加,人们不再仅仅满足于衣食住行,而转向追求精神享受,观光、旅游、度假活动增加,外出旅游者和出行次数越来越多。一些传统的风景名胜、人文景观在旅游旺季往往人满为患、人声嘈杂。休闲观光农业的出现,迎合了久居大城市的人们对宁静、清新环境和回归大自然的渴求。

(2)有利于实现农业的高产高效等目标。

利用农业和农村空间发展观光农业,有助于扩大农业经营范围,促进农用土地、劳动力、资金等生产要素的合理调整,提高土地生产率和劳动生产率;同时又可以农业旅游为龙头,带动餐饮、交通运输、农产品加工等行业的发展,增加农业生产的附加值。

(3)有利于改善农业生态环境。

休闲观光农业为招徕游客,除了在景点范围内营造优美的农业生态环境和农业景观场所外,必须绿化、美化周围地区的田园和道路,维护农业与农村自然景观,改善城乡环境质量。

休闲观光农业是把观光旅游与农业结合在一起的一种旅游活动,它的形式和类型很多。根据德、法、美、日、荷兰等国和我国的实践,主要形式有五种。

①观光农园。

即在城市近郊或风景区附近开辟特色果园、菜园、茶园、花圃等,让游客入内摘果、拔菜、赏花、采茶,享受田园乐趣。这是休闲观光农业最普遍的一种形式。

②农业公园。

即按照公园的经营思路,把农业生产场所、农产品消费场所和休闲旅游场所结合为一体。

③教育农园。

教育农园是兼顾农业生产与科普教育功能的农业经营形态,以青少年学生为主要服务对象,提供农业认知体验与相关教学服务。教育农园也是城市居民休闲度假、知识性旅游的一个理想去处。

④森林公园。

森林公园是经过修整可供短期自由休假的森林,或是经过逐渐改造使它形成一定的景观系统的森林。

⑤民俗观光村。

目前,全国各地已经涌现出一大批因地制宜,深入挖掘,展现当地文化、生产、生活习俗的民俗旅游村,有的地方建起了民俗博物馆、婚俗院等,有的推出了"住农家房、吃农家饭、做农家活、随农家俗"等活动。到民俗村体验农村生活,感受农村气息已成为今天都市人的一种时尚。在20世纪90年代,我国农业休闲观光旅游在大中城市迅速兴起。休闲观光农业作为新兴的行业,既能促进传统农业向现代农业转型,又能解决农业发展过程中的矛盾,也能提供大量的就业机会,还能够带动农村教育、卫生、交通的发展,改变农村面貌,是为解决我国"三农"问题提供的新思路。因此,可以预见,休闲观光农业这一新型产业必将获得很大的发展。

4. 绿色农业创业项目

绿色农业是一种新的农业发展模式,是以可持续发展为基本原则,充分运用先进科学技术、先进工业装备和先进管理理念,以促进农产品安全、生态安全、资源安全和提高农业综合效益的协调统一为目标,把标准化贯穿到农业的整个产业链条中,推动人类社会和经济全面、协调、可持续发展的农业发展模式。简单地说,绿色农业就是创建和利用良好的生态环境,运用现代管理理念和科学技术,生产出足量的安全营养的农产品,实现全面、协调和可持续发展的农业发展模式。

绿色农业一般包括"三品",即无公害农产品、绿色食品和有机食品。

绿色农业的发展目标,概括起来讲就是"三个确保、一个提高":确保农产品安全、确保生态安全、确保资源安全和提高农业的综合经济效益。

（1）确保农产品安全。

农产品安全主要包括产品足够数量和产品质量安全，要能有效解决资源短缺与人口增长的矛盾，必须以科技为支撑，利用有限的资源保障农产品的大量产出，满足人类对农产品数量的需求。同时，随着经济发展，人们生活水平不断提高，绿色农业要加强标准化全程控制，满足人们对农产品质量安全水平的要求。

（2）确保生态安全。

绿色农业通过优化农业环境，改善生态环境，强调植物、动物和微生物间的能量自然转移，确保生态安全。

（3）确保资源安全。

农业的资源安全主要是水土资源的安全。绿色农业发展要满足人类需要的一定数量和质量的农产品，就必然需要确保相应数量和质量的耕地、水资源等生产要素。

随着环保意识的增强和绿色消费的兴起，消费者对绿色食品日趋青睐。顺应这一潮流，绿色农业在各地迅速发展。发展绿色农业还必须消除以下三个认识误区。

①认为绿色农业就是不施化肥、不喷农药的农业。绿色农业，是指以生产、加工、销售绿色食品为核心的农业生产经营方式。它是当今世界各国实施可持续发展农业目标时被广泛接受的模式。绿色农业以"绿色环境""绿色技术""绿色产品"为主体，不是不用化肥和农药，也不是一味地否定传统农业模式，而是科学使用化肥和农药，由过去主要依赖化肥和农药转变为主要依靠生物内在机制来取得农业增效。

②认为发展绿色农业投入高、收益低。我国绿色农业主需通过优良品种培育和土壤改良，利用生态机制来求发展，把经济、社会和生态效益统一起来，大大降低农药和化肥的量，是一种低投入的农业生产方式。"绿色消费"方兴未艾，人们对消费品最迫切的要求是"无公害"。谁能在"绿"字上大做文章，谁就能抓住更多的消费者，取得更高的市场占有率，获得更大的经济效益。发展绿色农业只要捷足先登，就会捕捉创业先机。

③认为发展绿色农业是农民自己的事。发展绿色农业，需要加大绿色产品的宣传力度，加大绿色技术的普及力度，加大项目资金的扶持力度，开发病虫害防治、土壤改良等适用技术，培植绿色农业龙头企业和生产基

地,提高农民绿色农业技术水平,这样才能促进绿色农业的发展,从而更有利于农村经济、社会和生态的协调发展。

5. 现代农产品加工业创业项目

现代农产品加工业是指以现代科技为基础,用物理、化学等方法,对农产品进行处理,以改变其形态和性能,使之更加适合消费需要的工业生产活动。现代农产品加工业是现代农业的重要组成部分,是农业与工业相结合的大产业,它是现代农业发展的关键。现代农产品加工从深度上、层次上可分为农产品初加工和农产品精深加工。农产品初加工是指对农产品的一次性的不涉及农产品内在成分改变的加工,如洗净、分级、简单包装等,农产品精深加工是指对农产品的两次以上的加工,主要是指对蛋白质资源、植物纤维资源、油脂资源、新营养资源及活性成分的提取和利用,如磨碎、搅拌、蒸煮、脱水、提炼、调配等,农产品初加工使农产品发生量的变化,农产品精深加工使农产品发生质的变化。

现代农产品加工业的行业分类主要由农副食品加工业、食品制造业、饮料制造业、烟草制造业、纺织业、纺织服装鞋帽制造业、皮革毛皮羽毛(绒)及其制品、木材加工及木棕草制品业、家具制造业、造纸及纸制品业、橡胶制品业等11个产业部门组成。

现代农产品加工及其制成品的发展趋势将向多样化、方便化、安全化、标准化、优质化方向发展,但我国农产品加工业的总体水平还远远不能满足现实发展的要求,主要表现为加工总量不足、农产品加工企业规模化水平和科技水平偏低、资源综合利用水平偏低、加工标准和质量控制体系不健全等问题。据统计,发达国家的农产品加工转化率在30%以上,我国只有2%~6%。再如,我国稻谷加工还大多停留在"磨、碾"的水平,碎米和杂质含量高,品种混杂,口感与食用品质低,而外国的稻谷制米加工有精碾、抛光、色选等先进技术处理,成米一般可分成十几个等级,使用功能确切、食用质量好、整齐度高,可满足市场的多样选择,适于优质优价。由此可见,农产品加工业在我国仍有很大的发展空间,给农产品加工业创业项目的选择提供了很多的市场机会。

6. 现代农业服务业创业项目

现代农业服务业是指以现代科技为基础,利用设备、工具、场所、信息或技能为农业生产提供服务的业务活动。农业服务业作为现代农业的重要组成部分，在新发展农业外部功能、提升农业产业地位、拓宽农民增收渠道方面都发挥着积极作用，如良种服务、农资连锁经营服务、农产品流通服务、新型农技服务、农机跨区作业服务、农村劳动力转移培训和中介服务、现代农业信息服务、农业保险服务等。从现实情况看，我国现代农业服务业发展严重滞后、水平比较低，这些将会给现代农业服务业创业项目的选择提供很多的市场机会。

（1）良种业服务。

良种是农业增产增效的基础和关键，也是提高农产品质量的基础。随着人们生活水平由温饱向小康转变，社会对农产品质量的要求必然越来越高，这就需要对现有品种进行改造，在保持高产品种高产性能的基础上努力提高质量。此外，还要根据市场需求状况，不断调整农产品的品种结构，以满足社会各方面的需要。因此，良种业服务可以在优良种子的筛选、标准化服务推广等方面提供服务。

（2）农产品流通业服务。

农产品流通是指农产品通过买卖的形式，从生产领域进入消费领域的交换过程。农产品收购、贮存、运输、销售构成了农产品流通渠道，是联结农户与市场的纽带，任何一个环节发生了故障，都将导致流通渠道不畅通，农产品流通受阻，农产品就卖不出去，农业生产经济效益受损失，农业再生产也无法进行。因此，必须建立顺畅、便捷、低成本的农产品质量流通网络，特别是建立和完善鲜活农产品流通的"绿色通道网"，以保证农产品能货畅其流，这对于活跃农村经济、提高农产品流通效率、促进农民增收和发展现代农业有重要作用。例如，农产品经纪人就在搞活城乡经济中应运而生，他们穿梭于城乡市场，一手牵着农民的生产，一手牵着市民需求，在带领农民进入市场、搞活农产品流通、促进农业结构调整、帮助农民增收致富、提供各类中介服务等方面发挥了重要作用。

（3）农资连锁经营业服务。

农资是重要农业生产要素，目前常见的农资产品主要包括种子（种苗）、肥料、农药、农膜、农机具、饲料及添加剂等。农资连锁经营即连锁公司总部在各乡镇采用加盟和培训的方式物色农资连锁经营者，由总部配送各种品牌的农药、化肥、种子等农业生产资料，然后由农资超市分散经营，由总公司统一管理的一种经营模式。该模式是对传统农资经营模式的

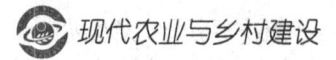

一种变革,主要利用遍布于各地乡村的连锁店,以电子网络为载体实施物流配送,以实现经营管理标准化、规范化的要求。

我国农资市场自 1998 年逐步放开以来,农资销售早已现出主体多元化的发展趋势,在促进农业经济发展、方便农民购买的同时,面对激烈的市场竞争,传统农资经营模式存在的问题也充分显露出来,如无序竞争加剧、窜货现象造成价格混乱、假劣农资坑农害农行为等。农资连锁经营不仅促进了农资销售的标准化、规模化,还可有效预防假冒伪劣农资产品进入流通领域,净化农资市场,保证农民用上放心农资。

第四节 实施创业计划

创业既包含机遇,也存在风险,这是每一个创业者都会想到也会遇到的。通过策划和调研,真正确定了创业的项目,制定了创业计划书,开始实施创业计划时,必须对创业规模、组织方式、组织机构、经营方式等方面做出决策,这将涉及一系列具体问题,包括资金筹措、人员组合、场地选择、手续办理等。下面将介绍实施创业计划的一些条件准备和基本程序。

一、实施创业计划前做的准备

创业存在很大的风险,只有"知己知彼",才能"百战不殆",不可不做充分的准备。创业准备一般包括自身条件准备、创业项目确定和创业条件准备三个方面。决定创业,自己当老板,必须有一定的资金。

1. 资金筹备

我国有句俗话叫做"巧妇难为无米之炊",一个创业者,无论他有多强的经营能力,只要决定创业,自己当老板,就必须要有一定的资金,如果没有资金,那就什么也干不成。所以无论是在创业初期,还是在创业过程中,筹集发展所需要的资金都至关重要,资金是创业的物质基础,是创业成功的必要保证,也是决定创业规模的重要因素。这就要求创业者在进行创业前筹集到一定数量的资金。筹集创业资金的方法主要有储蓄自备和借贷两种。

(1)自备。

决定创业、自己当老板有一个过程,在构思创业规划和设想的时候,首先会考虑到资金问题。也就是说，准备创业自己当老板的同时，就要筹划创业资金的来源。我们在创业的起步阶段一般都是小本经营，可以利用自己或家庭的储蓄作为创业资金。

（2）借贷。

中国人的传统思想是不愿意向别人借贷，即使有时遇到暂时的资金困难，也不愿意向别人借贷，往往因此就失去了很好的创业机遇。随着社会的发展，传统的观念正逐步改变，要想成就一番大业，借贷是必要的手段。利用银行的钱办自己的事，利用明天的钱办今天的事，借用别人的钱创办自己的业，借钱来增加自己的资本，这是勤劳致富、成就一番大业的重要方法。借钱的好处是使自己有足够的创业资本，能够有条件开创比较理想的事业。然而，借贷有利也有弊，如果借贷数量比较大，创业不成功或者创业收益不理想，将来连本带利归还的风险比较大。因此，借贷前要充分论证，充分考虑风险因素。借贷数额占投资总额的比率最好不超过五成。在通常情况下，借贷有以下两种方式。

①向亲友借贷。

在创业的起步阶段，必须有一定数量的资金。而刚刚创业的人，一般自有创业资金都比较少，只有向银行借贷或者向父母、兄弟姐妹、亲友借贷筹集资金。在一般情况下，父母、兄弟姐妹、亲友都会支持，为我们的创业提供经济帮助，为创业者的创业成功提供精神和物质支持。虽然是向父母、兄弟姐妹、亲友筹集创业资金，但最好能订立借贷借据，同时要按期归还。因为拖延还款期限会影响到自己的信誉。一个没有信誉的人，在商场上将难以立足。另外，在向别人借钱时，最好集中在少数的特定对象上，万一发生经济纠纷，可以缩小影响面。

②向银行借贷。

向银行借贷，已经被越来越多的创业者所接受。可以说，每一个成功的创业者，都先后得到过银行的支持。向银行贷款买楼，由于有楼宇契约作为担保抵押，所以银行一般都愿意借贷，风险也不大。但是，向银行借钱做生意，情况就会不一样了。由于从事任何行业投资都可能有风险，银行为了确保借贷资金的安全，必须对客户进行详细的考察。银行比较重视的是客户的信用与客户对金钱的价值观念。除非客户的收入稳定，或与银行往来的信用较佳，否则银行是不会轻易将资金借贷的。

（3）风险投资。

将自己的创业计划提供给风险投资公司或投资者，如果得到他们的认可，就可以得到他们的资助。目前，中国的风险投资公司的发展还处在初始阶段，很难找到这类投资者。

一个创业者完全依靠自己的积蓄进行创业经营活动可能是很困难的。依靠借贷从事创业经营活动是当今时代很多人常用的一种方法，很多地区、企业或个人就是靠"借贷"走上发展之路的。

目前，创业者在吸引创业投资上存在以下误区。

①等钱心切，常会为一点小钱出让大股份，或贱卖技术或创意，从而失去主动权。

②随意违约，对投资协议稍有不满就肆意毁约，结果上了资本市场的"黑名单"。

③过于执着，即使投资人不能提供增值性服务，仍与其捆绑在一起，而不懂得及时掉头。

④不负责任，烧别人的钱圆自己的梦，结果两败俱伤。

这就要求创业者引资时，一定要选那些真正有实力、能提供增值性服务、创业理念统一的投资者，哪怕这意味着暂时放弃一些眼前利益。

2. 人员组合

选择了创业目标，制定了创业计划，明确了创业模式，确定了产品或服务方案，资金也筹措到位后，选择最佳的人员配备和组合就成了创业者的一个重要任务。

创办一个企业，如果有一个充满活力和凝聚力、具有协调性和开拓性的人员组合体，这个企业必将有一个良性发展的开端，能极大地调动起每个员工的工作积极性，营造出一个团结协作、以企为家的和谐氛围。

人员的组合只有在一定的范围内，依据有关方法，遵循必要的人员组合原则和标准，才能使人力资源配置达到最佳状态。

（1）人员组合的范围。

人员组合是指以创办的企业的性质、工作的岗位、参与者的身份等为对象，明确人员组合的范围，如发起者、创办者、合伙者、投资者、参股者、被雇佣者、管理者、技术员、生产者等。

（2）人员组合的方法。

在企业的内部，由于各类人员的工作性质不同、身份不同，人员组合的方法也有差异。

①岗位组合法，是根据工作岗位的多少，各岗位的工作量、劳动效率、轮班次数和出勤率等因素，来组合人员的一种方法。

②效率组合法，是根据生产任务（工作量）和劳动效率以及出勤率来确定人员组合的一种方法。这一组合主要适用以手工操作为主的企业生产。

③资本组合法，是根据创业者投资的多少、形式的不同来确定人员组合的一种方法。它可以分为合作组合、合伙组合、雇佣组合等人员组合形式。

④业务分工组合法，是根据创办企业的性质而划分的业务性质、职责范围和工作量来确定人员组合的一种方法。这种方法主要适用于企业管理人员和工程技术人员，而且应有适当的比例才能达到合理的人员组合要求。

在实际操作中，创业者可根据不同工作性质，区分各类人员的不同情况而具体运用，或把几种方法结合起来使用，以确定先进合理的人员组合方案。

（3）人员组合的原则。

①高效、精简、节约的原则。提倡兼职，充分利用工作时间，节约人力资源。简化管理层次和简化业务手续，以节约企业运行资本，形成统一、灵活和高效的指挥系统。

②风险共担、利益共享的原则。创业之初，因市场历练不足，难免在激烈的市场竞争中运筹时出现差错、遭受损失，创业人员应有充分的心理准备。创业者之间要做到共进退，必须通力合作，形成凝聚力，抗击风险，赢得市场，获得利益。这样，一方面是为了防止合伙者不正当地规避风险，对其他合伙者造成利益的损害；另一方面也是为了提高抗风险的能力，加强创业者之间的同心力。

③事业第一，亲情、友情、人情第二的原则。所谓"商场无父子"就是这个道理。创业之初，如果过多地考虑亲情、友情、人情，你的一切就被束缚，创业就不能严格管理、高效运作、令行禁止，最终就不可能有好的效益。

（4）人员组合的标准。

人员组合的标准是指在创办企业时，依据企业性质、生产技术条件、工作岗位设定等进行人员组合的数量限定。人员组合标准是考察所创办企业用人与组合是否先进合理的尺度。不同的创业模式，人员的组合方式和数量限定也不相同，但一般来说，应遵循人员组合的相关原则进行确定。

创业之初，各种事情千头万绪，人员组合方式多样。志同道合者走到一起，共创一番事业，最佳的人员组合能使创业者迈出坚定而又成功的第一步。

3. 场地选择

无论企业是刚刚开始，还是企业已经发展到成熟期，选址定位对企业的发展都是相当重要的。虽然选址要花费一定的精力、时间或金钱，但是如果能提高成功的概率，所投入的一切完全是值得的。

创业者在立志创业以后，在确定创业目标、拟订创业计划、筹集创业资金等的同时，要考虑创业的厂（店）址问题。对于任何企业，其所处的地理位置在很大程度上将决定企业能否成功，特别是所创企业从事零售业或服务业时，店址很可能成为企业成功的关键。因此，创业者一定要慎重地选择企业的厂（店）址。

厂（店）址的选择与企业类型有关。开办工厂，要考虑生产必需的供水、供电、供气、通信以及道路交通等问题。开办第三产业企业，要考虑方便顾客，着重考察客流量、进出口、供送货路径、停车场等情况。无论是办工厂还是办第三产业企业，都要考虑城市规划，不要在近期可能要拆迁的地域开办工厂或第三产业企业，要用发展的眼光考虑、分析问题。选址一般应遵循以下五个基本原则。

（1）比较优化原则。

在选址时，应该利用他人的经验，对现有的企业进行比较分析。另外，要多渠道搜集信息。可以通过网上查询、行业组织协查、政府部门政策咨询、报纸杂志等途径收集信息，并进行细致分析，做出相应的决策。

（2）市场最优原则。

寻找在都市化进程中能够自发形成商业活动的中枢热点，实现市场环境最优。

（3）经济分析有利原则。

一般来说，经济投资的目的是创造利润，使资本增值。在投资期内纯利水平至少应达到银行利息的两倍，在投资期限内投资回报率应在2.5倍以上。

（4）发展优势原则。

现实的黄金地带，往往存在着激烈的市场竞争。一个具有长远的战略性目光的企业家，往往能够发现和挖掘被竞争者们忽视的市场，选择有发展机会的小城镇或在大城市的郊区建立起大型的批购折扣商店。

（5）特殊性原则。

有些企业的选址，由于行业的特殊性，需要充分考虑环保、防疫等要求。

①猪场场址选择。

地形开阔整齐，有足够的生产经营土地面积。地势要较高、干燥、平坦、背风向阳、有缓坡。水源要求水量充足，水质好，便于取用和进行卫生防护，并易于消毒水源，水量要满足猪场生活用水、猪只饮用及饲养管理用水。猪场对土壤的要求是透气性好，易渗水，热容量大，这样可抑制微生物、寄生虫和蚊虫的滋生。土壤中某些化学成分不足也会造成疾病发生，如缺碘会造成甲状腺肿大，碘过多则会造成斑齿和大骨节病。

猪场场址既要交通方便，又要与交通干线保持距离。距铁道和国道不少于3 000米，距省道不少于2 000米，距县乡和村道不少于1 000米，距居民点距离不少于1 000米，与其他畜禽场的距离不少于5 000米。这样可降低生产成本和防止污染环境，减少疫病传播。周围要有便于生产污水进行处理以后排放的、达到排放标准的排放水系。

②鸡场场址选择。

远离公路主干道、居民区以及村庄，有便于生产污水处理以后排放的、达到排放标准的排放水系。与其他养禽场距离1 000米以上。生活区和生产区（孵化、育雏育成和产蛋期不同阶段的生产区）要严格分开，四周建立围墙、防疫沟、防疫隔离带，各区的排布主风方向不能形成一条线。在各生产区内净道和脏道分离，饲料、雏鸡从净道进入鸡舍，淘鸡、鸡粪从脏道运出。

4. 经营准备

创业者经过艰辛努力，终于成为合法的企业经营者，进而到了展现其经营管理才华的时候了。企业经营者对自己最需要加强的能力和素质有了清醒的认识。企业经营者要在决策能力、管理技术、市场经验、知人善任的能力、对本行业技术发展的预见能力、创新能力、文化素质、观念更新、政策水平、思想修养、法治观念、公关能力、冒险精神、民主作风等14个方面查找差距和不足。从另一方面讲，这14个方面也就是我们自己做老板应具备的综合素质和能力。我们充分提高自己的目标，就是要努力在上述14个方面达到市场经济对我们的要求。当然综合素质和经营能力的提高不是一朝一夕的事情，应在市场经济的实践中、在具体的业务中，有目的地不断培养、提高自己，使自己尽快实现从一个待业失业人员到一个经营者的转变。对于处于创业初期的小企业、小公司，一般还没有发展到专业化管理阶段。老板常常是管人、管事、管财务，一人做多项管理工作。但是，不要忘记老板的最重要的角色是企业的领导。船虽小，也需领航人。作为管理者，必须具备一定的管理知识和管理才能。

二、实施创业计划需要经过的基本程序

要想创业，从事独立的生产经营活动，就必须向当地工商行政管理机关办理登记手续，经核准发给经营执照，同时必须向所在地的税务机关办理税务登记，取得合法资格后，在工商税务部门的指导、帮助、监督下依法进行生产经营活动。现在对申办的企业还增加了一个环评程序，即企业开办前要进行环境评估，高耗能、有污染的企业将被禁批。这些手续的办理是实施创业计划的一个基本程序。办理手续是创业计划的实施过程，也是创业者进入到创业的实质性阶段。

1. 申请工商登记

工商登记是国家对生产经营者所行使的管理职能之一，也是生产经营者确认自身合法地位的法律程序。生产经营者为了保护自身的合法权益，必须经法律确认自己的合法地位，从而在法律的保护下从事正常的生产经营活动。

（1）个体工商户的注册登记。

市、县工商行政管理局以及大中城市工商行政管理分局负责本辖区内的个体工商户登记。登记机关根据需要可以委托工商所进行个体工商户登记。

申请人申请设立、变更、注销个体工商户登记的，可以采取以下方式提交申请：①到经营场所所在地的工商所；②直接到登记机关的登记场所；③信函、电报、电传、传真、电子数据交换和电子邮件。以上述方式提出申请的，申请人应在发出申请后5日内，向登记机关递交申请材料原件。

个体工商户申请设立登记，应当提交下列文件：①申请人签署的个体工商户设立登记申请书；②申请人身份证明；③经营场所证明；④国家法律、法规规定提交的其他文件。从事法律、行政法规规定须报经有关部门审批的业务的，应当提交有关部门的批准文件。

登记机关做出准予登记的，应当发给申请人准予个体工商户登记通知书，并在10日内向申请人颁发、送达个体工商户营业执照。不予登记的，应当发给申请人不予个体工商户登记通知书。

（2）个人独资企业的注册登记。

个人独资企业，是指依法在中国境内设立，由一个自然人投资，财产为投资人个人所有，投资人以其个人财产对企业债务承担无限责任的经营实体。

申请设立个人独资企业，应当向企业登记机关工商行政管理部门提交以下相关文件：①由投资人签署的个人独资企业设立申请书；②投资人身份证明；③生产经营场所使用证明等文件。

登记机关应当在收到设立申请文件之日起15日内，对符合法律规定条件的予以登记，发给营业执照；对不符合法律规定条件的不予登记，并应当给予书面答复，说明理由。个人独资企业的营业执照的签发日期，为个人独资企业的成立日期。

（3）合伙企业的注册登记。

合伙企业的设立、变更、注销，应依法办理企业登记。工商行政管理机关是合伙登记机关。国务院工商行政管理部门主管全国的合伙企业登记工作。市、县工商行政管理机关负责本辖区内的合伙企业登记。合伙企业的登记事项应当包括：合伙企业的名称、经营场所、经营范围、经营方式和合伙人的姓名及住所、出资额及出资方式。

申请设立合伙企业，应当向企业登记机关提交下列文件：①全体合伙人签署的设立登记申请书；②全体合伙人的身份证明；③全体合伙人指定的代表或者共同委托的代理人的委托书；④合伙协议；⑤出资权属证明；

⑥经营场所证明；⑦国务院工商行政管理部门规定提交的其他文件。

法律、行政法规规定设立合伙企业须报经审批的，还应提交有关批准文件。合伙协议约定或者全体合伙人决定，委托一名或数名合伙人执行合伙企业事务的，还应当提交全体合伙人委托书。

企业登记机关应当自收到申请人依法提交的全部文件之日30日内，作出核准登记或者不予登记的决定。合伙企业的营业执照签发之日，为合伙企业的成立日期。

2. 进行税务登记

守法经营、依法纳税是每个公民的应尽义务。为保证生产经营活动顺利开展，生产经营者应在领取营业执照之日起30日内到税务机关进行税务登记。

（1）税务登记的范围。

生产经营者办理税务登记的范围是凡从事生产经营，实行独立经济核算，并经工商行政管理部门批准，领取营业执照的一切生产经营者，包括从事工业生产、交通运输、建筑安装、商业经营、服务业、娱乐业以及其他所有经营收入、收益的一切生产经营者。

（2）税务登记的内容。

税务登记的内容主要包括：工商户的名称、地址、经济性质、主管部门、生产经营范围、经营方式资金状况、工商行政管理部门的工商登记证照号码、开户银行及账号等。

①申报办理税务登记的证件或资料。申报税务登记应提交下列手续：营业执照，有关合同、章程、协议书，银行账号证明；居民身份证、护照或其他合法证件，税务机关要求提供的其他合法证件和资料。

②税务登记程序。

A. 申请办理税务登记。由纳税人，即生产经营者主动向税务机关提出申请登记报告，并出示工商行政管理部门核发的工商营业执照和有关证件。领取统一印制的税务登记表，如实填写有关内容，经加盖印章后作为登记申报，报送主管税务机关。

B. 审核税务登记表。税务机关对纳税人的申请报告、税务登记表、工商营业执照及有关证件审核后，即可准予登记，并发给纳税人税务登记证。

由于税务机关对税务登记证件实行定期验证和换证制度，生产经营者必须在规定的期限内持有关证件到主管税务机关办理验证或换证手续，一般每年换证或验证一次。

（3）纳税申报。

纳税申报是纳税人为了正确地履行纳税义务，扣缴义务人为了正确履行代扣代缴、代收代缴义务，将发生的纳税事项或者代扣代缴、代收代缴事项向税务机关提出书面申报的一项法定手续。领到营业执照开始生产经营活动之后，在一定期限内就应该向税务机关申报纳税。

3. 办理银行开户

（1）开户与结算。

企业在获得营业执照后，应选择当地一家银行或信用合作社开户。开户时要提交申请表，待批准后，还要填写印鉴卡片，作为银行、信用社审查结算凭证的合法性的依据。

在日常生产经营活动中，要经常与银行进行结算，以达到账账相符和账款相符，以利于更好地生产经营。比如出售商品后收取买方货款，购买原料需要支付卖方价款等。这些活动在金融行业中称为结算。结算有两种：一种是现金结算，另一种是非现金结算，也叫转账结算或票据结算。由于成交金额大，支付大量现金既不方便又不安全，因此，企业往往委托银行把货款从买方账户转到卖方账户，完成付款或收款行为。

（2）贷款。

A. 向银行申请贷款的种类和程序。贷款方式一般有抵押贷款、担保贷款和信用贷款三种。在实际工作中，选用哪种方式一般由银行对贷款人和项目进行综合评价后决定。

申请人向银行提交申请书，银行依照贷款条件逐条对申请进行审查，并依照审批程序作出裁定。

银行同意贷款后，必须由贷款人与银行签订书面合同，内容包括借款用途、付款日期、还款期限、贷款利率、违约责任及借贷双方的权利和义务，有必要或有条件的还要经公证机关公证。

借款人根据借款合同的规定，向银行出具借款借据，银行按借据提供具体贷款。借款人要求办理结算时，银行按借据办理，款转入借款人账户；不需要办理转账结算时，可以直接提取现金。

银行提供的贷款主要用于生产经营过程中所需的流动资金，而不准挪作他用。借款人未经银行同意擅自改变贷款用途，或贷款用于垫交税款或管理费，或转借给他人的，均为挪用。挪用贷款要受到银行的处罚。

B. 贷款的形式和期限。银行的贷款分为五种形式。一是流动资金贷款。这是用于解决生产经营中流动资金的合理需要的贷款。贷款期限按生产经营周期确定，原则上不超过 12 个月。二是固定资产贷款。按生产建设项目性质可分为技术改造贷款和基本建设贷款。技术改造贷款期限一般不超过 3 年；基本建设贷款期限一般不超过 5 年。三是专项贷款，如特种贷款、扶贫贴息贷款等。四是贴现。对持有未到期承兑汇票的生产经营者，因急需资金，可依据票面金额而给予贴现资金，贴现期限一般不超过 6 个月，最长不超过 9 个月。五是委托贷款。这是银行根据委托人确定对象、用途、金额、期限、利率等要求而代理发行的贷款。

4. 适时开业

创业者在确定了创业目标，编制了企业计划，并经过充分论证，确定了厂（店）址，筹集了创业资金，办理法定手续以后，就要考虑购买生产或经营设备，装修厂房（店）、招聘和培训员工等问题。在做好以上各项准备工作以后就可以择日开业了。

开业期间的宣传、营销活动在很大程度上影响到厂（店）开业后你的经济状况，因此，一定要做好开业的策划方案。开业方案的策划需要花费人力、物力、财力，这些都要得到相应的回报。那么，在做开业方案之前，就要有一个明确的目标，根据不同的目标来组织实施，并且最好能够有几套方案以便做出最佳选择，以最少的投资获得最大的利润。策划开业方案的目的：一是宣传造势，提升企业形象，扩大知名度；二是吸引客户，实现尽可能大的营销空间，挖掘最大潜在消费力。因此，开业前的宣传造势很重要，可以通过媒体广告、品牌灯箱、广告礼品袋以及花篮条幅等来烘托气氛，提高人气。选择开业的时期，一般要考虑有关部门人员是否有时间参加、天气是否晴朗、是否在节假日、是否在人流较多的日期、开张日居民是否喜欢等因素。

开业前对员工的动员、激励、教育和培训也要到位。对员工进行开业前的详尽培训，包括品牌背景、企业文化、产品知识以及礼貌用语、待人接物、行为举止等日常行为规范，"无规矩不成方圆"，要有一个约束员工行为规范的标准，以便更好地开展工作。同时要做好厂（店）内部的有效管理，以明确各自职责，确保开业成功。

以上几个方面落到实处，并加大执行力度，创业者就会有一个良好的开端，为其长期发展盈利奠定坚实的基础。

创业就是激励自己，开发自己最大的潜能。创业就是善于发现和挖掘一生中那些通往成功的无数潜在的时机。创业就是创造，创造新的就业岗位、创造新的成功机遇、创造新的富于挑战的人生。如果我们自主创业，我们自己就是老板，我们就是自己命运的主人。创业是当今时代一个十分重要的话题，是经济增长的推动力，创业者和创业的未来从来没有像现在这样充满希望。中国的发展需要创业，有远见的现代农民应该勇敢地加入创业者的行列。

第五节　风险的识别与防范

一、创业风险的产生

风险是指人们不能确定行为所导致的结果的状况及其程度。农业创业和其他类型的创业一样，会遇到各种各样的风险。如何面对这些风险？怎样回避、降低自己的经营风险和经营成本？需要创业者对风险的种类进行识别和初步判断，及早采取预备的创业方案。

在创业过程中，创业环境的不确定性，创业机会与创业企业的复杂性，创业者、创业团队与创业投资者的能力与实力的局限性，是创业风险的根本来源。研究表明，由于创业的过程往往是将某一构想或技术转化为具体的产品或服务的过程，在这一过程中，存在着几个基本的、相互联系的缺失，它们是上述不确定性、复杂性和局限性的主要来源，也就是说，创业风险往往直接来源于这些缺失。这些缺失主要包括以下几种。

1. 资金缺失

有钱的创业不一定能够成功，而没有钱创业一定不能成功；创业者可以证明其构想的可行性，但往往没有足够的资金将其变为创业现实，或在创业过程中因现金流断裂而影响企业运行，从而给创业带来一定的风险。

2. 论证缺失

论证缺失主要是指创业者仅凭个人兴趣去研究和判断市场的潜力，当一个创业者认为某项技术突破可能产生某种创业机会时,仅仅停留在自己满意的论证程度上。然而,在将创业预想真正转化为创业行为时,由于产品成本与预期收益的落差、实际消费和市场预期容量的落差等不确定因素,这种程度的论证便不可行了,这种论证的缺失导致了创业风险的产生。

3. 信息和信任缺失

信息和信任缺失存在于技术人员和创业者之间。也就是说,创办一个企业,需要不同类型的人一起共同合作,需要拥有技术人员、管理人员等。技术人员将会提供可靠的技术信息,管理人员将会采用一定的管理模式。两者在实际工作中有时会因岗位的信息差异而产生意见分歧。一个好的创业者需要具备性格、专业知识、领导能力、创新意识、协作精神等多种素质,如果创业者某些方面的素质不具备或存在较大的欠缺,不能协调这些冲突,会增加企业的风险,增加失败的可能。如果技术人员和管理人员之间不能充分信任对方,或者不能够进行有效的交流,那么这一缺失将会变得更深,从而带来更大的风险。

4. 资源缺失

失业资源与创业者之间的关系就如同颜料和画笔与艺术家之间的关系。没有了颜料和画笔,艺术家即使有了构思也无从实现。创业也是如此,没有所需的资源,创业者将一筹莫展,创业也就无从谈起。在大多数情况下,创业者不一定也不可能拥有所需的全部资源,这就形成了资源缺失。如果创业者没有能力弥补相应的资源缺失,要么创业无法起步,要么在创业中受制于人。

5. 管理缺失

管理缺失是指创业者不一定是出色的企业家,不一定具备出色的管理才能。创业活动主要有两种:一是创业者利用某一新技术进行创业,他可能是技术方面的专业人才,但却不一定具备管理才能,从而形成管理缺失;二是创业者往往有某种"奇思妙想",可能是新的商业点子,但在整体规划上不具备相应的才能,或不擅长管理具体的事务,从而形成管理缺失。

二、农业创业风险种类

农业企业的生产运营过程集自然再生产和经济再生产于一体,这导致农业企业面临的风险具有自身的行业特征。按照风险形成的不同层次,农业企业的风险可分为以下六个方面。

1. 自然风险

农产品生产的周期性、自然灾害的客观存在、农业生产力水平较低，这些都会给农民带来风险。有些自然灾害是可避免的，有些是不可避免的，农民单家独户所面临的风险更大。这些自然灾害对农业产业公司的威胁可能会带来灭顶之灾。自然风险主要划分为两个方面。

（1）自然资源风险。

自然资源风险可以理解为正常条件下的自然环境风险。农业企业生产的自然特性与其所占用资源的质量和地理位置都密不可分，并在很大程度上直接决定了农业企业经营业绩的好坏。

在数量方面，相关资源的短缺（如水资源和土地资源）会严重影响农业企业的生产营运。在质量方面，环境污染对资源质量所带来的不利影响会从根本上影响农业企业的经营效益。与此同时，资源的地理位置也直接决定了农业企业的营运成本，距离越远运输成本越高，交通不便也会使成本提高。

（2）自然灾害风险。

自然灾害风险可以理解为异常条件下的自然环境风险。由于农业的生产特性，自然因素对农业的影响相比其他行业更为敏感和严重。我国是世界上两条巨灾多发地带（即北半球中纬度重灾带和太平洋重灾带）都涉及的国家，气候变化大，灾害种类多且发生频繁，这些都给农业生产带来了巨大的损失。自然灾害一方面会影响农业企业的产量，另一方面还会影响农业企业的产品质量，这些都会增加农业企业的风险，造成农业企业效益不稳定。

2. 技术风险

技术风险，是指由于农民缺乏农业技术或此技术在应用后产生的不确定副作用，对农业生产经营活动所成的损失。技术风险轻者可以造成减产、效益下降，严重者造成绝收，从而血本无归。

农业的技术风险来自农业技术经济绩效的不确定性、农业技术应用的复杂性和农民素质状况。过去小农式的自给自足的生产方式，靠"干中学"的经验来控制风险，这一问题尚不突出，但从 20 世纪 80 年代中期开始，高新技术农业开始出现，农业大量使用新设备、新技术，但技术服务队伍和组织机构缺位，新的农业技术推广体系还未完全形成。随着农业市场化步伐的加快，农民对科技的需求量大幅度增加，农业生产越来越依靠新技术新产品，农业经营者的技术风险日益加大，对农产品质量标准、生态环境和能源的要求越来越高，经营这类产品的风险也在相对提高。

对新技术理解的偏差和操作的失误都可能对农业生产造成直接经济损失和灾难性的后果。例如对家禽行业来说，疫病控制就是养殖成败的关键问题之一，只有解决了疫病问题，才能够保证产品进入市场、进入竞争。因此，在生产中所运用的疫病防控策略、措施和方法不得当，是产生经营风险的重要因素。

3. 市场风险

农户还面临产品销售不畅、价格偏低、价格不稳定或者受到竞争对手的挤压而带来的市场风险。形成市场交易风险的原因主要包括两个方面。

（1）由于谈判力量不对等而导致价格波动的风险。

谈判力量不对等是指在市场交易双方的拉锯战中，谈判力量强弱悬殊比较大，谈判力量强的一方在交易中处于主动地位，控制（决定）市场交易行为，谈判力量弱的一方在交易中处于被动地位，往往服从市场交易行为。农民与大的收购方在价格的谈判力量上就是这种极不对等的关系，而且农产品受自然条件影响大、生产周期长等特点，导致农户在经营过程中除了一直难以摆脱市场价格波动的纠缠外，还会受到强势谈判的制约。

（2）市场信息不对称产生的交易风险。

市场信息不对称就是在交易过程中双方接受的市场信息不一致。造成市场信息不对称的主要原因是交易双方中的一方（三方中的两方）的主观故意，由此给经营者带来信息不确定性的风险。现代经济学证明，不确定性是影响人们经济行为和经济决策的重要变量，由于人们的风险偏好不同，人们对不确定性的不同判断，将会导致不同的行为预期和行为选择。市场交易的参与人数越多，信息就越不完备和不对称，道德风险、逆向选择、"搭便车"等机会主义行为发生的概率就越高。单个农户购买生产资料、销售自己生产加工（初加工）的农产品时，就面临着因为交易对象众多而带来的高度不确定性，而市场的不完整、市场信息不畅通、市场交易条件经常变化以及农产品市场的近乎完全竞争特征等，都在加剧这种不确定性的程度。以家庭小规模生产为主体的农户在信息不完全与信息不对称的双重制约下显得无所适从,从而降低了市场效率,弱化了农民的利益谈判地位。伴随着中国入世与农业市场化开放程度的不断提升,农业生产经营活动在获取了更广阔的市场空间的同时,将面临着更大市场波动的风险。而农业日趋明显的边际报酬递减趋势,使农业投入产出效率的获取面临着比非农业产业更大的市场风险。

4. 订单风险

农产品订单是指农户根据其本身或其所在的乡村组织同农产品的购买者之间所签订的订单,组织安排农产品生产的一种农业产销模式。但是农民往往处在弱势群体的地位,由此产生了订单风险。

在农业现代化过程中,农业订单的经营主体之间的联系或紧密或松散,而合同是受法律严格保护的。但是,如果缺乏浓厚的法律氛围和公民法律意识普遍淡薄,违约就会产生。在有的情况下,当签订合同后,如果市场价格高于合同价格,农民往往不将农产品出售给龙头企业,而是直接到市场上去出售,从而使签约的龙头企业遭受损失。由于这种行为通常涉及面很大,加之农民是弱势群体,在"法不责众"的惯例下,法律监督往往难以奏效。而且这种行为也在龙头企业身上时有发生,当市场价格低于合同价格时,龙头企业也可能违约,不按既定的合同收购经营主体的农产品,而是到市场上去交易。而当企业不执行合约时,由于关系的作用和地方出于保护税源的目的,企业被惩罚的概率也相当小。这种合约中的"机会主义"行为严重地损害了农业创业者的运行效率,产生了很大的交易风险。

5. 农资及其价格风险

农资价格风险主要指两个方面:一方面是假冒农药、化肥、农膜、农机具等农用生产资料,充斥农村市场,给农业经营主体带来的损失;另一方面是农资价格上涨造成的损失。从各方面的市场反馈来看,全国农资市场普遍涨价。不仅生产商反映成本上升推动出厂价格上升,产销链条末端的经销商也反映农资价格"涨"声一片,生产资料的价格上涨吞噬掉了农产品产量和农产品价格上涨所带来的利润空间,影响农民增收和农民对农业的投入,带来了农业效益的波动,遏制了农业增效的潜力,农民已经感受到了涨价带来的压力,但要把涨价带来的压力转移到出售农产品的环节并不是一件容易的事情,应警惕农资涨价影响农民增收。

6. 其他风险

(1) 资产风险。

目前农业市场化程度提高，在规模扩大的同时投入增加，而农业投资具有锁定性，农业固定资产的专用性导致农业经营的风险，造成沉没成本加大，从而产生资产风险。如投入建设一个养鱼池，就只能用来养鱼，要马上转作其他用途是不行的，那么养鱼池的成本就是沉没成本，具有不可逆性，永远也无法回收，这给农业企业产生了损失。

(2) 观念风险。

一般而言，管理者风险意识淡薄、忽视危机的征兆、不重视对风险的监测都是企业未能对不确定性做出恰当和及时的反应的原因。目前，我国大多数农业企业起步较晚，且以小型企业居多，对加强风险管理没有给予足够的重视。可以说，风险观念不强是农业企业不可忽视的一个问题。

三、规避农业创业风险

创业风险贯穿在整个创业过程，创业者在经营运作中，首先应搞清楚哪些风险对效益影响最大，在管理过程中时时控制住这些影响效益的因素，掌握最新的行业信息并及时作出调整，将风险控制在可接受的范围内。

有关资料表明，自然风险占农业经营风险的25%左右，市场风险约占40%，技术约占25%，其余的约占10%。因此对农业创业者而言，在风险的规避和防范时，可以从战略和战术两方面积极应对创业过程中的风险。

(一) 防范和减轻风险的战略措施

1. 用足优惠的农业政策资源

在一定程度上农业政策具有公共产品的性质，利用好农业政策平台是农业创业者必走的"捷径"。2003年以来，我国按照"多予、少取、放活"的方针，出台多项农业政策，如专项资金扶持政策、保险政策、补贴政策等，具体包括农作物保险、能繁母猪保险、粮食直补、农资综合直补、水稻良种推广补贴、油菜良种推广补贴、大型农机具购置补贴等政策。

2. 成立农民专业合作组织

在激烈的市场竞争中，农业是个弱势产业，农民是一个弱势群体，为了降低生产成本，提高盈利水平，就需要通过合作联合起来，借助外部交易规模的扩大，节约交易成本，提高在市场竞争中的地位，使产品按合理价格销售。同时，还可通过扩大经营规模，提高机械设备等的利用率，寻求规模效益，规模的扩大可带动地方经济的倍增效应，市场的运作者可以在更大范围内稳定农产品的价格，争取市场谈判的主动权。农业合作经济组织按照合作的领域可以分为生产合作、流通合作、信用合作和其他合作，提高千家万户的小生产者在千变万化的大市场中的竞争能力和经济效益。

目前运作比较成功的模式——"公司+农户"模式。实行"公司+农户"的模式之后，农产品的市场化运作使由农产品自然秉性带来的价格波动得到了一定的制约。单个农户的市场风险通过一体化企业的统一加工、集中销售，得到大幅减小。在行情不看好的情况下，由公司承担全部的市场风险，农户只要抓好生产就可以等到稳定的收入。所以，目前"公司+农户"的模式值得农业创业者去体验。

3. 寻求与知名企业的市场协同

协同是指各方面相互配合协助完成某项事情。企业通过市场协同可以实现低成本、高效益运作，从而降低风险。协同效应就是指企业之间在生产、营销、管理等环节，从不同方面共同利用同一资源而产生的整体效应。俗话说"一根筷子轻轻被折断，十双筷子牢牢抱成团"，就是企业善于通过市场协同作用（生产协同作用或管理协同作用）到扩大规模、开拓市场、降低经营成本和经营风险的目的，延长企业的寿命。目前常见的企业协同大多为市场协同。市场协同的主要表现形式有：品牌租用、品牌延伸、品牌扩展等。

许多农产品在交易过程中都遭受到冷遇，出现卖出难问题，其中原因除了季节和储藏能力外，更主要的是当前农产品最缺乏的是销售的主营渠道，要把优质的农产品打入市场的主营销售渠道，品牌的知名度就成为农产品销售的关键因素。借助优势企业激活弱势企业，通过市场协同与名牌产品合作经营，农业企业利用其他企业在消费者心目中的地位寻找最佳的销售渠道，通过扩大生产规模、大力度开发市场来打造品牌的知名度，完成市场开发和拓展的业务，这是提升产品的市场适应能力的关键。

品牌扩展是企业实现其市场扩张和利润增长的"飞机跑道"。它强调的是企业对已实现的某个品牌资源的充分开发和利用，使品牌生命不断得以延长，品牌价值得以增值，品牌的市场份额不断扩大。

此外，还可以通过品牌扩展策略，也就是企业利用其成功品牌名称的声誉来推出改良产品或新产品，包括推出新的包装规格、香味和式样等，以凭借现有名牌产品形成系列名牌产品的一种名牌创立策略。随着农产品市场体系的不断完善以及企业应对市场风险能力不断提升，价格波动这种一般意义的市场风险对农业企业的影响力度正在不断减弱。

4. 走可持续的发展道路

企业的可持续发展就是既要考虑当前发展，又要考虑未来发展，不能以牺牲后期的利益为代价，换取现在的发展，满足眼前的利益。农业企业的可持续发展表现为经营活动中若干生产要素的发展，从整体的角度表现为应当持续盈利（在一段时间内总体盈利），通过外在技术（人员）的"内化"过程，"渐进式"地实现企业由量变到质变的过程，以更好地抵御技术风险。

在农业技术不断创新的今天，许多经营企业为了缩短技术经济效益时段，以雇佣（租赁）的方式从其他地方借来技术，由于忽视了技术的"内化"过程，产生"水土不服"的应用风险。在此友情提醒农业创业者在利用外来技术时，需要树立可持续发展的战略意识，对引进的技术采取以下措施规避技术风险：一是"本土化"，结合当地的农业生产的水、肥、气等自然条件，有选择性地加以利用；二是技术租用渠道正规化，在农业产业化发展的今天，全国各个地方涌现出了大批的"专家""技术能人"，这些群体在当地农业技术的应用与创新中起到了带头作用，但是由于当事人对农业技术认识的局限性，会把其技术"照办照抄"给经营者带来风险，所以在聘用专家时通过正规渠道是一种规避风险的办法；三是不断"充电"，做好"技术的储备"，在利用技术的过程中依赖外来技术容易受到制约，为了更好地规避过分依赖的风险，作为创业者需要对新技术、新工艺加强学习，给自己的头脑"充电"，让企业"固本强基"，把劣势转化为优势，使企业走可持续发展的道路。

5. 走多元化的发展道路

多元化的发展战略措施是指充分利用生产和加工相关程度较低的农业和农副产品以分散风险。通过进行投资组合，达到在相同期望收益情形下组合风险最小或相同组合风险情形下期望收益最大的目的。像我国不同地区的"四位一体""三位一体"的经营模式，"猪－沼－花""猪－沼－菜"

生态农业模式，"大棚草莓山羊复合种养模式和技术"，都是多元化的发展模式，都是以土地为基础，以沼气为纽带，形成以农带牧、以牧促沼、以沼促果、果牧结合的配套发展和良性循环的生态体系，最佳地利用农业资源和环境，达到较好的资源组合。

6. 走一体化的发展道路

一体化就是延长农业产业链的经营模式，在农业的经营过程中，将整个农业生产过程分为产前、产中和产后三个环节，将不同类型风险在整个链条中进行分解，通过明确不同环节的主要风险类型及其作用机制，寻求不同的管理方式，实现降低农业企业风险的目的。

在养殖产业中许多农业生产合作社的经营就是一体化的发展模式，经营主体由于能够集中经营，统一标准、统一组织实施，其技术成本就比单个农户要小得多。而农业一体化经营企业往往又是农业领域的一流企业，所以技术的风险主要表现为如何通过市场调研，选准具有开发潜力的技术，在成本最小化的前提下进行科学的开发。农业企业必须提供产前、产中、产后的服务，尽可能地将新技术的风险降低到最小的程度。农业企业要有精通农业技术应用过程的专业人员，以帮助农民解决农业技术应用过程中的各种问题，从而使农业技术的风险降低到足够小的程度。

（二）防范和减轻风险的战术措施

1. 调查采购方的信誉

特别是进行大宗交易时，应调查对方信誉，以确保安全。调查对方的信誉就是看对方经营的时间长短，因为这直接关系到经营的稳定性。创业者可以根据对方经营时间的长短建立自己的经营策略。

对于大多数的农产品而言，从用途上来看，采购单位主要有两种类型：一是进行原材料加工的企业，如脱水蔬菜加工企业、果汁加工企业、面粉加工厂等；二是终端消费的经销商，如蔬菜果品的批发企业、大型超市、学院食堂等。

如果是加工企业，一般而言，小型企业的寿命为3～5年，中型企业的寿命为5～8年，大型企业的寿命为10～15年，只要企业落户在本地，一般效益比较可观，也就是说信誉比较好。

如果是大型的超市，由于它的布点基本上在人口密度较大的地方，再加上超市的组织货物的能力比较强，因此在经营期限上相对比较长，无论从货款的回收还是货物的购买都比较讲求诚信。对于讲求诚信的采购方，创业者通过建立长期的客户合作关系，达到稳定交易量、降低市场风险的目的。

如果农产品是出口的，还需要了解出口公司的状况。大部分出口的农产品销售到国外后，通过"二传手"转移到深加工企业、超市等地方，由于对方受到价格、国际行情等因素的影响，受利益的驱动，往往"打一枪换一个地方"，合作很不稳定，需要经营者具有风险意识，"不要把所有的鸡蛋都放在同一个篮子里"，多争取几个合作伙伴，防止"单打一"所产生的风险。

2. 使用法律手段保护自己的合法权益

就是通过签订经济合同来保护自己的权益。只要签订了购销合同，哪怕客户赖账，也可以按照经济合同中的约定进行索要，若仍遭拒绝，经济合同在法庭上就是最好的证据，可做到举证有效。为此，签订购销合同需要详细，无漏洞！

3. 先拣"西瓜"，后拣"芝麻"

真正的企业家并不是风险的追逐者，而是希望捕获所有的回报、将风险留给别人的人。在发展产品的时候既不能"单打一"，也不能把企业所有盈利空间寄托在一种产品上面。在理财界有一条"定律"：不要把鸡蛋都放在同一个篮子里（进行分散投资以规避投资风险，获取较好的回报）！因为当我们把所有的鸡蛋都放在了一个篮子里，篮子失手掉在地上的时候，所有的鸡蛋都遭了殃。所以，在农业企业成长的过程中，发展系列化产品组合很有必要。

农产品的系列组合发展不能"眉毛胡子一把抓"。首先，先拣"西瓜"，就是抓关键，把"厚利产品"作为重点，进行重点发展；其次，后拣"芝麻"，就是培育"明星产品"、市场成长性好的产品，使其尽快成长为"厚利产品"，同时要善于淘汰"鸡肋产品"（不盈利但占用较多资源的产品）。善于多样化搭配，分散经营风险。

4. 控制交易进程，保持非饱和的"金鱼效应"

保持循序渐进就是遵循可持续发展的原则，把市场做成"非饱和"状态。例如，在条件允许的情况下不要过量供货，因为过量供货比较容易造成被动，导致市场价格的下降，一旦价格下降后再想提高绝非一件容易的事情。保持循序渐进的目的是稳定价格，保护经营者自身的利益。有的人形容经营市场就像饲养金鱼，金鱼不会被饿死，但如果投食量过大会被"撑死"，这就是"金鱼效应"。市场也一样，如果短时间过量供货，会造成价格下跌，市场陷入"疲软"状态。因此，农业创业者在经营过程中要坚持长远的经营眼光，只有保持循序渐进才能更好地发展。

总之，农业企业经营风险具有客观性、多样性和隐含性，农业企业经营主体应针对不同风险，采取不同措施，有效地化解和规避风险。同时更需要针对风险因素进行系统分析，采取综合预防措施控制风险，将风险转化为机会，这对于增强农业企业经营的运营效率和化解、规避风险至关重要。

第六节 成功创业者的基本素质和要求

自己创业当老板，比做一般的雇员要承受更大的压力。对于工薪阶层的职员来说，公司垮了可以另谋职位，而对于经营者来说，稍有不慎，整个事业就有可能毁于一旦。在人生旅途上充满各种困难和挫折，有的挫折是由于自己不慎造成的，有的则是不可避免的或意想不到的。有的人在失败和挫折中沉沦下去，而有的人却在失败和挫折中奋发起来，其中缘由就在于个人基本素质的差别。做生意也是如此。在经济成长时期生意比较好做，似乎哪一行都有钱赚，而在经济衰退时期许多企业就会陷入困境。一项决策的失误或计划不周密而导致经营失败，也是常有的事。人在得意时，往往呼风唤雨、事事顺手，当处于困境时则事事为难，银行不愿贷款，卖主不敢批货，买主不愿购货，雇员离心离德、各有打算，更有那些落井下石的人趁火打劫。身处逆境中，要么咬紧牙关，勇往直前，要么一路败退，前功尽弃。怕失败是人性之弱点，失败之后那种挫折感能彻底摧毁一个人的自信心，有些人会因此一蹶不振。但人生没有永远的失败，也没有战胜不了的困难，办法总比困难多。一个人只要有信心、勇气和不屈不挠的精神，以积极的态度去迎接挑战，就能渡过难关，最后取得成功。

一、成功创业者需要具备的基本素质

创业是极具挑战性的社会活动,是对创业者自身的智慧、能力、气魄、胆识的全方位考验。一个人要想获得创业的成功,必须具备基本的创业素质。创业基本素质包括创业意识、创业精神、创业品质和创业能力。

1. 要有强烈的创业意识——想创业

创业意识包括创业的需要、动机、兴趣、理想、信念和世界观等要素。创业意识集中表现了创业素质中的社会性质,支配着创业者对创业活动的态度和行为,并规定着态度和行为的方面和纬度,具有较强的选择和能动性,是创业素质的重要组成部分,是人们从事创业活动的强大内驱动力。要想取得创业的成功,创业者必须具备自我实现、追求成功的强烈的创业意识。强烈的创业意识能帮助创业者克服创业道路上的各种艰难险阻,将创业目标作为自己的人生奋斗目标。创业的成功是思想上长期准备的结果,事业的成功总是属于有思想准备的人,也属于有创业意识的人。

2. 要有坚定的创业精神——敢创业

再充分的创业准备都是不完善的,再周密的创业计划书也难免有没有顾及的地方,再团结的创业伙伴也会发生摩擦,再厚实的资金也有周转不灵的时候——这些都说明在瞬息万变的创业环境中,能影响创业的不确定因素太多了,谁都无法保障在下一个路口能选对方向,所以创业过程中会遇到挫折与失败是再正常不过的事情了。也许有时候会觉得前途一片茫然,有时候会觉得自己很无助,有时候又觉得创业太过辛苦,无法再继续。但坚持就是胜利,这就是坚定,就是自信。

自信就是对自己充满信心。自信心能赋予人主动积极的人生态度和进取精神,不依赖、不等待。要成为一名成功的创业者必须坚持信仰如一,拥有使命感和责任感;信念坚定,顽强拼搏,直到成功。信念是生命的力量,是创立事业之本,信念是创业的原动力。要相信自己有能力、有条件去开创未来的事业,相信能够主宰自己的命运,成为创业的成功者。自强就是在自信的基础上,不贪图眼前的利益,不依恋平淡的生活,敢于实践,不断增长各方面能力与才干,勇于成为生活与事业的强者。自主就是具有独立的人格,具有独立性思维能力,不受传统和世俗偏见的束缚,不受舆论和环境的影响,能选择自己的道路,善于设计和规划自己的未来,并采取相应的行动。自主还要求有远见,有敢为人先的胆略和实事求是的科学态度,能把握住自己的航向,直至达到成功的彼岸。自立就是凭自己的头脑和双手,凭借自己的智慧和才能,凭借自己的努力和奋斗,建立起自己生活和事业的基础。

3. 要有良好的创业品质——能创业

创业之路是充满艰难与曲折的,自主创业就等于是一个人去面对变化莫测的激烈竞争以及随时出现的需要迅速正确解决的问题和矛盾,这需要创业者具有非常强的心理调控能力,能够持续保持一种积极、沉稳的心态,即有良好的创业心理品质。它是对创业者的创业实践过程的心理和行为起调节作用的个性心理特征,它与人固有的气质性格有密切的关系,主要体现在人的独立性、敢为性、坚韧性、克制性、适应性、合作性等方面,它反映了创业者的意志和情感。创业的成功在很大程度上取决于创业者的创业心理品质。正因为创业之路不会一帆风顺,所以,如果不具备良好的心理素质、坚韧的意志,一遇挫折就垂头丧气、一蹶不振,那么,在创业的道路上是走不远的。宋代大文豪苏轼说:"古之成大事者,不唯有超世之才,亦必有坚韧不拔之志"。只有具有处变不惊的良好心理素质和愈挫愈强的顽强意志,才能在创业的道路上自强不息、竞争进取、顽强拼搏,才能从小到大,从无到有,闯出属于自己的一番事业。

4. 要有全面的创业能力——会创业

创业能力是指工资形式就业以外的"自我谋职"能力,这种能力与市场行为相结合就是小型企业的建立,或者说是指一种能够顺利实现创业目标的特殊能力。创业能力的形成与发展始终与创业实践和社会实践紧密相连。创业能力是一种以智力为核心的具有较高综合性的能力,是一种具有突出的创造特性的能力。创业能力包括专业技术能力、经营管理和社交沟通能力、分析和解决实际问题的能力、信息接受和处理能力、把握机会和创造机会的能力等方面。

(1)决策能力。

决策能力是创业者根据主客观条件,因地制宜,正确地确定创业的发展方向、目标、战略以及具体选择实施方案的能力。决策是一个人综合能力的表现,一个创业者首先要成为一个决策者。创业者的决策能力通常包括分析能力和判断能力。要创业,首先要从众多的创业目标以及方向中进行分析比较,选择最适合发挥自己特长与优势的创业方向和途径、方法。在创业的过程中,能从错综复杂的现象中发现事物的本质,找出内在的真正问题,分析原因,从而正确处理问题,这就要求创业者具有良好的分析能力。所谓判断能力,就是能从客观事物的发展变化中找出因果关系,并善于从中把握事物的发展方向。分析是判断的前提,判断是分析的目的,良好的决策能力是良好的分析能力和果断的判断能力。

(2)经营管理能力。

经营管理能力是指对人员、资金的管理能力。它涉及人员的选择、使用、组合和优化;也涉及资金聚集、核算、分配等。经营管理能力是一种较高层次的综合能力,是运筹性能力。经营管理能力的形成要从学会经营、学会管理、学会用人、学会理财几个方面去努力。

①学会经营。

创业者一旦确定了创业目标,就要组织实施,为了在激烈的市场竞争中取得优势,必须学会经营。

②学会管理。

要学会质量管理,始终坚持质量第一的原则,质量不仅是生产物质产品的生命,也是从事服务业和其他工作的生命,创业者必须树立严格牢固的质量观。要学会效益管理,始终坚持效益最佳原则,效益最佳是创业的终极目标。可以说,无效益的管理是失败的管理,无效益的创业是失败的创业。做到效益最佳要求在创业活动中,人、物、资金、场地、时间的使用都要选择最佳方案去运作,做到不闲人员和资金、不空设备和场地、不浪费原料和材料,使创业活动有条不紊地运转。学会管理还要敢于负责,创业者要对本企业、员工、消费者、顾客以及对整个社会都具有高度的责任感。

③学会用人。

市场经济的竞争是人才的竞争,谁拥有人才,谁就拥有市场、拥有顾客。一个学校没有品学兼优的教师,这个学校必然办不好;一个企业没有优秀的管理人才、技术人才,这个企业就不会有好的经济效益和社会效益;一个创业者不吸纳德才兼备、志同道合的人共创事业,创业就难以成功。因此,必须学会用人。要善于吸纳比自己强或有某种专长的人共同创业。

④学会理财。

学会理财,首先要学会开源节流,开源就是培植财源。在创业过程中除了抓好主要项目创收外,还要注意广辟资金来源。节流就是节省不必要的开支,树立节约每一滴水、每一度电的思想。大凡百万富翁、亿万富翁都是从几百元、几千元起家的,都经历了积少成多、勤俭节约的历程。其次要学会管理资金,一是要把握好资金的预决算,做到心中有数;二是要把握好资金的进出和周转,每笔资金的来源和支出都要记账,做到有账可查;三是把握好资金投入的论证,每投入一笔资金都要进行可行性论证,有利可图才投入,大利大投入,小利小投入,保证使用好每一笔资金。总之,创业者心中要时刻装有一把算盘,每做一件事、每用一笔钱,都要掂量一下是否有利于事业的发展,有没有效益,会不会使资金增值,这样才能理好财。

(3)专业技术能力。

专业技术能力是创业者掌握和运用专业知识进行专业生产的能力。专业技术能力的形成具有很强的实践性。许多专业知识和专业技巧要在实践中摸索,逐步提高、发展、完善。创业者要重视在创业过程中积累专业技术方面的经验和职业技能的训练,对于书本上介绍过的知识和经验在加深理解的基础上予以提高、拓宽;对于书本上没有介绍过的知识和经验要探索,在探索的过程中要详细记录、认真分析,进行总结、归纳,上升为理论,形成自己的经验特色并积累起来。只有这样专业技术能力才会不断提高。

(4)交往协调能力。

交往协调能力是指能够妥善地处理与公众(政府部门、新闻媒体、客户等)之间的关系,以及能够协调下属部门成员之间关系的能力。创业者应该做到恰当地处理与外界的关系,尤其要争取政府部门、工商以及税务部门的支持与理解,同时要善于团结一切可以团结的人,团结一切可以团结的力量,求同存异、共同协调发展,做到不失原则、灵活有度,善于巧妙地将原则性和灵活性结合起来。总之,创业者搞好内外团结,处理好人际关系,才能建立一个有利于自己创业的和谐环境,为成功创业打好基础。

协调交往能力在书本上是学不到的,它实际上是一种社会实践能力,需要在实践活动中学习,不断积累、总结经验。这种能力的形成应注意:一是要敢于与不熟悉的人和事打交道,敢于冒险和接受挑战,敢于承担责任和压力,对自己的决定和想法要充满信心、充满希望。二是养成观察与思考的习惯。社会上存在着许多复杂的人和事，在复杂的人和事面前要多观察多思考，观察的过程实质上是调查的过程，是获取信息的过程，是掌握第一手材料的过程，观察得越仔细，掌握的信息就越准确。观察是为思考做准备，观察之后必须进行思考，做到三思而后行。三是处理好各种关系。可以说，社会活动是靠各种关系来维持的，处理好关系要善于应酬。应酬是职业上的"道具"，是处事、待人、接物的表现。心理学家称：应酬的最高境界是在毫无强迫的气氛里，把诚意传达给别人，使别人受到感应，并产生共识，自愿接受自己的观点。

二、成功创业者需要满足哪些基本要求

每一位成功的创业者，在回顾自己的创业历程时，感慨最多的不是自己已经做过的事情，而是遗憾自己没有做到的事情。当问起创业者创业为何成功，创业成功有何奥秘时，每一位创业者由于经历不同，答案也不尽相同，归纳起来有以下五个共同之处。

1. 基本要求之一：创新

创业需要创新，从无到有干成一番事业，离不开创造与创新。因此，创新是创业精神的核心。创业的过程，就是有所发现、有所发明、有所创造、有所突破的过程。创新也是没有止境的，是持续不断的。永葆创新精神，才能保持昂扬的工作热情，才能勇于求新、不断求变，取得成功。每个人都渴望成功，有很多人每时每刻都在为寻找成功的捷径而绞尽脑汁，并付出了艰辛的努力。但是，我们又不得不承认，在现实生活中，成功却往往属于少数人，而多数人却与成功无缘，究其原因固然很多，但有无好的创意则是成功与否的分水岭。这样的故事比比皆是。

强手过招，靠什么取胜？靠创意。在快速变迁的时代中，突破过去的框架，适应新的环境，面对新的课题，迎接新的挑战，才能赢得新的财富。

对于绝大多数在激烈竞争中初创的企业来说，通过精巧构思推出新招数、新想法，不仅可以使自己的创业之路展现一线生机，而且可以在短时间内见到利润。所谓新招数、新想法，从其运作思路上看未必出奇，一旦被点拨开了，谁都可以做到，但其根本却是创业者具备的功力。

"新"，通常意味着创业竞争压力的减轻，创业空间的拓展事实证明，很多创业者在创业初期都巧妙地运用了这一方法，从而使自己站住了脚。

称其为新招数、新想法而不是新技术,是因为与后者相比,新招数、新想法更容易萌生,特别是创业者自己可能瞬间闪现出的新思路,更容易根据自身的条件进行完善并加以运作。借助巧妙的运用,创业者在创业初期的日子通常都会过得比较滋润,开门见喜,利润的得来也轻松了许多。

认真分析每一个用"新"创业的案例,可以看出很多时候寻找一个新的职业、一个新的经营项目、一个新的行业、一个新的产品,并不需要搜肠刮肚地去想,但是一定要会去利用。

出新,需求是关键,说起来不难,但寻找新招数、新想法却不是人人都可以做到的。对于创业企业,新招数、新颖构思、新产品的开发,需要的是巧劲,而不是拙力。

当一个重要的创意从脑子里激发出来,肯定会无比激动与兴奋,这时候不要着急马上就付诸实践,创意可不是盲目地标新立异,而要以企业实际为基础,要适合企业自身的发展要求,应该对新的创意冷静地思考,放在市场的基础上,审视其可行性与科学性,经过反复考证,思路成熟了,第一个环节就完成了。

确定一个招数、想法是否有前景,不在于这个招数或想法的本身是否够新奇、够独特,而是其存在是否有需求。很多创业者也曾经新奇特招数不断,但最终不是无人喝彩,就是过早夭折,原因就在于创业者将这些新思路和新招数孤立在自己的想象中,没有考虑到人们对之是否存在需求。

所有的新项目、新招数、新思路,是否可以存活、可以经得住市场的验证,唯一的衡量标准就是其中是否蕴含市场的需求。

2. 基本要求之二:诚信

看到"信"这个字,很多人就会意识到"人言为信""言而有信""诚实守信"。中国是一个具有五千年文明史的诚信大国,在儒家文化伦理中,要数《论语》这本书为经典著作了,而在这本薄薄的书中,就有二十多处论及"信"的重要性。

随着我国的改革开放和市场经济的不断发展,一些企业为了追求利益最大化,拼命搞"原始积累",甚至明目张胆地造假,使得企业信用名誉扫地,在商品流通市场中不仅外国人不愿与其合作,就连本国公民也难以信赖他。难怪一个国际专家坦言:中国现在全心全意地投入以美国这样一个"公司王国"为领头羊的全球化经济中,怎么会不沾染到并不是中国传统所固有的尔虞我诈、利欲熏心的生活方式呢？信用专家断言，信用是市场经济运行的前提基础，市场经济的重要特征是资源配置主要通过市场机制的作用来实现。市场机制的核心内容仍然是商品交换，而商品交换的基本原则仍然是建立在信用基础上的等价交换。随着交换关系的复杂化，日益扩展的市场关系便逐步构建起彼此相连、互为制约的信用关系，把整个经济活动紧紧地连接在一起，这种信用关系作为一种独立的经济关系得到充分的发展、维系和支持，从而形成市场秩序。可以说，没有信用，就没有商品交易和市场；没有信用，就没有经济活动存在及扩大的基础，没有信用，就没有人类赖以生存与发展的社会秩序。对于创业者来说以信誉为重，立信为本，才是成就创业成功和维持企业不断发展壮大的动力源。

在创业过程中，创业者将不可避免地遇到交易双方的信用问题及风险规避问题：一方面是创业者应如何建立自己企业的信用，能够认真履行跟人约定的事情从而取得信任，在不需要提供物资保证的前提下，可以按时偿付信用贷款或商业经营活动中的赊销、赊购结算等；另一方面是如何防范别人不讲诚信，给自己企业造成损失。因此，创业者必须关注信用，了解现行的企业评级常识，这对自己企业规避风险十分重要。

诚信是体现社会文明程度的最基本要素之一，培养它必须从点滴开始，从小事做起，立足家庭、学校、工作单位等场所，形成从上至下倡导、由下而上监督。国家劳动和社会保障部与有关信用管理部门为此专门公布设立了"信用管理师"作为一个社会新职业来强化信用管理，整治信用缺失和失信问题，其目的是期待重塑信用古国和信用大国之形象，为促进我国社会主义市场经济的健康发展服务。诚实守信是人们在职业活动中处理人与人之间关系的道德准则，也是市场经济体制下人们在创业活动中必须遵守的一项最基本的道德规范。诚实就是真心诚意，实事求是，不虚假，不欺诈；守信就是宁可牺牲自己的利益，也要遵守承诺，遵守协议，讲究信用，注重产品质量和企业信誉。诚信要求生产者和经营者在市场交易中，要货真价实，即质量、数量、品种、款式等都要符合相应的要求，要明码标价，合理定价，不能采用欺骗手段牟取暴利。它要求商店的广告，营业员的商品介绍，商品的包装和标识等都应提供真实的商品信息。它要求向被服务者提供真实的服务信息，提供符合规定的服务，收取合理的费用，反对和杜绝各种各样的欺骗服务对象的职业行为。诚实守信是市场经济最直接的道德基础。没有信用，就没有秩序，市场经济就不能健康发展。没有诚实守信，也不能成功创业。

市场经济已进入诚信时代，作为一种特殊的资本形态，诚信日益成为企业的立足之本与发展源泉。

风险投资界有句名言："风险投资成功的第一要素是人，第二要素是人，第三要素还是人。"此话足以证明风险投资家对创业者个人素质的关注程度。在他们看来，创业项目、商业计划、企业模式等都可适时而变，唯有创业者品质难以在短时间内改变。

创业者品质决定着企业的市场声誉和发展空间。不守"诚信"，或可"赢一时之利"，但必然"失长久之利"；反之，则能以良好口碑带来滚滚财源，使创业渐入佳境。

在我国现阶段，一些大公司的产品，甚至一些名牌产品也还存在着一些质量问题。一些欺诈行为、毁约行为时常发生。有些老板为了能用最小的成本来获取最大的利润，竟然埋没良心，在买卖中缺斤少两，以次充好，以假乱真，以坑蒙拐骗等办法来欺骗消费者。这样的商家一旦失去消费者或客户，就失去了最根本的竞争力和最基本的立足点。在电视里、在报刊上有时也会看到这样的企业倒闭的报道。反之，一旦得到消费者或客户的信任，将会取得不可估量的社会效益和可观的长远的经济效益，从而使企业更好地立足市场，占领市场。

3. 基本要求之三：合作

在我们今天的社会里，要想靠单枪匹马笑傲江湖，已是越来越难了。每个人都需要合作伙伴。所谓"一个好汉三个帮""红花还要绿叶扶"，就是说现代人要有合作意识，共同创业。

合作创业的优点如下。

（1）"抱团"创业有利于降低成本。

小作坊也是企业，只要开工生产了，就要有厂房、后勤等，还要有机器设备、人员管理等。一句话，"麻雀虽小，五脏俱全"。原来不可避免的资产闲置、材料浪费、开工不足等弊端，经过重组联合之后，机器设备利用率提高了，土地节约了，重复建设避免了，经营活动规范了，效益也提高了。

（2）"抱团"打破了"同行冤家"的宿命。

长期以来，许多人难以走出"不去相互提防就不是经商"的旧思维。

现在，具有新思维的农民能反其道而行之，体现出的不仅仅是团结协作，还让我们看到了他们的诚信和睿智。"抱团"折射出了如今的同行既是伙伴，也是朋友，只要抱团联合，就不愁没有出路，就不愁做大做强。

（3）"抱团"之举可以取长补短，提高竞争优势。

很多中小企业当初上马时大都是"因陋就简"，而"抱团"重组后，企业规模变大了，设备更新了，效益也增加了，抵御市场风险的能力也随之增强，往日对其不屑一顾的大企业、大客户也就不得不刮目相看了。"抱团"让他们更容易争取到大的合作机会。

（4）"拖团"之举彰显了"草根老板"和新农民的创业大志。

企业"抱团"重组、农民组团创业，是农民在经营活动中从感性到理性的过程。只有想把企业搞出名堂来的人、只有想抓机遇干出名堂来的人，才会积极参与重组、热心联合。由此可见，"抱团"重组体现了新型农民企业家立大志、创大业、做大事的精神风貌。

选择合伙创业，比个人"单枪匹马"创业更能顺利地度过创业期。任何潜在的合伙人都有优点和缺点。彼此了解各自的长处和短处，这仅仅是社交中的朋友，还是不够的。创业前找一个彼此适合的合伙人是有一定的标准的。一般情况下，人们选择创业合伙人时有以下两个标准：①对项目感兴趣并愿意出资参与，能够共同承担投入、风险；②在技术、经营、管理、资金等方面各有所长，能形成互补。

但是，上述标准还多局限在相对有形的可见层面，合伙人还应是志同道合并且能够同甘共苦、互相兼容的"盟友"。因此合伙人的选择还要添加一项标准，就是性格上要能够兼容，在业务及经营管理政策乃至价值观上要能达成一致。

4. 基本要求之四：守法

在开始创业前，必须了解我国的一些基本法律知识，这样才能更好地解决创业所涉及的法律问题。设立企业从事经营活动，必须到工商行政管理部门办理登记手续，领取营业执照。如果从事特定行业的经营活动须事先取得相关主管部门的批准文件。我国的企业立法已经不延续按企业所有制立法的旧模式，而是按企业组织形式分别立法。

根据《中华人民共和国民法典》《中华人民共和国公司法》《中华人民共和国合伙企业法》《中华人民共和国个人独资企业法》等法律的规定，企业的组织形式可以是股份有限公司、有限责任公司、合伙企业、个人独资企业，其中以有限责任公司最为常见。设立企业时还需要了解《企业登记管理条例》《公司登记管理条例》等工商管理法规、规章。设立特定行业的企业时，还有必要了解有关开发区、高科技园区、软件园区基地等方面的法规、规章及有关地方规定，这样有助于您选择创业地点以享受税收等优惠政策。我国实行法定注册资本制。如果不是以货币资金出资，而是以实物、知识产权等无形资产或股权、债权等出资，还需要了解有关出资、资产评估等的法律规定。企业设立后，需要办理税务登记，需要会计人员处理财务，这其中涉及税法和财务制度。必须了解企业需要缴纳哪些税，如营业税、增值税、所得税等。还需要了解哪些支出可以打进成本、开办费、固定资产怎么摊销等。需要聘用员工，这其中涉及劳动法和社会保险问题，因此需要了解劳动合同、试用期、服务期、商业秘密、工伤、养老金、住房公积金、医疗保险、失业保险等诸多规定。还需要处理知识产权问题，既不能侵犯别人的知识产权，又要建立自己的知识产权保护体系。需要了解著作权、商标、域名、商号、专利、技术秘密等各自的保护方法。在业务中还要了解《中华人民共和国合同法》《中华人民共和国担保法》《中华人民共和国票据法》等基本民商事法律以及行业管理的法律法规。以上只是简单列举创业常用的法律，在企业实际运作中还会遇到大量法律问题。当然，只需要对这些问题有一些基本的了解，专业问题须由律师去处理。

应用法律手段管理中国 21 世纪的农业产业化，是中国农业经济管理的重大变革。有法可依、有法必依、执法必严、违法必究，在农业生产领域，一旦建成了这样的法制秩序，中国农业的持续、稳定、健康发展不仅是可能的，而且是现实的。

5. 基本要求之五：和谐

俗话说："和气生财"。创业需要和谐，这种和谐，一是指创业者的"心态"需要和谐；二是指创业的过程中需要和谐。宽松的社会氛围、和谐的人际关系，是创业成功的无形资产，更是激发创业者创造力的重要条件。现在好多年轻人都想创业，但一试水，绝大多数人未成功就黯然收场。为什么？

（1）这是一个心态问题。

有许多创业者在创业初期还是有些相对优势的，如技术、资金等。但为什么会有那么多的创业不足一年就失败了，这是因为创业者创业的心态不平和，就是"心态不和谐"。他们在创业之初就梦想着短期内实现赢利而忽视了做一些打基础的工作，结果往往造成本末倒置。比如说，一个创业者开了一家餐馆，他们可能先想到的是做宣传和推广，而轻视了搞好清洁、做好饭菜口味这些基础性的工作。

（2）在创业过程中，要注意作为多种要素的结合而存在的"和谐"。

在创业团队内部，你需要和谐，这就好像一支乐队演出，即使只有一个乐手的演奏"跑调"，整个合奏就会马上失去美感，欣赏者也会感到曲调不和谐。

有了创业团队内部的和谐还不行，在创业过程中还需要与消费者建立一种和谐的关系，培养一批初具忠诚度的消费群体；需要与供应商创造和谐关系，这样才能使他们对你更加信任，从而有一个相对稳定的商品来源；更需要与社会建立和谐关系，这就要求你不能知法犯法、逃税漏税等。

（3）创业需要和谐，还表现在人与自然的和谐，也就是生态和谐。

它以协调人与自然关系、促进农业和农村经济社会可持续发展为目标，以"整体、协调、循环、再生"为基本原则，以继承和发扬传统农业技术精华并吸收现代农业科技为技术特点，强调农林牧副渔大系统的结构优化，把农业可持续发展的战略目标与农户微观经营、农民脱贫致富结合起来，从而建立一个不同层次、不同专业和不同产业部门之间全面协作的综合管理体系。多年来，农业综合生产力的高速增长，在很多地区和相当程度是建立在牺牲生态环境基础之上的，这是一种"短视"的创业，是对资源的过度掠夺，是对环境的肆意破坏。历史的经验和教训启示人们，必须把自然资源和生态环境保护结合在农业生产过程当中，建立生态合理的新型农业生产体系和相应的技术体系。

创业需要和谐，和谐创业是一种高境界。"和"者，和睦也，有和衷共济之意；"谐"者，相和也，有协调顺和之意。"万丈高楼平地起"，有了创业的和谐，才有创业发展的未来。

参考文献

陈德智，2007. 创业管理. 北京：清华大学出版社.

崔东红，2006. 创业、创新、创富. 北京：中国经济出版社.

邓云泽，陈俐慧，2007. 现代科技与精细农业. 农业与技术（5）：4-6.

费孝通，1996. 重读《江村经济》序言，北京大学学报（哲学社会科学版）. 4.

冯俊锋，2017. 乡村振兴与中国乡村治理. 成都：西南财经大学.

高小康，2010. 非物质文化遗产与乡土文化复兴. 人文杂志（5）：96-104.

葛建新，2004. 创业学. 北京：清华大学出版社.

耿红莉，2015. 休闲农业与乡村旅游发展理论和实务. 北京：中国建筑工业出版社.

杭中茂，2003. 创业理论与实务. 北京：中国商业出版社.

何勇，赵春江，2010. 精细农业. 杭州：浙江大学出版社.

侯鹏程，2015. 现代农业创业与企业经营. 北京：中国农业出版社.

黄凯，2016. 休闲农业与乡村旅游. 北京：中国财富出版社.

吉文林，2007. 就业与创业指导. 北京：中国农业出版社.

江苏省高校招生就业指导服务中心，2008. 大学生创业教育. 南京：江苏教育出版社.

姜长云，等，2018. 乡村振兴战略：理论、政策和规划研究. 北京：中国财政经济出版社.

蒋和平，辛岭，2008. 建设中国现代农业的思路与实践. 北京：中国农业出版社.

焦宗芳，2015. 走进现代农业. 长春：吉林大学出版社.

李家华，黄天贵，2005. 高职学生就业与创业教程. 北京：高等教育出版社.

李为民，2015. 美丽乡村. 昆明：云南科学技术出版社.

林峰，等，2018. 乡村振兴战略规划与实施. 北京：中国农业出版社.

刘铁芳，2011. 乡村文化的缺失与反思. 农村·农业·农民（A版），（1）：57-58.
罗雅丽，张常新，2018. 乡村振兴战略背景下县域村镇空间优化研究. 北京：经济管理出版社.
骆高远，2016. 休闲农业与乡村旅游. 杭州：浙江大学出版社.
马俊哲，2014. 现代农业生产经营管理培育读本. 北京：中国农业大学出版社.
欧阳喜辉，2009. 农产品质量安全认证理论与实践. 北京：中国农业出版社.
彭治国，英国，2013. 灵魂在乡村. 中国农村科技（7）：76-77.
石建勋，蔡新会，等，2006. 职业规划与创业教育. 北京：机械工业出版社.
宋志伟，肖羌雄，孔庆华，2015. 现代农业生产经营. 北京：中国农业出版社.
唐钧，1998. 中国城市居民贫困线研究. 上海：上海社会科学出版社.
王宝升，2018. 地域文化与乡村振兴设计. 长沙：湖南大学出版社.
王雄，2018. 精准脱贫与乡村振兴：农业农村干部培训读本. 杨凌：西北农林科技大学出版社.
王艺荣，2001. 求职与创业. 北京：机械工业出版社.
文振奕，刘小怡，1994. 西方经济学. 武汉：华中理工大学出版社.
吴波，钱玉民，2006. 自主创业：定位、策略与风险. 北京：电子工业出版社.
吴东雷，陈声明，等，2005. 农业生态环境保护. 北京：化学工业出版社.
吴沛良，2015. 现代农业建设迈上新台阶. 南京：江苏人民出版社.
武正林，2001. 职业道德与就业创业指导. 苏州：苏州大学出版社.
谢志远，陈家斋，2015. 现代农业与农民创业指导. 杭州：浙江科学技术出版社.
杨英茹，车艳芳，2014. 现代农业生产技术. 石家庄：河北科学技术出版社.
姚元福，2015. 休闲农业与乡村旅游. 北京：中国农业科学技术出版社.
张顺喜，2018. 大力实施乡村振兴战略. 北京：中国言实出版社.
张艺晨，梅淑元，李容容，2012. 农业适度规模经营的实现形式分析——农业生产合作组织的力量. 当代经济：6-10.
赵霞，2012. 乡村文化的秩序转型与价值重建. 石家庄：河北师范大学.

钟联萍，2002. 创业策划. 北京：中国纺织出版社.

周稽裘，2000. 创业基础与实务. 苏州：苏州大学出版社.

朱绪荣，李靖，付海英，2013. 现代农业示范区总体规划理论与实践. 农业工程学报. 29（6）: 223-231.

朱有勇，李元，2012. 农业生态环境多样性与作物响应. 北京：科学出版社.

子夜，2003. 创业谋略. 北京：中国文化艺术出版社.